马克思主义理论研究
和建设工程重点教材

组织行为学
（第二版）

《组织行为学》编写组

主　编　孙健敏

副主编　张　德

主要成员（以姓氏笔画为序）

孙海法　李永瑞　张　勉　陈维政　周文霞　徐世勇

魏　钧

本版修订组

主持人　孙健敏

修订组成员（以姓氏笔画为序）

李永瑞　张　勉　张　德　周文霞　徐世勇　傅安国

谢小云　魏　钧

高等教育出版社·北京

教学课件下载

本书有配套教学课件,供教师免费下载使用,请访问 xuanshu.hep.com.cn,经注册认证后,搜索书名进入具体图书页面,即可下载。

图书在版编目(CIP)数据

组织行为学 /《组织行为学》编写组编. -- 2 版. -- 北京:高等教育出版社,2025.7. -- (马克思主义理论研究和建设工程重点教材). -- ISBN 978-7-04-063934-6

Ⅰ. C 936

中国国家版本馆 CIP 数据核字第 20251ML624 号

组织行为学
ZUZHI XINGWEIXUE

| 责任编辑 | 刘 荣 雷 雪 | 封面设计 | 王 鹏 | 版式设计 | 于 婕 | 责任绘图 | 裴一丹 |
| 责任校对 | 张 薇 | | | 责任印制 | 存 怡 | | |

出版发行	高等教育出版社	网　　址	http://www.hep.edu.cn
社　　址	北京市西城区德外大街 4 号		http://www.hep.com.cn
邮政编码	100120	网上订购	http://www.hepmall.com.cn
印　　刷	保定市中画美凯印刷有限公司		http://www.hepmall.com
开　　本	787mm×1092mm 1/16		http://www.hepmall.cn
印　　张	18.5	版　　次	2019 年 8 月第 1 版
字　　数	310 千字		2025 年 7 月第 2 版
购书热线	010-58581118	印　　次	2025 年 8 月第 2 次印刷
咨询电话	400-810-0598	定　　价	39.00 元

本书如有缺页、倒页、脱页等质量问题,请到所购图书销售部门联系调换
版权所有　侵权必究
物 料 号　63934-00

目 录

绪 论 ……………………………………………………………………… 1
　第一节　组织与组织行为学 …………………………………………… 1
　　一、组织的含义与特点 ……………………………………………… 1
　　二、组织与管理的关系 ……………………………………………… 3
　　三、组织行为学的定义与内容 ……………………………………… 4
　　四、学习组织行为学的意义 ………………………………………… 11
　第二节　组织行为学的历史沿革 ……………………………………… 13
　　一、早期的工业心理学派 …………………………………………… 14
　　二、古典管理学派 …………………………………………………… 14
　　三、行为学派 ………………………………………………………… 17
　　四、权变学派 ………………………………………………………… 20
　　五、系统学派 ………………………………………………………… 20
　第三节　组织行为学常用的研究方法 ………………………………… 21
　　一、研究术语 ………………………………………………………… 22
　　二、常用的研究方法 ………………………………………………… 23
　　三、对组织行为学内容的辩证分析 ………………………………… 25

第一章　个体心理与行为 ……………………………………………… 31
　第一节　认知与决策 …………………………………………………… 31
　　一、知觉的含义及过程 ……………………………………………… 31
　　二、归因的含义及主要理论 ………………………………………… 33
　　三、决策的含义及基本理论 ………………………………………… 36
　　四、存在与意识——马克思主义理论对个体认知的指导意义 …… 39
　第二节　价值观与态度 ………………………………………………… 40
　　一、价值观的含义与分类 …………………………………………… 40
　　二、马克思主义价值观与中华优秀传统价值观 …………………… 43
　　三、态度的概念及基本理论 ………………………………………… 46

四、工作中的态度 …………………………………………… 48
第三节　能力 …………………………………………………… 49
　　一、能力的概念及分类 ……………………………………… 49
　　二、能力的基本理论 ………………………………………… 50
第四节　人格 …………………………………………………… 51
　　一、人格的定义与特征 ……………………………………… 51
　　二、工作场所的人格 ………………………………………… 52
　　三、中国的人格结构研究 …………………………………… 55
第五节　情绪与压力 …………………………………………… 57
　　一、情绪与情绪智力 ………………………………………… 57
　　二、情绪劳动 ………………………………………………… 59
　　三、压力与工作压力 ………………………………………… 59
　　四、工作倦怠 ………………………………………………… 61

第二章　动机与激励 ……………………………………………… 63
第一节　基本概念 ……………………………………………… 63
　　一、需要、动机与行为 ……………………………………… 63
　　二、需要结构与动机结构 …………………………………… 64
　　三、激励 ……………………………………………………… 65
第二节　激励的需要理论 ……………………………………… 67
　　一、马斯洛的需要层次论 …………………………………… 67
　　二、赫兹伯格的双因素理论 ………………………………… 71
第三节　激励的过程理论 ……………………………………… 73
　　一、弗鲁姆的期望理论 ……………………………………… 73
　　二、亚当斯的公平理论 ……………………………………… 75
　　三、洛克的目标设置理论 …………………………………… 77
　　四、斯金纳的强化理论 ……………………………………… 81
第四节　综合激励理论 ………………………………………… 82
　　一、波特和劳勒的综合激励理论的内容 …………………… 82
　　二、综合激励理论给我们的启示 …………………………… 82
第五节　中国的激励实践 ……………………………………… 83

一、激励的一般原则 ·· 83
　　二、激励的特点 ·· 85
　　三、物质激励与精神激励方法 ······································ 86

第三章　群体心理与行为 ·· 91
第一节　群体概述 ·· 91
　　一、群体的定义 ·· 91
　　二、群体的类型 ·· 92
　　三、中国的群体本位文化 ·· 94
第二节　群体形成与发展 ··· 95
　　一、群体形成的基础 ·· 95
　　二、群体发展的理论 ·· 96
　　三、群体凝聚力 ·· 97
第三节　群体结构 ·· 98
　　一、类别和关系 ·· 98
　　二、群体中的角色 ··· 101
　　三、群体中的地位 ··· 103
　　四、群体规范 ·· 104
　　五、群体规模和性质 ··· 105
第四节　群体行为特征 ··· 106
　　一、去个性化 ·· 106
　　二、社会助长 ·· 107
　　三、社会惰化 ·· 107
　　四、从众 ·· 108
　　五、群体决策 ·· 109
第五节　群体冲突与和谐 ··· 111
　　一、刻板印象 ·· 111
　　二、群体冲突 ·· 112
　　三、群体和谐 ·· 113

第四章 团队 …… 116

第一节 团队概述 …… 116
一、团队与一般群体的比较 …… 116
二、团队的作用 …… 117
三、团队的规模和结构 …… 119
四、团队形成的阶段 …… 120

第二节 团队的类型 …… 123
一、根据任务类型划分的团队 …… 123
二、嵌入组织的团队类型 …… 124
三、多团队系统 …… 125
四、数字技术驱动下的团队新形式 …… 126

第三节 团队过程管理 …… 127
一、团队运行 …… 127
二、团队互动 …… 130
三、团队领导和决策 …… 131
四、团队文化 …… 133

第四节 团队效能与评价 …… 134
一、团队效能 …… 134
二、团队效能的评价方法和应用 …… 135

第五章 领导 …… 138

第一节 经典领导理论 …… 138
一、特质理论 …… 139
二、行为理论 …… 140
三、权变理论 …… 143

第二节 新型领导理论 …… 147
一、变革型领导 …… 148
二、服务型领导 …… 148
三、道德型领导 …… 149
四、本真型领导 …… 150
五、其他新型领导 …… 150

第三节　中国的领导理论研究与实践 ·················· 153
　　　　一、中国的本土领导构念 ························· 154
　　　　二、对西方领导理论的研究 ······················· 158

第六章　沟通 ··· 161
　第一节　沟通概述 ······································· 161
　　　　一、沟通的定义 ································· 161
　　　　二、沟通的重要意义 ····························· 161
　　　　三、沟通的过程 ································· 162
　　　　四、人际沟通与组织沟通 ························· 165
　　　　五、电子化信息沟通 ····························· 166
　第二节　组织沟通的种类 ································· 168
　　　　一、根据沟通渠道划分 ··························· 168
　　　　二、根据媒介形式划分 ··························· 172
　　　　三、根据信息反馈划分 ··························· 173
　第三节　组织沟通的障碍与克服 ··························· 174
　　　　一、组织沟通的障碍 ····························· 174
　　　　二、克服组织沟通障碍的有效途径 ················· 176
　第四节　跨文化沟通 ····································· 178
　　　　一、跨文化沟通的内涵及意义 ····················· 178
　　　　二、影响跨文化沟通的主要因素 ··················· 180
　　　　三、跨文化沟通的策略 ··························· 182

第七章　组织文化 ··· 185
　第一节　组织文化概述 ··································· 185
　　　　一、组织文化的概念 ····························· 185
　　　　二、组织文化的内容和结构 ······················· 185
　　　　三、组织文化的功能 ····························· 188
　　　　四、组织文化的影响因素 ························· 189
　第二节　组织文化的分类与测量 ··························· 191
　　　　一、组织文化的分类 ····························· 191

二、组织文化的测量 193
第三节　组织文化建设 195
　　一、组织文化建设的基本含义 195
　　二、组织文化建设的步骤 196
　　三、组织文化建设的实施艺术 198
第四节　中国组织文化建设的实践 200
　　一、中国组织文化建设的特点 200
　　二、中国组织文化建设的理论框架与发展趋势 202

第八章　组织学习与创新 205
第一节　组织学习 205
　　一、个人学习与组织学习的关系 205
　　二、组织学习的过程与层次 208
　　三、影响组织学习的因素 211
第二节　学习型组织 213
　　一、学习型组织的含义与特征 213
　　二、构建学习型组织的步骤 215
　　三、学习型组织建设的有效性分析 216
第三节　组织创新 218
　　一、个体创新与组织创新 219
　　二、影响组织创新的因素 220
　　三、提升组织创新能力 224
第四节　学习型组织和组织创新的中国实践 228
　　一、学习型组织的中国实践 228
　　二、组织创新的中国实践 231

第九章　组织变革与发展 234
第一节　组织变革与发展概述 234
　　一、组织变革与发展的概念 235
　　二、组织变革与发展的动因 238
第二节　组织变革与发展的系统模型 239

一、组织变革的一般流程 ………………………………………………… 240
　　二、变革动因分析 ………………………………………………………… 240
　　三、组织问题诊断 ………………………………………………………… 241
　　四、变革方案设计 ………………………………………………………… 242
　　五、实施与评价 …………………………………………………………… 245
第三节　组织变革的阻力及其克服 ………………………………………… 246
　　一、组织变革的阻力 ……………………………………………………… 246
　　二、组织变革阻力的克服 ………………………………………………… 249
第四节　组织发展方向和新型组织 …………………………………………… 251
　　一、组织发展的方向 ……………………………………………………… 251
　　二、新型组织 ……………………………………………………………… 254

第十章　个人与组织的关系 ………………………………………………… 258
第一节　个人-组织契合度 …………………………………………………… 258
　　一、个人-组织契合度的概念 …………………………………………… 258
　　二、个人-组织契合度的内容 …………………………………………… 259
　　三、个人-组织契合度的测量 …………………………………………… 260
　　四、个人-组织契合度的作用 …………………………………………… 261
第二节　组织社会化与个体策略 ……………………………………………… 262
　　一、组织社会化的概念 …………………………………………………… 262
　　二、组织社会化的内容 …………………………………………………… 263
　　三、组织社会化的策略 …………………………………………………… 263
　　四、个体社会化策略与中国职场 ………………………………………… 264
第三节　组织认同与组织承诺 ………………………………………………… 266
　　一、组织认同的概念 ……………………………………………………… 266
　　二、组织认同的前因与后果 ……………………………………………… 267
　　三、组织承诺的内涵与作用 ……………………………………………… 268
　　四、中国的组织承诺 ……………………………………………………… 270
第四节　心理契约 ……………………………………………………………… 270
　　一、心理契约的概念 ……………………………………………………… 270
　　二、心理契约的形成机制 ………………………………………………… 271

三、心理契约的作用机制 …………………………………………… 272
四、中国职场的心理契约 …………………………………………… 273
第五节 组织公民行为 …………………………………………………… 274
一、组织公民行为的概念 …………………………………………… 274
二、组织公民行为的产生与影响因素 ……………………………… 275
三、中国的组织公民行为 …………………………………………… 276
四、中国职场的"主人翁"精神 …………………………………… 277

阅读文献 ………………………………………………………………… 278
人名译名对照表 ………………………………………………………… 280

后 记 …………………………………………………………………… 284

绪　　论

组织是一个大家都很熟悉的概念，各种媒体上几乎每天都会出现有关组织的字眼，如世界贸易组织，世界卫生组织，联合国教育、科学及文化组织等。大家对于行为就更不陌生了，每个人每天的言谈举止都可以归类为某种行为。这两个词单独出现的时候一般不会引发歧义。但是，把这两个词组合到一起，构成了一个组合概念，再加一个"学"字，就变得复杂了。因此，大家所看到的组织行为学教材，往往在内容和结构上有些差异。本书参考了国内外的有关教材，经过集体讨论，形成了目前的结构，包括绪论、个体行为（第一章和第二章）、群体与团队行为（第三章和第四章）、组织行为（第五章到第九章）、个人与组织的关系（第十章）五部分内容。

第一节　组织与组织行为学

一、组织的含义与特点

（一）组织的含义

任何社会都是一个有组织的社会，尤其是现代社会。英国学者马林诺夫斯基曾把人类称为有组织的群体，把人类群体行为称为有组织的活动或有组织的行为。人类为了满足自己的各种需要，所采取的一切群体行动，都必须采取组织的形式。可见，组织是人类行为最基本的特征之一。

人们每天的活动充满了人与人之间各种形式的交往互动，这就是我们通常所说的"社会生活"。这些活动大多发生在特定的场合，如我们去学校上课、去商店采购、去饭店吃饭，这些场合往往都跟组织有关。学校是一个组织，学校里的一个学院或一个系是一个组织，商店、饭店等可以看成一个组织，政府、企业、社团等都是各种各样的组织。组织随处可见。它们由一群人构成。很多组织又构成了社会。组织既是社会正常运行的基本单位，又是人们进行交往互动的环境和框架。

广义的组织，是指人们为了实现一定目标，运用信念、理想、态度、知识、技能和其他要素互相协作结合而成的具有一定边界的集体或团体，如政府组织、企业组织、军事组织、党团组织、工会组织、宗教组织等。本书所指的组织，包括各种类型的组织，但所引用的研究结果主要来自企业组织、政府组织和非营利组织。

（二）组织的特点

按上面的组织定义，我们不难发现周围的组织五花八门。同时，它们又有很多共同的特征。

1. 组织是由个人和群体组成的

当我们谈论组织时，一般更容易想到代表组织的一些象征性信息，如建筑物、产品或组织的名字等。实际上，所有这些都不是组织的根本特征。组织的根本特征是人，正是由于人的存在，才使组织具有了生命的意义。我们不会把一个没有人在其中工作的楼房称为组织，我们也不会把一个只有机器和设备而没有人的车间称为企业。相反，我们可能把这样一群人称为一个组织——虽然他们没有正式的办公地点，但他们有共同的目标，有一致的行为，甚至有相同的观念。

2. 组织有自己的目标

组织的存在一定是为了某个目标的实现。当一个目标靠个人无法实现时，组织就出现了。企业组织的目的是向人们提供产品或服务，学校组织的目的是向人们提供教育，医院组织的目的是向人们提供医疗服务。所以，组织目标是组织存在的第二个重要特征。

3. 组织通过专业分工和协调合作来实现目标

组织的存在是由于个人不能完成所有的活动和承担所有的功能，而这些活动和功能对于实现其目标又是必需的。为了完成这些活动或承担这些功能，组织中的人就需要有所分工，每个人或一部分人都在实现复杂目标的过程中承担一部分工作或任务。一旦工作被分割开来，每个人就在做自己专业化的工作，组织就需要一定的方法来协调组织成员的活动，发挥组织的功能，以保证组织目标的顺利实现。

4. 组织的有效运行依靠制度和机制来保障

规章制度是组织的内部法律、组织的内部行为规范、组织成员的最低行为标准，通过各种有形或无形的条文昭示于组织成员，以保证组织的良好运行。制度的功能在于规范和约束行为，使组织成员的行为遵循统一的原则，朝向统一的目标。

社会秩序的建立和维护依靠法律和道德，组织内部秩序的建立和有效运行依靠制度和机制。作为组织管理的基础工作，制度建设是指组织内部各项规章制度的制定、颁布、实施、修改、完善乃至废除的动态过程。制度没有好坏之分，科学的管理制度是组织目标顺利实现的必要保障，制度建设是组织管理的必要手段。组织成员在组织制度面前必须做到人人平等，每个成员都应该严格遵守组织制度。组织制度的有效实施有助于形成相应的运作机制。良好的运作机制可以减少混乱，提高效率。

在实现中国式现代化的伟大进程中，组织的制度和机制建设具有特别重要的意义。《中共中央关于进一步全面深化改革　推进中国式现代化的决定》对深化国资国企改革进行了全方位部署，其中专门提出"健全国有企业推进原始创新制度安排"。

二、组织与管理的关系

（一）管理的内涵

管理的实践同人类历史一样悠久。但真正对管理进行科学系统的研究，发端于现代的西方社会。管理像其他事务一样，总是体现在一些具体的活动过程中，是通过具体活动来实现的，如计划、组织、控制等活动。美国学者卡斯特和罗森茨韦克认为，管理工作是一切人类活动中最广泛的、最严苛的活动，毫无疑问，它也是最全面、最敏锐的活动，并且是最重要的活动。我们将管理定义为：管理就是由一个或多个人来协调他人的活动，使不同人的活动朝向共同的目标，以便达到个人单独活动所不能达到的效果而进行的各种活动。这个定义有三个要点：第一，管理工作的中心是管理其他人的工作，管理工作的主要目的是通过其他人的活动来提高工作的效率。第二，管理工作是通过协调其他人的活动来进行的。第三，管理人员必须同时考虑两个问题：其他人及他们所从事的活动或工作。也就是说，有效的管理者，既要了解下属，也要了解下属的工作。

（二）组织需要管理

（1）组织是一个整体，它由各种要素组成，要素的协调需要管理，以确保目标的一致性。

任何组织的存在都是为了某个目标的实现，组织作为一个整体要想有效运作，其中的每一个要素都必须依赖其他要素的有效运行。通过管理，可以使这种相互依赖既有效率，又能相互制约。在组织中，可以看到拥有不同技能和专长的人分别在为他们所承担的任务而工作，而协调和统筹这些不同人的工作，就使得管理成为必不可少的活动。

(2) 组织与其外部环境之间相互作用，有效的相互作用需要管理。

组织不是生活在真空中，而是受到其所处的社会、政治、经济、文化环境的影响，并在这些环境之中从事实现自己目标的活动。组织与环境间的相互作用主要有以下两个方面。

首先，组织要从环境中获得投入，也就是资源，如资金、劳动力、原材料等。如果一个组织不能吸引优秀人才，就不可能存在下去；如果一个组织无法获得必需的原材料或必要的资金，也就无法为社会提供产品或服务。

其次，组织为环境提供产出，无论是产品还是服务，都需要有购买者。如果组织提供的产品或服务没有需求者，那么组织就难以生存下去。反之，只要环境中有人需要组织所提供的产品或服务，组织就能生存下去。

因此，组织的系统观强调组织必须掌握关键的影响因素，把握因素之间的相互依存关系并认识组织所处的环境。为了更有效地完成转换过程，组织内部必须通过人员的有效配置、技术的有效利用、结构的有效协调来保证其相互依赖的关系。调整组织使其与环境相适应，有效利用环境资源来保证组织的正常发展，就是管理的目的。

三、组织行为学的定义与内容

如前所述，组织是由人组成的，所以人是组织研究中的基本分析单位。广义地讲，组织行为是指组织的个体、群体或组织整体从组织的角度出发，对内源性或外源性的刺激所做出的反应。狭义的组织行为，是指组织成员在组织内部的工作行为。本书的内容，主要集中在组织行为的狭义范畴。

(一) 组织行为学的定义

对行为的研究涉及很多学科，如生理学、心理学、社会学、人类学、政治学等，不同学科从不同角度对人进行研究。组织行为学不关心人的生理机制和体质结构，主要研究意识支配下的行为，包括行为的原因、规律和模式，并将这些规律用于组织管理当中。

我们可以把组织行为学定义为：对组织情境下人的思考、感受、活动的内容和方式的系统研究。组织中的人不仅是个体，还是群体成员，所以，定义中的人是广义的，包括个体和群体。组织中的人受到很多因素的制约，包括制度、文化、组织结构、领导等。同时，每个组织都受到参与者的各种个人因素的影响，比如，在行动上可能表现为主动或被动，在态度上可能表现为热情或淡漠，在价值观上可能表现为追求业绩或追求荣誉，在工作方式上可能表现为个人独立工作或与别人相互配合等。所有这些因素都可能影响组织成员的行为，组织行为学研究的这些内容在管理中扮演着重要角色。可以说，管理的重要目的就是使员工表现出达到组织目标所需要的行为。

组织行为学具有系统性。具体表现为研究内容的系统性与学科构成的系统性两个方面。

从研究内容的系统性来看，尽管从研究的角度把组织行为的影响因素区分成自变量和因变量，不同的变量又分成很多种类，实际上这些因素并不是孤立起作用的，而是作为一个系统，在相互作用的过程中发挥作用。把组织作为一个系统，首先是研究组织内部各种因素的协同作用，也就是不同变量之间的交互作用。关于系统的一个重要观点是整体大于部分之和。组织运作的效果，不是组织成员个人效果的简单叠加。在这方面，组织行为学应该进一步深入研究，对系统效应做出更全面的解释。

从学科构成的系统性来看，作为一门独立的学科，组织行为学属于应用学科。对组织行为学有贡献的主要学科包括心理学、社会学、人类学、政治学等。

（1）心理学。心理学是研究人的意识及行为规律的学科，包括对人的心理活动和行为规律的测量和解释，在实际应用中也可以用来改变人的行为。一般来说，心理活动是内隐的，行为是外显的。同时，心理活动和心理特征是人们产生行为的重要原因和内驱力。

（2）社会学。心理学关注的是个体，社会学主要研究社会系统和社会关系，个体则在其中充当某种角色。社会学是一门综合性较强的学科，它把社会作为一个整体，综合研究社会现象各方面的关系及其发展变化的规律性。社会关系可以分为动态的和静态的两种：动态的社会关系是指社会中人们的互动，如合作与冲突等；静态的社会关系是指社会现象的关系模式，如家庭结构、群体、组织和阶级等。

（3）人类学。人类学是研究人类的形成与发展的学科，可以分为文化人类学与体质人类学两个分支。其中文化人类学与组织行为学的关系最为密切。文化人类学对组织行为学的贡献主要是组织中人的行为与人类社会的起源及文化根源的关系。

（4）政治学。此学科的知识也是组织行为学的理论基础。政治学研究政治环境中个体和群体的行为，具体的研究包括冲突的结构、权力的分配和运用。人们已经清醒地认识到：组织是政治实体，如果我们想准确地解释和预测组织中人的行为，就必须在分析中引入政治学的观点。

另外，伦理学、生物学、认知神经科学等对人的行为的解释，也对当代组织行为学研究有很大贡献。

（二）组织行为学的研究内容

按照学术研究的基本逻辑，任何研究都是为了揭示自变量与因变量之间的关系。组织行为学也不例外。我们可以把组织行为学所关注的因变量和自变量，简单地概括如下。

1. 组织行为学关注的主要因变量

因变量是受自变量影响而产生反应的变量，是需要我们解释和预测的关键因素。在组织行为学的研究中，目前研究比较多的是生产率、流动、组织公民行为、工作满意度、员工创造性与组织创新能力等因素。实际上组织行为学的研究专题非常宽泛，涉及的因变量也在不断发展中，如群体凝聚力、团队创造力、组织创新行为、知识分享等。

（1）生产率。组织生产率的高低是由组织实现其目标的情况来衡量的。要实现高的生产率，就必须以最低的成本完成输入和输出的转换。这样，生产率就意味着对效果和效率两方面的关注。例如，我们要提高一家销售公司的生产率，不仅要保证实现其销售目标或市场份额目标，而且要保证以一定的效率实现这些目标，而用来测量效率的指标可以是投资回报率、单位销售额的盈利、人均单位时间的产出等。我们也可以从个体的角度来考虑生产率问题。例如，A 和 B 两人是同一房地产公司的楼盘推销员。假设他们要在一个月内把 50 套房子推销出去，如果他们在规定的时间内完成任务，那么就是有效果的。不过，A 平均每天的推销成本为 40 元，B 平均每天的推销成本为 35 元。A 和 B 都有效果，但效率不同。

（2）流动。组织中的高流动率通常意味着招募、甄选和培训费用的提高。同时，流动也会对组织的有效运作产生不良影响。对于组织来说，一定程度的员工流动是正常的也是必需的。但是如果离开组织的是核心员工或优秀员工，而且超过一定的数量，这时流动就是一个破坏因素，会妨碍组织的有效运作。

（3）组织公民行为。相信大家对以下这些行为并不陌生：对工作群体和组织提出建设性意见，帮助团队中的其他人，主动承担额外的工作任务，关心并爱护组织的财产，遵守组织的规章制度，接受临时的工作安排等。这些行为被称为组织公民行为，它们是一种自主的、非正式的工作所要求的行为。有效的组织公民行为能大大提高组织运行的有效性。

（4）工作满意度。这指的是员工在一个组织中工作的满意程度。满意度与员工的行为有直接关系，而且满意度确实会影响员工的绩效，所以，工作满意度及其相关概念成为组织行为学研究的重要因变量。近年来，比满意度更宽泛的幸福感（也有人提出工作幸福感）也成为组织行为学研究的重要因变量。

（5）员工创造性与组织创新能力。进入21世纪以来，创造和创新成为组织管理的热点话题，员工创造性与组织创新能力成为组织行为学的重要研究课题。改革关乎国运，创新决胜未来。以改革驱动创新，以创新引领发展，对于深入实施科教兴国战略、人才强国战略、创新驱动发展战略，具有重大现实意义和深远历史意义。概括地说，员工创造性是指产生新颖并具有潜在价值的事物或想法，包括新的产品、服务方式、制造方法及管理手段等，它可以促使企业在激烈的竞争中生存和成长。实际上，组织管理领域对员工创造性的定义相对广泛，只要区别于其他想法或事物，可以为组织带来直接或间接、长期或短期效用的行为，都被视为员工创造性的体现。创新一般是针对组织而言，在现有的条件下提出突破性的新思路，或者在原有的某种事物和方法的前提下进行改进与更新，创造出新的事物的过程和结果。创新一定有所创造，且这种创造是崭新的、从未有过的。这种创造可能是思想方法上的创新或是具体事物的创新。创新意味着人类的认知能力和实践能力的更新，是人类主观能动性的表现。也有人用创新行为来描述个体行为，与创造行为基本同义。因此，在使用创造或创新的概念时，一定要区分概念的层次，要弄清是针对员工个体，还是针对组织。

2. 组织行为学关注的主要自变量

什么因素决定了生产率、流动、组织公民行为、工作满意度、员工创造性与组织创新能力呢？对这个问题的回答涉及自变量。目前的组织行为学研究，沿用了还原论的思路，把影响因素分成了个体水平、群体水平和组织水平，以及跨越几个层次的混合水平。

(1) 个体水平的变量。在组织的定义中我们强调组织是由人组成的。从这个事实出发，不难想到我们可以从组织成员的角度来研究组织问题。组织中的个体行为，也就是个人的行为，是基本的构成单元。个体行为是相对于群体行为而言的，个体行为关注的是决定或影响一个人行为的个人因素。所以，严格地讲，这部分内容应该称为影响个人行为的个人因素，另外还有群体因素、组织因素等。每个人在进入组织之前都有着不同的经历，而管理者面对的正是这些有着不同社会经历、不同个人特征的人，这些特征会影响他们在组织中的所作所为，如年龄、性别、婚姻状况、人格特征、价值观与态度、需要、能力水平等。这些特征大部分是很难改变的。

(2) 群体水平的变量。大多数情况下，组织目标不可能靠一两个人实现，而是通过组织成员的协调合作完成的。人们在一起工作的方式一般是小组、团队、部门、车间或委员会等，于是就产生了群体或团队。群体是指在共同目标基础上由两个以上的人所组成的相互依存、相互作用的有机组合体。而个体在群体中的行为远比个体单独活动的总和要复杂。因此，理解组织行为的下一步是研究群体行为和团队行为。

(3) 组织水平的变量。当我们把正式的结构加到有关个体和群体的知识中时，组织行为就达到了其复杂性的最高水平。组织行为学研究者把整个组织作为他们的研究目标，这种相对宏观的思路来源于社会学的知识和理论。他们试图从组织与环境之间的关系来分析组织的有效性，其研究的重点在于理解组织结构和组织设计如何影响组织的效率。正式组织的设计、技术和工作过程、组织的人力资源政策和实践、组织文化等也都对因变量有影响。

(4) 混合水平的变量。另外还有两类变量，跨越几个层次，很难作为某个层次的变量对待，这两类变量相对于其他变量而言虽不能说更加重要，至少同等重要。这两类变量分别是领导和个人与组织的关系。需要说明的是，我们把个人与组织的关系单独作为一章，是一种全新的尝试。

(三) 组织行为学的最新进展

在过去的半个世纪，世界形势发生了天翻地覆的变化，从技术的进步到社会体制的转型，从组织的形态到工作方式的转变，这些变化对组织行为学的研究和教学也产生了重大影响。组织行为学中有以下几个趋势值得关注。

1. 积极组织行为学

积极组织行为学，可以理解成一种研究思路，它起源于积极心理学。传统的心理学研究过度关注人的心理活动的消极成分，包括对变态和异常心理的研究，20世纪60年代后期出现的人本主义心理学开始强调人性的积极一面，关注快乐和满意等问题。到了90年代，积极心理学水到渠成地正式成为一种研究思潮，并辐射到组织行为学的研究。

积极组织行为学将研究重点放在辨别和确认人的心理活动的积极因素，挖掘人的潜力，发挥人的优势，促进人的健康，使人获得幸福，同时提高组织绩效。这些积极的心理品质包括信心、希望、乐观、幸福、抗逆力、活力等。国内已经对心理资本、核心自我评价、公仆型领导、伦理型领导、真诚领导、幸福感、健康组织等积极组织行为学的概念进行了实证研究。

2. 组织神经科学

现代神经科学的重大突破之一是利用脑成像技术和计算机模拟技术揭示人类大脑的内部工作机制。这些突破带来了很多学科的革命性的变化。显然，组织行为学的研究，也可以与神经科学结合起来，或者从神经科学的角度来解释组织行为现象。

神经科学的研究主要关注大脑如何形成认知、态度、情感和行为，其发现和观点无疑对我们解释组织行为具有很大的促进作用。神经科学的方法可以补充而不是代替组织行为学研究的传统方法，组织行为学者应该增加与神经科学家的对话，借用他们的研究成果，为组织行为学领域已经建立的概念和理论提供更充分的科学依据，从神经机制上解释人的行为背后的共同神经传导过程。例如，有人用多导生物反馈仪技术研究了愿景领导的行为特征，用功能性核磁成像技术和行为测量指标分析了领导者的马基雅维利主义特质对组织绩效的影响，用神经生物指标考察了警察的决策过程。

也有人质疑这种趋势：把人的行为还原到生理和神经的层面，是否抹杀了人的社会属性和文化成分？我们认为这种质疑有其合理性，最后的结论有待科学验证。

3. 关注组织行为的整体性

20世纪90年代以来，管理学领域出现了一批有影响的研究成果，而这些成果大多来自从心理学的角度或组织行为学的角度对企业整体运作进行的系统研究，提供给读者的是一个整体性的分析和描述。例如，彼得·圣吉的《第五项修炼》，埃德加·沙因的《组织文化与领导力》，约翰·科特的《领导变革》，吉姆·柯林斯及其同事的《基业长青》《从优秀到卓越》等。这些研究的一个共同特点是研究问题更接近现实，研究角度更具有整体性，研究结论更容易落地。相对而言，研究过程的严谨性容易受到学者的质疑。

4. 跨文化组织行为学

随着国际商务和经济全球化趋势的加剧，传统的在单一国家或文化背景下形成的组织行为学概念或理论不能完全解释现代组织的很多现象，尤其是跨国公司的出现，使得跨文化管理成为组织管理最迫切的挑战，对组织行为学的跨文化研究也成为必然趋势。尽管跨文化组织行为学还没有获得独立的地位，但有关的研究成果已经遍地开花。例如，针对不同国家或不同民族员工的工作价值观、工作态度、领导风格、谈判风格、冲突管理、决策、公平感、报酬偏好等的比较研究。

5. 数智时代的组织行为学

大数据、人工智能、物联网、云计算等数字技术的快速发展，不仅影响到人们的工作和生活方式，也在重塑组织行为和组织管理的原理和原则。大数据使得组织管理者可以更便捷地获得组织运营和员工表现的所有信息，同时也要求管理者能够运用这些信息更科学地决策；人工智能不仅可以提高员工的工作效率，提升人和组织的创造力，也对人机协同的管理提出了新的挑战；数字资源对人力资源的替代，不仅是对从业者个人的挑战，也是对组织管理模式的挑战。数智时代人与组织的关系更加复杂和多变，人-机-物的关系、组织形态和组织机制等都在发生革命性的变化，灵活用工模式的普及、共享平台组织的出现，对组织行为学的研究和实践提出了新的要求，是未来研究的热点。

6. 构建中国自主的组织行为学知识体系

2022年4月25日，习近平在中国人民大学考察时强调，加快构建中国特色哲学社会科学，归根结底是建构中国自主的知识体系。这一重要论断，不仅为推动中国特色哲学社会科学繁荣发展指明了前进方向，也为组织行为学的研究提供了必须遵循的原则。目前的组织行为学，从框架到概念，从理论到技术，主要内容还是来自西方，属于我国自己创造的概念和理论还不是很多。尽管来自西方的概念可以在一定程度上帮助我们解释组织中人的行为的规律，但还有很多解释不了的现象。加快建构中国自主的组织行为学知识体系，是解释中国组织管理实践和经验的迫切要求。国家电网、中国石油、中国石化等巨型国有企业的良好经营业绩，以及一批民营企业的成功，为组织行为学研究提供了不可多得的机会和土壤。中国企业的崛起，既是自变量，也是因变量，我们有理由通过自己的研究，构建中国自主的组织行为学知识体系，在国际学术领域发出我们的声音，把中国的组织实践升华为中国的组织理论，用中国的组织理论解释和指导中国的组织实践。

四、学习组织行为学的意义

（1）学习组织行为学有助于我们更系统地认识和了解组织中人的行为特点和规律，对于日后的工作和生活都会有帮助。这里的人，既包括上级、下级，也包括自己。从组织管理的角度来看，作为管理者，不仅要知彼，而且要知己。理论产生于实践，并反作用于实践。已有的组织行为学理论部分揭示了组织中个体、群体与团队的行为规律，用组织行为学的相关理论指导实践，有助于管理者更好地处理与人有关的管理问题，充分调动员工的积极性；有助于员工厘清个人需要，将组织发展与个人需要相结合，更好地实现个人目标；有助于领导者提高自己的领导水平，改善领导者与被领导者的关系。无论是对于自己的认识，还是对于别人的了解，包括对于组织特征的把握，都可以从组织行为学中找到非常实用的分析工具和解决问题的有效方法。

（2）学习组织行为学有助于我们践行知人用人的科学理念和原则。随着实践的深入和中国企业的成长壮大，越来越多的人认识到：管理的本质是对人的管理。无论是财务管理还是运营管理，核心都是对人的管理。知人善任，是各级管理者的基本职能，知人才能善任。习近平对此有精辟的论述："用人得当，首先要知人。知人不深、识人不准，往往会出现用人不当、用人失误……对干部的认识不能停留在感觉和印象上，必须健全考察机制和办法，多渠道、多层次、多侧面深入了解。"[①] 对于了解人和认识人，组织行为学是所有管理者的必修课。

（3）学习组织行为学能够帮助我们了解组织中人的认识水平，为进一步推动认识的进步奠定基础。马克思主义的基本观点告诉我们，实践是人们认识的基础，实践为认识提供源泉、动力、目的和检验认识的真理性的标准，决定和支配着认识的全过程。对组织行为学知识的真伪的判定，也要坚持实践的标准。这就要求我们在以后的实践中不断发展现有组织行为学的理论和观点，检验已有理论的适用性，并在实践中总结、归纳、提炼，形成我们自己的理论。

---

① 《习近平谈治国理政》第一卷，外文出版社 2018 年版，第 418 页。

本书在可能的情况下，尽量引用中国学者的研究成果和中国组织的实践成果，以丰富、完善组织行为学的有关研究结论。

（4）学习组织行为学有助于我们加强文化自信和理论自信，更加坚定马克思主义信仰。目前的西方组织行为学有三个局限性：第一，虽然使用了"组织"，但主要以企业组织为研究对象。对于公共组织和非营利组织等其他类型组织的研究相对薄弱，尤其未能体现社会主义企业组织行为的特殊性。第二，目前组织行为学的主体内容大多以西方社会为研究对象，其结论是否完全适用于中国社会还有待系统验证。第三，现有组织行为学从研究的出发点和立场到具体的研究方法都有其局限性，尤其没有贯彻辩证唯物主义和历史唯物主义的方法论。所以在学习的过程中，我们要有鉴别地吸收，不能完全照搬。同时，要坚定对我国的组织管理从理论到实践的信心，尤其要坚信马克思主义指导下的组织管理实践。马克思主义的相关论述为如何发展中国的组织行为学提供了方法论的指导。一方面，要把西方的理论与我们自己的组织管理实践相结合；另一方面，要与中华优秀传统文化相结合，用马克思主义的理论指导我们的研究。加快中国特色组织行为学研究，是我们的当务之急。

党的二十届三中全会提出，中国式现代化是物质文明和精神文明相协调的现代化。必须增强文化自信，发展社会主义先进文化，弘扬革命文化，传承中华优秀传统文化，加快适应信息技术迅猛发展新形势，培育形成规模宏大的优秀文化人才队伍，激发全民族文化创新创造活力。

只有以马克思主义理论和习近平新时代中国特色社会主义思想为指导，在借鉴西方学术成果的同时，结合中华优秀传统文化和组织管理实践，才能学好和用好组织行为学。

（5）学习组织行为学，有助于我们更好地贯彻落实党的二十届三中全会精神，运用组织行为学的科学知识，参与中国式现代化建设的伟大事业。全会指出，当前和今后一个时期是以中国式现代化全面推进强国建设、民族复兴伟业的关键时期。中国式现代化是在改革开放中不断推进的，也必将在改革开放中开辟广阔前景。面对纷繁复杂的国际国内形势，面对新一轮科技革命和产业变革，面对人民群众新期待，必须自觉把改革摆在更加突出位置，紧紧围绕推进中国式现代化进一步全面深化改革。

这是坚持和完善中国特色社会主义制度、推进国家治理体系和治理能力现代化的必然要求，是贯彻新发展理念、更好适应我国社会主要矛盾变化的必然要求，是坚持以人民为中心、让现代化建设成果更多更公平惠及全体人民的必然要求，是应对重大风险挑战、推动党和国家事业行稳致远的必然要求，是推动构建人类命运共同体、在百年变局加速演进中赢得战略主动的必然要求，是深入推进新时代党的建设新的伟大工程、建设更加坚强有力的马克思主义政党的必然要求。改革开放只有进行时，没有完成时。

这不仅是治国理政的重要思想，更是我们学习和研究组织行为学的行动纲领和指南。在学习组织行为学的过程中，我们必须坚持、运用和践行这些思想。

（6）学习组织行为学有助于实现学用一致。需要特别指出的是，组织行为学是一门应用性学科。学习组织行为学，必须在马克思主义基本原理的指导下，坚持学习与运用的统一。运用所学的理论知识指导实践，通过总结实践经验进一步丰富和发展理论知识，这是一个不断反复的过程，是一个完整的学习过程。读书是学习，使用也是学习，而且是更重要的学习。习近平指出："学习理论最有效的办法是读原著、学原文、悟原理，强读强记，常学常新，往深里走、往实里走、往心里走，把自己摆进去、把职责摆进去、把工作摆进去，做到学、思、用贯通，知、信、行统一。"[①] 学习一定要带着问题学，做到干中学、学中干，学以致用、用以促学、学用相长。

第二节　组织行为学的历史沿革

以史为镜，可以知兴替。通过回顾组织行为学的历史和理论流派，我们可以更深入地了解这个领域的发展过程及其内在的思想脉络。

组织行为学作为舶来品，其形成和发展基本建立在西方的实践和研究的基础上。实际上，中华民族丰富的历史文化和浩如烟海的典籍里，蕴含着很多与现代组织行为学契合的思想，这里仅举一例。我国古代第一兵书《孙子兵法》不仅论述了战争策略，而且涉及诸多组织管理的原理和技术，包括组织沟通、组织决策、组织激励等。《孙子兵法》开篇就提到"故经之以五事，校之以计，而索其情：一曰道，二曰天，三曰地，四曰将，五曰法"。这里所论述的五事，

[①] 《习近平谈治国理政》第三卷，外文出版社 2020 年版，第 519 页。

可以定义为组织经营战略的分析框架，完全可以解释今天的组织行为。诸如此类的思想和表述，对于今天的组织管理具有重要的指导意义。限于篇幅，本书不做详细介绍。经过一百多年的发展，组织行为学理论大体上可以分为五个学派，也有人将其作为五个发展阶段：早期的工业心理学派、古典管理学派、行为学派、权变学派、系统学派。

一、早期的工业心理学派

组织行为学的产生与发展起源于心理学在管理实践或工业界的应用。20世纪初，工业心理学的萌芽与发展为组织行为学乃至整个行为科学学派的产生与发展奠定了基础。

其代表人物和事件可以概括如下。

1901年，德国学者斯特恩将心理学相关知识应用于企业，并首次提出"心理技术学"这个概念。1913年，德国学者芒斯特伯格在《心理学与工业效率》一书中首次指出，只有对人的行为进行科学的研究才能鉴别一般模式和解释人的个体差异。将心理学运用到工业中，主要是为了发现：如何将工人的能力与从事的工作相匹配；工人在什么样的心理下，工作产出才会最大；企业如何影响工人以获得最大工作产出。芒斯特伯格建议运用心理测验来提高甄选雇员的准确性；强调学习理论在培训开发中的价值，提倡通过研究人的行为来了解什么是最有效的激励方式。

美国学者吉尔布莱斯发展了芒斯特伯格的思想，首次提出了"管理心理学"的概念，在1914年出版了《管理心理学》一书。吉尔布莱斯强调工人的个性与需求是运用科学管理原理的前提，在管理实践中企业需要运用心理学的相关概念与原理。

第一次世界大战（以下简称"一战"）推动了工业心理学尤其是人员测评研究的发展。一战期间，大量的美国学者被征召从事兵源选拔的人事测评工作。一战之后，人事测评的技术与方法被广泛地运用于工业界，成为企业选拔工人的有力工具。从20世纪20年代开始，心理学在工作环境中的作用得到越来越多的认识，工业心理学全面兴起。

二、古典管理学派

管理学界一般把古典管理学派作为管理科学诞生的标志，这是人类系统研究组织管理问题的早期探索,该时期也称为古典理论时期。这一时期,几位学者通过对管理实践的观察、探索和总结,形成了相对系统的逻辑表述和多种有影响的理论。

(一) 科学管理理论

泰勒在 20 世纪初期所做的系统研究关注的重点在于生产车间的计划、标准化和作业质量,以便以最小的投入获得最大的产出。他精心设计了生铁搬运实验,依据实验结果制定出了标准的操作方法,并用这种方法对全体工人进行训练,据以制定较高的定额,这就是工作定额原理。同时,他还对工人使用的工具、机械、材料以及作业环境加以标准化,这就是标准化原理。科学管理通过最大限度地提高每个工人的生产效率,能为劳资双方赚取最大的收益。因此,一切视劳资关系为零和博弈的消极情绪及矛盾冲突可经科学管理而解决。

泰勒通过明确界定提高效率的原则,致力于在工人和管理者当中引发一场心理革命。他指出,遵循这些原则将会使管理者和工人同时受益,工人会获得更多的收入,管理者会获得更多的利润。

泰勒确认的科学管理原则不仅对美国,而且对欧洲的工业实践活动都产生了巨大的影响,它不仅对工人完成工作任务的方法产生了影响,而且在工业组织结构方面带来了很多变革。他的《科学管理原理》是影响极为深远的管理学著作之一。

(二) 一般管理理论

科学管理理论主要针对生产车间和操作工人,没有涉及正式组织结构与一般管理的基本过程。法国学者法约尔的一般管理理论界定了管理者所发挥的基本职能,明确了有效管理的基本原理。他把管理分为五个环节或五项职能:计划、组织、指挥、协调、控制。直至今日,这五个环节或职能仍然是研究管理的基本环节和职能的基础,几乎所有的管理学教材仍然将这五项职能(或者压缩后的四项职能)作为描述管理者工作的基本框架,无论是企业还是政府组织,在管理原理上是相通的。后来,他进一步归纳了 14 条管理原则,成为管理学教材中的必备内容。

(三) 科层结构理论

韦伯提出了科层结构理论,该理论试图为权力建立一个合理合法的基础,并且为挑选人员和进行各种活动做出有秩序的安排。韦伯将组织活动描述为建立在职权关系基础上的活动,从结构化的角度分析组织和管理活动。

被韦伯称为科层结构（也被翻译成"官僚模型"）的理想组织结构有如下特点：劳动分工，明确界定的等级制度，详细的规章制度，非人格化的人际关系。韦伯承认这种理想的官僚模型在现实生活中并不存在，但是它代表了一种对现实世界有选择性的重组，在大型组织中，可以作为对如何完成工作进行推理的基础。他的理论成为大型组织设计的依据。

（四）"社会人"理论

古典管理学派基本以一家独大的姿态主宰了那个时代，尽管也受到了批判。相对而言，同时诞生在那个时代但后来才引起人们关注的两位学者，对组织行为学的发展也功不可没。

福利特是最早承认应该从个体和群体行为两个角度来看待组织的学者之一。她提倡以人为本的观点，组织应建立在团体道德而不是个人主义的基础之上；个人潜力除非在群体交往中得以释放，否则依然是个人潜力，管理者的工作就是协调群体努力激发个人潜力；管理人员与工人应将对方视为合作伙伴——双方都是共同群体中的一个组成部分；管理者领导下属，不仅要依靠正式职权，更要靠他们的专业技能和知识。福利特的思想至今仍在影响我们对激励、领导行为和权力的认知。

巴纳德对组织的性质和目的有独到的见解。在其编写的《经理人员的职能》一书中，巴纳德系统表达了他对组织和管理的观点。

巴纳德认为，社会活动大多通过正式组织来完成，组织是人们自觉的、有意的、有目的的一种协作，由具有相互作用的社会关系的人所组成。管理者的主要作用是进行沟通，激励下属付出更大的努力。有三种普遍的要素会影响这种努力。

（1）协作意愿。协作意愿是各种组织不可缺少的首要的普遍要素。人们必须愿意为一个系统的目标做出贡献，但这种意愿的强度和实践安排是变动的，因为它是以组织成员所感受或预计的满足或不满足为基础的。

（2）共同目标。组织动机和个人动机是不同的。个人之所以愿意为组织做出贡献，并不是因为组织动机就是他们的个人动机，而是因为他们感到，通过组织目标的实现，可以获得个人的满足。作为管理者，必须让所有的组织成员看到共同目标对于整个组织所具有的意义。

（3）信息交流。协作意愿、共同目标的实现等活动都是以信息交流为依据，通过沟通来完成的。良好的信息交流能够将组织的共同目标传递给个人，通过赢得他们的协作来实现组织目标和个人满足。所以，一个组织的成功主要依赖于沟通及从其成员中所获得的合作程度。

巴纳德也承认非正式组织的作用。他把非正式组织定义为：不是正式组织，且与正式组织管辖的个人以及有关的人、团队没有接触和相互作用，却存在于正式组织中。

福利特和巴纳德对人的重视，超越了他们所处的时代。但他们强调的不是作为个体的人，而是通过合作的团体努力来实现自己的个人。两人都强调协调和统一，得出了同样的结论：只有专职的、有道德的领导才能提高组织的效率和人们的福利。

三、行为学派

（一）前期的思想和实践准备

作为对 20 世纪初工会化运动发展的回应，西方国家的一些企业纷纷设立了"福利秘书"职位，也就是现在的人力资源经理的前身，他们的作用是协调组织与雇员的关系。20 世纪 20 年代末期的经济大萧条，迫使西方社会特别是美国政府颁布了一系列法律来协调工人、工会与雇主的关系，企业管理者开始更开放地寻求新的方式与雇员打交道，开始改善工作环境并谋求与劳动者建立良好的关系，这就为人际关系运动的兴起提供了社会基础。

芒斯特伯格和吉尔布莱斯等人从心理学角度对组织管理问题的研究，为行为学派的兴起提供了一定的理论基础。

（二）人际关系理论

人际关系理论的精髓在于相信在组织中获得更高生产率的办法是提高雇员的满意度。除了梅奥等人在霍桑工厂的研究，其他三位学者的研究也发挥了推动作用，他们是卡耐基、马斯洛和麦戈里格。

为组织行为学中的人际关系运动做出最重要贡献的是霍桑实验。这项实验从 1924 年开始一直延续到 20 世纪 30 年代。早期的实验在霍桑工厂展开，并因此而得名。实验最初是想考察照明水平的变化对工人劳动生产率的影响，结果却发现：尽管只是增加了实验组的照明强度，但实验组和控制组的产量都上升了。继而又出现了更为令人惊奇的现象：当实验组的光照强度下降时，两个组的劳动生产率依然持续上升。为了解释他们所观察到的工人行为，公司请哈佛大学教授梅奥及其助手作为顾问参加了这项研究。

梅奥小组进行了多轮实验，得出以下结论：计件工资对工人产出的影响比群体压力、归属及随之产生的安全感等因素对工人产出的影响更小；工人的行为与情感紧密联系，组织的力量显著地影响个人的行为，群体内标准决定着个人的产量；与群体内标准、群体情感、安全相比，金钱是决定产出的次要因素；群体内的社会规范或标准被认为是个体工作行为的决定性因素。这些结论导致了人们对于组织运作与实现组织目标的过程中人的因素有了新的认识，工作中的人际关系和人的社会属性成为研究者和实践者普遍关注的因素。

卡耐基的著作《如何赢得朋友和影响他人》在20世纪30年代到50年代成为美国乃至欧洲很多人的案头必备，同一时期成千上万的经理和渴望成为经理的人参加了他的管理讲座和研讨会。他的核心论点是：只有赢得他人的合作才能赢得成功。

1949年，芝加哥大学举行了一次跨学科的研讨会，主要讨论如何用已有的各个学科的知识来发展一种关于人的行为的一般理论。讨论会上第一次提出了"行为科学"的概念。1953年，美国福特基金会召开的跨学科会议上，正式把研究人的行为的科学命名为"行为科学"。行为科学的正式定义是：运用科学的观察、调查、实验、测评等实证研究方法，研究人的行为的一般规律以及相关应用的学科群。狭义的行为科学包括心理学、社会学以及文化人类学三个学科的相关知识，被称为"组织行为学"。广义的行为科学，除了以上三个学科，还涉及经济学、教育学、生理学等学科的相关知识。

马斯洛提出的五层次需要模型影响广泛。他的主要观点是：需要是人的行为的驱动力，要激励人就要努力满足人的需要。人的需要从低层次到高层次是逐渐发展的，低一层次的需要基本获得满足后，人们才会追求高一层次需要的满足。管理者只有通过改变管理实践，不断满足人们的需要，才能促使人们达到自我实现的状态。马斯洛在晚年又对这一理论做了补充和发展。

麦戈里格从1956年开始研究企业管理者的产生和成长以及如何发挥人力资源潜能的问题，当时的社会实践关注的是如何选拔具有管理潜能的优秀人才，但麦戈里格认为问题的根本不在选拔，而在于当时人们不了解如何利用人的潜能、不了解如何创建一种有助于个人成长的组织氛围，要完全发挥人力资源所具有的潜能，还有很长的路要走。他系统地表达了对于如何激发人的潜能以达到组织目标的观点，明确提出管理政策的制定必须考虑人性。他认为，关于人力资源管理的任何理论,其核心都是对于人的动机的假设。这些假设影响乃至决定着管理决策和措施的制定及其实施效果。他把当时存在于西方社会的假设总结为两大类。一类是传统的指导和控制观,他将其称为 X 理论。基本假设包括:一般人天生不喜欢工作并尽力逃避;由于这种对工作的不喜欢,大多数人必须被强迫、控制、指导、惩罚,才能适当地努力去实现组织目标;一般人更愿意听从指挥,回避责任,缺乏雄心大志,最渴望安全。基于 X 理论的管理手段是胡萝卜加大棒。尽管有证据表明基于这些假设的管理措施在实践中有一定的效果,但也有大量证据表明这套逻辑不是在所有的条件下都成立,即使在当时,其局限性也显而易见。

同样是关于人的行为规律的假设,还有另外一类不同的观点,麦戈里格将其称为 Y 理论。基本假设包括:在工作中消耗体力和智力就像游戏和休息一样,是正常的;一般人并不是天生不喜欢工作,而取决于环境和控制条件;外部控制和惩罚不是唯一的诱发努力工作的手段;人们对于自己愿意达到的目标会进行自我指导和自我控制;对目标的承诺取决于与成绩相联系的奖惩手段;在适当的条件下,一般人都会接受并承担责任;回避责任、胸无大志和关注安全往往是过去经验的结果,而不是人的天生的特性;在解决组织所面临的问题时所需要的智慧和创造性广泛地存在于组织成员中;在现代的工业生活条件下,一般人的聪明才智只是部分地发挥了作用。

X 理论对组织管理的无效性提供了一个合理化的解释:这是由人力资源的本性所决定。而 Y 理论把问题的关键解释为管理问题,如果员工懒惰,不愿意承担责任,缺乏创造性和合作精神,原因在于管理层的方法和控制手段有问题。显然,Y 理论体现了动态而不是静态的观点,表明一般人可以成长和发展,强调管理政策和制度对人的行为的影响。遗憾的是,Y 理论的主要观点最后并没有得到完全验证。

麦戈里格最后提出来一个整合的思路,也就是把 X 理论和 Y 理论结合起来,因为二者可能分别适用于不同的条件和场合。后来还有学者进一步提出了突出企业文化作用的 Z 理论以及强调复杂人和权变思想的超 Y 理论。

(三) 行为科学理论

行为学派的影响随着一批学者的参与而愈加广泛和深刻,在 20 世纪 50—60 年代达到顶峰。行为科学理论专注于对组织内的人际行为进行客观和科学的研究,有代表性的包括:斯金纳运用他的"斯金纳箱"提出了强化理论;麦克利兰提出了成就动机理论；赫兹伯格提出了"双因素"理论；海克曼等人建立的工作特征模型揭示了工作的核心维度（技能多样化、任务一致性、工作重要性、独立程度及反馈）对承担工作的人的激励作用。

四、权变学派

根据权变学派的理论，组织管理是一个动态的过程，没有绝对有效的模式或方法（国内流行的管理无定式的说法就来自这个理论），要根据组织所处的环境和内部条件的变化随机应变。权变理论的核心是通过组织内部和外部各个部分或系统的相互联系，区分和确定各种可能的影响因素，根据各种条件和变化，随机应变、伺机而动、审时度势，针对不同的具体条件寻求不同的管理模式或方法。实际上，这个学派已经隐含了系统学派的思想。权变学派与其他理论学派一样，也有几位主要的代表人物。

钱德勒在《战略与结构》一书中，强调在不同的条件下，有多种组织方案可供选择。组织管理结构是随着企业战略的变化而变化的，而战略本身又由于市场、资金、技术、社会等条件的变化而变化。因此，不存在一成不变的组织结构。

劳伦斯在《组织与环境》一书中，论述了外部环境和组织结构之间的关系。书中提出：组织应该根据不同的企业类型、不同的目标和价值取向等采取不同的管理方法。组织结构的特点就是分散化和整体化的整合；组织的有效运作离不开对组织外部环境的不确定性的预测和估计；企业可以根据自己的条件，选择事业部制结构、矩阵结构、直线职能制结构或者集权结构。

卢桑斯也是对权变理论有贡献的学者。他认为，权变关系是两个或两个以上的变量之间的一种函数关系，相当于一种假设关系，可以表述为"如果-那么"。"如果"是前提或假设条件，"那么"是应对措施或方案。

权变理论的基础是系统理论，它同系统理论一样，把组织看成一个存在于一个大系统环境之中的子系统。与系统理论不同的是，权变理论强调管理方式要根据所处的情境随机应变，合适的就是最好的。而系统理论强调的是组织作为一个整体的运作以及这个整体与外部环境的互动。

五、系统学派

系统学派是将组织作为一个有机整体，把各项管理业务看成相互联系的网络的一个管理学派。该学派重视对组织结构和模式的分析，应用系统理论的范畴、原理，全面分析和研究企业和其他组织的管理活动和管理过程，并建立起系统模型以便于分析。这一理论是卡斯特、罗森茨韦克等美国学者在一般系统论的基础上建立起来的。该理论的主要观点是：

（1）企业是由人、物资、机器和其他资源在一定的目标下组成的一体化系统，它的成长和发展同时受到这些组成要素的影响。在这些要素的相互关系中，人是主体，具有主动性，其他要素则是被动的客体。

（2）组织是由许多子系统组成的，各子系统既相互独立又相互作用、不可分割，从而构成一个整体。这些系统还可以继续分为更小的子系统，同时企业是社会大系统中的子系统。

（3）从系统的观点来考察管理的基本职能，可以把企业看成一个投入-产出系统，投入的是物资、劳动力和各种信息，产出的是各种产品（或服务）。从系统的角度分析，组织行为也是一个子系统，这个子系统与其他子系统相互作用。

第三节　组织行为学常用的研究方法

所谓的研究方法，简单地说就是用什么方法来证明一个命题或判断的合理性，或者真假。学习研究方法，有助于增强我们凭事实说话的意识，提高我们评价有关研究结论的能力，使我们学会用科学的观点去分析和看待问题，包括获取知识，还能够使我们在阅读商业或专业期刊中关于组织行为学的研究报告或有关论述时，做出更有经验的判断。

需要特别说明的是，我们这里所说的研究方法，是指微观层面的具体操作方法。实际上，研究方法的选择和使用，受到研究者世界观和方法论的影响。科学无国界，科学家有祖国。广大科技工作者要把论文写在祖国的大地上，把科技成果应用在实现现代化的伟大事业中。科学研究既要追求知识和真理，也要服务于经济社会发展和广大人民群众，要想人民之所想、急人民之所急。我们从事科学研究，一定要坚持自信自立、守正创新、问题导向、系统观念、胸怀天下的立场观点方法，全面贯彻习近平新时代中国特色社会主义思想，为中国式现代化建设添砖加瓦。

一、研究术语

研究术语是指研究人员在彼此之间或同外界交流时常用的专业词汇。在行为科学研究中，常用的术语有：

（一）变量

变量是能被测量的，可能在数量、强度的任一方面或两方面都发生变化的一般特征。本书中出现的组织行为学的变量的例子有工作满意度、员工生产率、工作压力、能力、个性、群体规范等。

（二）假设

对于两个或多个变量间的关系所做的试探性解释称为假设。例如，"参加大学生运动会的学生可能在其后的职业生涯中有更高职位"即为一个假设。除非被实证研究证实，否则假设就只能是实验性的解释。

（三）因变量

因变量是受自变量的影响而发生变化的反应变量。在假设中，它是研究人员着重解释的变量。上述例句中，"有更高职位"就是因变量。在组织行为学的研究中，常见的因变量有生产率、缺勤率、流动率、工作满意度及对组织的承诺。

（四）自变量

自变量是假设中导致因变量变化的原因。上述例句中，"参加大学生运动会"便是自变量。在组织行为学中，通常研究的自变量包括：智力、个性、工作满意度、经验、动机、强化模式、领导风格、报酬分配、甄选方法及组织设计。

在组织行为学中，工作满意度既是自变量又是因变量。这并不是什么错误，而恰恰反映出具体变量的命名要依据其在假设中的位置而定。例如在"工作满意度的提高使得流动率下降"这句话中，工作满意度是一个自变量；而在"加薪使工作满意度提高"这句话中，工作满意度又成了一个因变量。

（五）中介变量

中介变量是连接自变量和因变量的变量，常常解释为自变量与因变量关系的作用机制，也就是自变量通过中介变量而对因变量产生作用。换言之，中介变量使自变量和因变量产生了关系。如果这种关系是完全通过中介变量产生的，叫作完全中介，即自变量和因变量之间没有直接关系，只有通过中介变量才发生关系。如果这种关系是部分通过中介变量产生的，叫作部分中介，即自变量和因变量之间既有直接的关系，也有通过中介变量而发生的关系。例如，上司的领导风格与下属的绩效没有直接关系，但领导风格会影响员工的满意度，而满意度会影响工作绩效，这时，满意度就是领导风格与工作绩效之间的中介变量。

（六）调节变量

如果变量 X 与变量 Y 有关系，但是 X 与 Y 的关系受到第三变量 Z 的影响，那么变量 Z 就是调节变量。调节变量所解释的不是关系内部的机制，而是一个自变量和因变量关系在不同的条件下是否有所变化。它的主要作用是为现有的理论划出限制条件和适用范围。调节变量可以减弱自变量对因变量的影响。它也可以被认为是权变变量：如果有 X（自变量），那么 Y（因变量）会发生，但只有在 Z（调节变量）存在的情况下才能发生。组织活动中，这样的现象很多，例如，如果增加直接监督的程度（X），则会提高工人的生产率（Y），但这种影响受到所从事任务的复杂性（Z）的制约。

（七）理论

理论是一套系统的、相互关联的概念或假设的陈述，旨在解释或预测某些现象。在组织行为学中，理论也经常被称为模型。本书中两者可以通用。组织行为学中的各种理论不胜枚举。例如，激励员工的理论、有效的领导风格理论、组织变革的理论等。

二、常用的研究方法

（一）问卷调查法与访谈法

1. 问卷调查法

问卷调查法也称问卷法，是社会科学和行为科学研究中最常用的研究方法。问卷调查以书面提出问题的方式收集资料。研究者将所要研究的问题编制成问题表格，以邮寄、当面作答、在线调查、电话调查等方式填答，从而了解被调查者对某一现象或问题的看法和意见。问卷调查可以分为开放式、封闭式两大类。开放式问卷是指对问题的回答不提供任何具体答案，而由被调查者自由回答。封闭式问卷是指将问题的几种主要答案，甚至一切可能的答案全部列出，然后由被调查者从中选取一种或几种答案作为自己的回答，而不能做这些答案之外的回答。

2. 访谈法

与问卷调查法相似，访谈法也是通过提问和回答的方式收集研究数据和资料的方法。不同的是，访谈一般是面对面进行，问卷调查法是以纸质问卷或在线问卷的方式实现的。访谈法一般采用开放式的问题，用于探究深层次的原因或对新问题做探索性的研究。例如，通过员工离职访谈，主管可以或多或少地了解到他们离去的想法及离职的原因。另外，访谈法可以作为其他数据资料方法的补充。例如，选择问卷调查法后，调查者可以和被调查者谈话，了解他为什么要选择那些答案，这样就可以获得更深一层的信息。访谈法可以分为深度访谈、小组访谈等。

（二）实验研究法

实验研究法是由研究者根据研究问题的本质内容设计实验，控制某些环境因素或无关变量，使得实验环境比现实相对简单，通过对可重复的实验现象进行观察，从中发现规律的研究方法。其中处理（也叫操纵）的因素叫自变量，观察的因素叫因变量。实验的目的就是考察自变量和因变量之间的因果关系。实验方法诞生于物理和化学等自然科学研究，后来被移植到组织行为学研究中。

实验研究可以分为实验室实验和现场实验。实验室实验对实验条件的控制更加严格，现场实验则不能保证严格控制实验环境。霍桑实验就是经典的现场实验。

（三）观察研究法

观察研究法是指在自然的或适度控制的情境下，依据研究目的，对某种现象或某个行为做有计划和系统的观察，依据所记录的信息，通过客观的分析和解释得出研究结论的方法。观察研究法可以分为参与观察和非参与观察两种类型。参与观察是研究人员参与被研究者的活动，被研究者知道自己正在被研究人员观察。非参与观察则相反，被研究者不知道自己正在被观察。

（四）案例研究法

案例研究法也叫个案研究法，是一种常见的质化研究方法，适用于对某个复杂问题或新现象进行深入和全面的考察。案例研究专家认为，既可以使用案例研究建立新的理论，也可以用案例研究验证已有的理论。需要特别指出的是，我们这里所说的案例研究，是一种科学研究的方法，而不是教学方法。现在社会上很多人把教学中的案例分析和科学研究中的案例研究混淆了。

案例研究是一种实证研究。它在不脱离现实环境的情况下研究当前正在发生的现象或事件，当然也可以是已经发生的事件，而这些现象或事件往往还没有被人们完全认识，其与环境之间的边界仍不清晰。换言之，采用案例研究法的一个重要原因是研究者相信所关注的事件或现象的前后联系与研究对象之间存在高度关联，特意要把事件的前后联系纳入研究范围。案例研究的最终目的不是对研究中所涉及的个案进行描述和分析，而是归纳出能够普遍化的结论，案例只是得出结论的手段。

案例研究需要通过多种渠道收集资料，并把所有数据资料汇合在一起进行交叉分析，从这个意义上讲，案例研究既不是资料收集技术，也不仅限于设计研究方案本身，而是一种全面的、综合性的研究思路。近年来，案例研究又发展出多案例研究、跨案例研究、比较案例研究等新方法，值得我们关注。

三、对组织行为学内容的辩证分析

如前所述，目前的组织行为学教材中，部分概念和理论来自西方社会，我们在学习的过程中，一方面要注意正确和全面地理解其本意，另一方面要学会用严谨的态度、辩证的思维去粗取精、去伪存真。要学会用马克思主义的辩证唯物主义和历史唯物主义的方法论，对来自西方社会的内容做出客观的评价和判断。

（一）人的自然属性和社会属性的辩证统一

"人创造环境，同样，环境也创造人。"① 人是社会历史中具体的人。人的自然属性是人作为一个生命有机体的存在，具有生物特性。生存的需要从生命的开始就自然地导致人与人的依赖关系，使得人类成为社会性群体的存在。"社会活动的这种固定化，我们本身的产物聚合为一种统治我们、不受我们控制、使我们的愿望不能实现并使我们的打算落空的物质力量，这是迄今为止历史发展中的主要因素之一。"② 因此，在马克思看来，尽管社会是由个人组成的，但是社会并不是个人的简单加总。社会是按特殊的规则和特定的结构组成的有机整体，这个整体一旦形成，就具有了不以人的意志为转移的客观规律和个人所不具有的属性。这些属性在完全诞生于资本主义社会的组织行为学观点

---

① 《马克思恩格斯文集》第一卷，人民出版社2009年版，第545页。
② 《马克思恩格斯文集》第一卷，人民出版社2009年版，第537页。

和理论中并不多见,我们在学习的时候要注意辨别。尽管组织行为学也研究了群体心理,发现了从众行为、搭便车效应,提出了组织认同等概念,但从本质上讲,组织行为学的概念框架和理论逻辑是建立在个体基础上的体系。对于人的社会属性和人与人的依赖关系的研究相对薄弱。

(二) 个人能动性和社会历史条件限制的辩证统一

马克思研究的个人不是处在某种虚幻的离群索居和固定不变状态中的个人,而是处在现实的、通过经验可以观察到的、在一定条件下进行的发展过程中的个人。"生产本身又是以个人彼此之间的交往为前提的。这种交往的形式又是由生产决定的。"① 既然人是社会关系的总和,个人的行为,无论是经济行为还是非经济行为,就不能完全由个人的意志支配,在其现实性上,它必然受同其物质生产力的一定发展阶段相适应的生产关系的制约。马克思强调人的经济行为的社会性和客观性,并不是否认个人在经济活动中的能动性,他认为个体具有潜在地改变其关系规则的能动作用,人类实践活动推动了历史的发展,人的主观能动性不仅仅反映在改造客观世界的实践上,更重要的是能认识到事物本身的发展规律,按客观规律办事。这些思想,在目前的组织行为学中体现不多。

(三) 人的本质的历史性和变化发展

马克思主义经济学强调在一定社会生产关系中研究人的经济行为。马克思认为,在社会中个人的欲望、动机是多种多样的,人的具体行为也受着不同的主观动机的支配,但是,人的本质不是一成不变的,而是随着历史的发展而不断发展的。个人借以进行生产的社会关系,即社会生产关系是随着生产力的变化而改变的。所以人的本质作为一切社会关系的总和,也必然是历史的、发展的,在每个时代历史地发生变化的。组织行为学中介绍的 X 理论、Y 理论等,基本把人性作为相对稳定的属性加以研究,似乎人性就是一成不变的东西,忽视了人的本质随着生产力和生产关系的改变而发展的特性。

(四) 辩证地看待人的需要

1. 需要是人的本性

马克思主义的需要理论在西方组织行为学中基本见不到,但这一理论对于我们理解组织行为学具有战略统领的作用。西方关于组织行为学的需要理论过

---

① 《马克思恩格斯文集》第一卷,人民出版社 2009 年版,第 520 页。

于强调人的个体属性,相对忽视人的生产劳动和社会因素与人的需要的互动关系。

马克思主义的需要理论一方面区分了主体与客体、个人与社会的辩证关系,另一方面阐述了需要内容与生产劳动的关系和不同层次需要之间的转换、递进关系。根据马克思主义的观点,人的需要是人的本性,是人的自然属性、社会属性和思维属性共同作用的结果。人的自然属性决定了人的需要离不开自然界,人的社会属性决定了人的需要与社会密切关联,人的思维属性决定了人的需要不断优化发展。人的需要伴随人类历史发展的全过程。

2. 人的需要可以分为三个层次

根据马克思主义的需要理论,人的需要可以分为生存、享受和发展三个层次,它们各自具有不同的内容和性质。衣、食、住等生存资料的需要是人类最基本的需要。"我们首先应当确定一切人类生存的第一个前提,也就是一切历史的第一个前提,这个前提是:人们为了能够'创造历史',必须能够生活。但是为了生活,首先就需要吃喝住穿以及其他一些东西。因此第一个历史活动就是生产满足这些需要的资料,即生产物质生活本身。"① 这不仅指明了吃喝住穿等物质生活资料是人类最基本的生存需要,而且将物质生活需要的生产和再生产列为人类历史发展的前提条件。

享受需要是指人的生存需要得到满足后,产生的一种提升生活品质、升华精神层次的需要。当人的基本的吃喝住穿等生存需要得到满足后,一方面,人对更高层次的需要提出要求;另一方面,人的生产能力继续发展,获得满足更高层次需要的能力,即人们满足生存需要的生产和再生产能力获得了提升,满足生存需要的方式也发生了变化。马克思所说的享受需要并不是指一味地通过物质消费来刺激感官,而是一种文明考究的生活方式,是不断提升的生产和再生产能力。

发展需要在人类需要层次中居最高层次,只有发展需要才是人类生存的目的。因为发展需要是人对自身获得进一步发展条件的需要,它不仅表现为人与动物的本质区别,而且体现了人的能动作用。"已经得到满足的第一个需要本身、满足需要的活动和已经获得的为满足需要而用的工具又引起新的需要,而

---

① 《马克思恩格斯文集》第一卷,人民出版社 2009 年版,第 531 页。

这种新的需要的产生是第一个历史活动。"① 马克思还认为，人的需要的各个层次是并存的，即人并不是在低级需要完全得到满足之后才会产生较高一级的需要，那种只有某一层次需要而无其他层次需要的情况是没有的。引起新的需要即需要的递迁或更替，不是需要层次本身的更替或消亡，而是指需要优势的更替。在不同时期，并存的各种需要对人的行为的支配或主导的力量是不同的，其中支配力量最大的是居于优势的需要。因此，需要的优势由一层次向另一层次转变时，原来优势的需要层次和其他层次并未消失，只不过不居于支配地位而已。但这种更迭，绝不是简单的重复，而是人类发展过程中具有新的、更高层次内容的表现。人就是在不断更新的需要中发展与完善的。

人类的发展史，就是一部人的需要即人的本性的不断改变和发展的历史。离开了人的需要，人的一切实践活动和一切社会关系都将不复存在。所以，需要的发展是人本质力量的新证明和人本质的新充实。

3. 人的需要具有社会历史性

马克思主义理论表明，人的需要是在社会中产生、发展和实现的，离开现实的社会生活，任何需要都将不复存在。需要随着社会的发展而逐步发展，并且受一定历史条件的制约，在不同的历史时期，人的需要对象、内容和水平都是不同的，因而它具有社会历史属性。另外，人们为了满足需要必须进行生产劳动，而生产劳动又促使人们结成一定的生产关系。因此，真正的社会关系是由于有了个人的需要以及为了实现和满足这些需要而建立起来的。需要产生社会关系，而社会关系一经形成，又反过来决定需要的性质，使人的需要具有社会性。

我国社会主要矛盾是人民日益增长的美好生活需要和不平衡不充分的发展之间的矛盾。这就告诉我们，人民对美好生活的向往、人的全面发展、全体人民共同富裕，是现阶段我国各族人民的普遍需要，不断实现人民对美好生活的向往，是党的历史使命，更是各级各类组织义不容辞的责任。这也是我们在理解人的需要和组织行为学有关概念和理论时必须把握的一个基本原则。

4. 人的终极目标——全面发展

马克思主义理论表明，促进人的全面发展是人类社会发展的终极目标。这是每个人的权利。

---

① 《马克思恩格斯文集》第一卷，人民出版社2009年版，第531—532页。

人的全面发展具有丰富的内涵，包括以下几个层次。

（1）人的全面发展意味着充分开发每个人的潜能，不仅是肉体的潜能，更重要的是精神潜能，摆脱人的潜能普遍被压抑的状态。

（2）人的全面发展意味着人的各方面潜能的充分发展，消除不合理的社会分工，就是马克思说的要摆脱"旧的分工"对人的潜能的强制切割和对人的全面发展的羁绊。

（3）人的全面发展还意味着人的社会关系全面而充分地展开，包括其现实关系和观念关系的全面性。

（4）人的全面发展必须通过自主的劳动实现。"生产劳动给每一个人提供全面发展和表现自己的全部能力即体能和智能的机会"[①]，自主的劳动不仅实现人对物欲的摆脱，也使人摆脱社会压迫，即实现人的解放。

（五）个人发展与社会发展的辩证统一

马克思主义关于人的学说的核心是人的全面发展，实质是科学地认识人在社会经济发展中的根本作用。人的全面发展，就是符合人的本质和需要的发展，是让每个人的创造能力和价值得到充分体现；任何束缚和限制人的自由发展的制度与社会形态都必然被淘汰。这正是马克思揭示的社会发展进步的基本动力。马克思强调个体的发展与社会的发展是一致的，人类社会发展的历史就是个体成长的历史，二者发展的一致性又是以劳动为基础的。这种辩证统一体现在："已经生成的社会创造着具有人的本质的这种全部丰富性的人，创造着具有丰富的、全面而深刻的感觉的人作为这个社会的恒久的现实。"[②]

（六）必须坚持系统观

党的二十大报告指出，万事万物是相互联系、相互依存的。只有用普遍联系的、全面系统的、发展变化的观点观察事物，才能把握事物发展规律……我们要善于通过历史看现实、透过现象看本质，把握好全局和局部、当前和长远、宏观和微观、主要矛盾和次要矛盾、特殊和一般的关系，不断提高战略思维、历史思维、辩证思维、系统思维、创新思维、法治思维、底线思维能力，为前瞻性思考、全局性谋划、整体性推进党和国家各项事业提供科学思想方法。

---

① 《马克思恩格斯文集》第九卷，人民出版社 2009 年版，第 311 页。
② 《马克思恩格斯文集》第一卷，人民出版社 2009 年版，第 192 页。

我们在前文介绍了组织行为学研究的几个主要学派，其中包括系统学派，强调组织作为有机体，相互之间以及与外部环境之间存在各种联系，采用投入–产出的系统观来分析组织行为。但这里的系统学派，严格地讲还是局限于微观层面的、小系统的思想。党的二十大报告为我们指出了更加宏观的、具有统领作用的系统观，那就是要善于通过历史看现实、透过现象看本质，把握好全局和局部、当前和长远、宏观和微观、主要矛盾和次要矛盾、特殊和一般的关系。因此，要从系统的角度分析组织行为。无论是解释个人的行为还是组织行为，无论是领导行为还是组织变革，不能就事论事，不能只看局部，不能离开所处的环境，不能只强调特殊性，要采用系统的观点，综合分析，才能真正认识组织行为的本质，为组织管理实践提供相应的对策和建议。

这些思想，能够有效指导我们的学术研究和管理实践。这些思想，对于我们辩证地理解组织行为学的相关原理具有重要的指导作用。

思考题

1. 简述个人能动性和社会历史条件限制的辩证统一对组织行为研究的意义和价值。
2. 什么是科学管理？科学管理与当前的管理实践有关系吗？
3. 组织行为学不同理论学派的演进过程告诉我们什么？
4. 马克思与恩格斯对人的需要和全面发展的观点对于今天的组织管理有什么启发？

第一章 个体心理与行为

个体的行为千差万别。概括而言，环境因素和个体心理因素是引起这种差别的两个重要原因，其中心理因素是本章要介绍的内容。个体的知觉与决策风格、人格特征、能力倾向、情绪调节功能、压力应对方式，以及态度和价值倾向都会导致个体做出不同的行为选择，不同的行为对于组织具有不同的意义，从而在微观层面影响组织的绩效。

第一节 认知与决策

一、知觉的含义及过程

（一）知觉的含义

知觉（perception）是指个体为了给观察到的对象赋予一定的意义，而进行的组织和解释感觉印象的过程。知觉是一种积极、能动的认识过程。

知觉的能动性主要体现在四个方面：第一，知觉具有选择性，即个体会根据自己的需要与兴趣，有目的地把某些刺激信息或刺激的某些方面作为知觉对象，而把其他事物作为背景；第二，知觉具有整体性，即个体常常根据自己的知识经验，对刺激进行加工整合，使知觉保持完整；第三，知觉具有理解性，即人们以已有的知识经验为基础对知觉对象做出解释，使它具有一定的意义；第四，知觉具有恒常性，即当知觉的条件在一定范围内改变时，我们的知觉映像在相当程度上保持着它的稳定性。

一般而言，我们将知觉分为物体知觉和社会知觉。物体知觉就是对自然界中物理、化学、生物等种种现象的知觉，包括空间知觉、时间知觉和运动知觉。社会知觉则是对由人的社会实践所构成的社会现象的知觉。社会知觉对于组织行为学的意义重大，包括对他人的知觉、人际知觉、自我知觉和角色知觉。

1. 对他人的知觉

对他人的知觉主要是指通过对他人的外部特征，比如言语、外表等的知觉，进而获得对他人的动机、感情、意图等的认识。

2. 人际知觉

人际知觉是对人与人之间所表现出来的人际关系的知觉。人与人之间在关系上的亲疏远近有所差异，有不同的层次。比如，即使是同一个小区的邻居，有的只是点头之交，有的则成为互帮互助的朋友，而有的会因琐事变得疏远。李淼云等人以小学生为研究对象，探讨教师投入知觉、学生投入知觉、师生关系知觉和同伴协作知觉对学生学习兴趣的影响。研究发现，教师投入知觉和师生关系知觉只对学生个体的学习兴趣产生影响，而学生投入知觉和同伴协作知觉不仅能够影响学生个体的学习兴趣，更能影响班级学生群体的学习兴趣。①

3. 自我知觉

自我知觉是指个体通过对自己行为的观察而对自己的情感、情绪和内在特质等心理状态的认识。这种知觉包括对物质自我的知觉（指对自己的仪表、衣着、身体、家庭等的认知和评价）、对社会自我的知觉（指对自己的社会地位、声誉、财产及与他人的关系等的认知和评价）、对精神自我的知觉（指对自己的能力、智慧、道德水准等的认知和评价）三个方面。对这三个方面的自我评价都会导致个体产生自豪或自卑的体验。

4. 角色知觉

角色知觉是指人们对在某个社会单元中占据特定位置的个体所应该做出的行为模式的期待。比如我们认为医生应该是沉着冷静、救死扶伤、平等仁爱的。

(二) 知觉的过程

根据达夫特等的观点，知觉的过程包括五个阶段：注意、组织、解释、检索、判断。

1. 注意

注意是知觉过程的初始阶段。这个阶段是从背景中分离出知觉对象的过程。

2. 组织

在这一阶段，人们会通过使用参考框架将多种琐碎的信息加以组块，使之成为较高水平、较为抽象的概念。这个阶段实际上是形成一个整体形象的

---

① 李淼云、宋乃庆、盛雅琦：《"因班施教"：课堂人际知觉对学生学习兴趣影响的多水平分析》，《华东师范大学学报（教育科学版）》2019年第4期，第94页。

过程。

3. 解释

在这一阶段，人们会对经过组织的抽象概念加以解释并赋予一定的意义。

4. 检索

经过前三个阶段，知觉者对某项刺激已经产生了一定的认识，于是知觉者会对与当前事件相关的过去事件的一些信息进行回忆。

5. 判断

在这个阶段，知觉者会对所解释的信息给予聚合和加权处理，并得出一个最终的结论。

张文慧等采用情境实验法，根据某企业的实际情形编写了一个商业案例，并让来自大学管理学院的学生对该案例进行分析。结果表明，决策者的认知复杂性和认知需要与他们对企业内外环境的周密分析具有显著的正向关系。进一步地，认知复杂性与认知需要通过对环境的周密分析影响了决策者对于环境中蕴含的机会的判断，并影响了他们的最终决策。[①]

二、归因的含义及主要理论

（一）归因的含义

在现实生活中，人们不但观察和了解个体的行为，而且对引发这种行为的原因有兴趣，所以当我们观察人们的行为时，总是试图对其以某种方式行动的原因进行推断和解释。这种通过对观察到的行为结果进行分析并推断其原因的过程，称为归因。它是社会生活中普遍存在而又非常重要的认知现象。例如，某销售人员本季度的业绩突然下滑，销售经理肯定会试图推测其业绩下滑的主要原因是什么。

我们对个体的不同判断取决于把特定行为归因于何种意义的解释，但人们常常会在归因过程中出现偏差，常见的归因偏差包括基本归因错误和自我服务偏见。

1. 基本归因错误

通常情况下，我们在解释他人的行为表现时，总是倾向于低估外部因素造

---

① 张文慧、张志学、刘雪峰：《决策者的认知特征对决策过程及企业战略选择的影响》，《心理学报》2005 年第 3 期，第 373 页。

成的影响，而高估内部特质与态度等个人因素的影响，这种归因偏差称为基本归因错误。例如，当研发人员研发出来的产品销量不佳时，研发主管更倾向于将其归因于下属的个人能力问题而不是市场需求不足。

2. 自我服务偏见

当人们在解释自己的行为时，总是倾向于把成功归因于自身能力和努力等内部因素，而把失败归因于运气不佳等外部环境因素，这种归因偏差称为自我服务偏见。例如，当某位员工的薪酬高于组织所有员工薪酬的平均水平时，他倾向于把高薪酬归因于自己的工作能力较强；当该员工薪酬明显低于平均水平时，他往往会将其归因于分配程序的不公平。

才国伟和刘剑雄考察了我国普通员工工作满意度的影响因素。研究结果表明，归因对工作满意度有显著影响：个体越是倾向归因于父母社会地位、家庭经济收入、运气等外部因素，其工作满意度越低；但是努力、天赋、学历等方面的内部归因，对工作满意度的正向作用并不显著。①

(二) 归因的主要理论

归因理论是关于知觉者解释和推断自己与他人行为原因的社会心理学理论，是激励下属的重要理论基础之一。许多研究者对归因过程进行了大量研究，其中较有影响的归因理论有以下几种。

1. 海德的归因理论

海德认为，人们会像科学家一样对周围的事件进行分析、理解和推断，并且有预测和控制环境的基本需要，为了满足这种需要，人们会根据各种相关的外部信息或线索来推断事件发生的原因，这样才能更好地达到控制环境的目的。事件发生的原因有两种：一种是内部因素，即属于自己控制范围之内的个人因素，包括努力程度、态度、人格、动机和能力等；另一种是外部因素，即属于自己控制范围之外的一些情境因素，包括工作的难易程度、外界压力、天气变化等。

2. 对应推断理论

该理论主张，外显行为同个体的内在品质是相互对应的，因此，从一个人的外显行为可以推断出对应的动机、人格、态度等内在品质。当人们进行个体归因时，就是要从行为及其结果推导出行为的意图和动机。

---

① 才国伟、刘剑雄：《归因、自主权与工作满意度》，《管理世界》2013年第1期，第141页。

对应推断理论的要点主要有三个。

（1）非共同性效应，即当个体的行为结果跟大多数人不同时，知觉者常常会推断这种行为是由内在品质决定的。比如，对于同一场考试，某位同学的考试成绩很好，我们通常会认为这是由天赋或努力等个人因素所决定的。

（2）社会期望，即当个体表现出合乎社会规范或社会期望的行为时，我们通常很难推断出他的内在品质，但当个体的行为不符合社会规范或社会期望时，我们更容易将该行为归因于个体的内在品质。

（3）选择自由性，即如果一个人的行为是自由选择的结果而不是受到某种因素的强迫，我们更倾向于认为这种行为与个体的内在品质是对应的。比如，一个人在周围有很多熟人的情况下将拾到的钱包交到失物招领处，我们由这个行为判断此人是一个无私的人，感觉并不是很令人信服，但如果该人是在周围无人的情况下将钱包交公，那么我们可以由此推断出此人具有拾金不昧的高尚品质。

3. 三维归因理论

三维归因理论指出，人们对行为的归因过程总是涉及三个因素，即客观刺激物、行动者和情境。其中，客观刺激物和情境属于外部因素，行动者属于内部因素。对上述三个因素中任何一个因素的归因都取决于行为的以下三个变量。

（1）区别性。描述客观刺激物，即行动者是否对同类其他刺激做出相同的反应。比如，张三是只在数学课上犯困，还是在其他课上也犯困？如果在其他课上也犯困，则观察者可能会将其归因于内部因素；否则，则可能对其进行外部归因。

（2）一致性。描述人，即其他人对同一刺激是否也做出相同的反应。比如，其他同学在数学课上是否也犯困？还是只有张三在数学课上犯困？如果一致性高，其他同学也犯困，则很可能将犯困行为归因于外部因素；如果一致性低，只有张三犯困，那更可能对其进行内部归因。

（3）一贯性。描述情境，即行动者在任何情境中是否都表现出类似的行为。比如，张三每次上数学课是否都会犯困？如果行为的一贯性高，则观察者更可能对张三的犯困行为进行内部归因。

在上述的例子中，张三是行动者，数学课是客观刺激物，情境是指一些时空因素，比如张三总是在数学课上犯困。

4. 维纳的归因理论

维纳等在20世纪70年代从个体的归因过程出发,研究人们对成败的归因倾向。根据该理论,影响归因的因素总体上可归为以下三个维度。

(1) 原因源(内因-外因)维度,指的是造成事实的原因是属于行动者自身内部因素(内因)还是外部因素(外因)。其中,内因在个体控制范围之内,包括能力、努力、人格、心境等个人因素,而任务难度、运气好坏、他人偏见等外因不在个体控制范围之内。

(2) 稳定性(稳定-不稳定)维度,指的是行为原因在性质上是否稳定。比如,个体的能力及任务难度是稳定的,而运气、机遇、努力等因素则是不稳定的。

(3) 可控性(可控-不可控)维度,指的是事件的原因是否能由自己控制。比如,努力是可控的,而任务难度、机遇、能力是不可控的。

维纳进一步提出,个体对自己成败原因的归纳分析会对今后的行为方式产生重大的影响。当个体倾向于把成功归因于稳定的内部因素如能力时,个体会认为自己能力较强并感到自豪,同时增加了对成功的期望,更愿意从事有挑战性的任务;若把成功归因于不稳定的外部因素如运气,则个体对成功的期望并不会增加,同时会产生担心的情绪或情感体验。当个体倾向于把失败归因于稳定的内部因素如能力时,个体会认为自己缺乏能力并感到无能和羞愧,从而导致降低对成功的期望;若把失败归因于不稳定的外部因素如运气,则个体自认倒霉,会继续努力,依然保持着对成功的期望。

三、决策的含义及基本理论

(一) 决策的含义

决策贯穿于管理的全过程,企业每天都会面临多次决策。例如,财务经理决定是否支付一笔款项,研发经理决定开发什么新产品,采购经理决定向哪个供应商采购,等等。那么,什么是决策呢?决策有狭义和广义之分。狭义地说,决策是在几种行为方案中做出选择;广义地说,决策还包括在做出最后选择之前必须进行的一切活动。

(二) 决策的基本理论

1. 理性决策模型

理性决策模型以"经济人"的假设为前提,假定决策者是完全理性和客观的,并拥有完整全面的信息。理性决策模型描述了如何在具体的限定条件下使决策的价值最大化。理性决策模型遵循如下六个步骤。

步骤一:界定问题所在。决策是针对问题做出的回应,当期望状态与实际状态之间存在差距时,问题便出现了。进行理性决策时首先需要明确问题,例如,一个高中生毕业后所面临的问题十分清晰——需要选择一所理想的大学。

步骤二:确定决策标准。决策者在认识到问题之后,需要确定那些与决策有关的因素。在这个过程中,不同决策个体可能会由于价值观、个人偏好等不同而选择不同的标准。在上述例子中,该同学的选择标准可能是学校的规模、专业水平、地理位置、学费、名气、生活质量等。

步骤三:给各项标准分配权重。上一步确定的标准虽然与决策有关,但并不具有同等的重要性。因此,决策者需要对各项标准的重要程度进行衡量,以便在决策时有正确的排序。

步骤四:提出所有的可行性方案。在给各项标准分配了相应的权重后,决策者需要列出解决问题的所有可行性方案。

步骤五:评估备选方案。备选方案确定后,决策者就需要根据各项决策标准来对每一个方案进行评估,即针对每一项标准给各个备选方案打分,然后将各个方案的得分乘以相应的权重,最后所得的分数即为基于标准和相应权重的评估结果。评估过程使得各个备选方案的优缺点更为直观明显,有利于决策者做出最优决策。

步骤六:选择最佳方案。根据各项标准及其相应的权重对各个备选方案进行评估,选择其中总分最高的那个备选方案或方案组合,即为最佳方案。

需要说明的是,理性决策模型依赖于以下几个假设:

(1)决策者是理性的,即能够完全客观地进行逻辑推理。
(2)决策者面临的问题清晰且明确。
(3)决策者能够获得所有的备选方案。
(4)没有时间和费用的限制。
(5)决策者的偏好明确,即决策标准的权重可以量化。
(6)决策者的偏好稳定,即决策标准及其权重分配是稳定不变的。
(7)决策者的选择效果最佳,即选择评估分数最高的方案。

2. 有限理性模型

这个模型是诺贝尔奖获得者赫伯特·西蒙在对传统理性模型进行批判的

基础上发展而来的。西蒙认为,人是追求理性的,具有"经济人"的特征,但是由于个体信息加工能力的有限性以及时间和资金等资源的有限性,在实际的决策过程中,个体只能在有限理性的范围内活动。该模型遵循如下三个步骤。

步骤一:界定问题所在,并对其进行简化处理,使问题变得清晰并易于理解。

步骤二:寻求标准和备选方案。决策者在这个阶段会根据自己的知识和经验设定满意标准并确定有限的备选方案,但决策者所列出的标准可能远远不够详尽彻底。

步骤三:挑选备选方案。决策者在确定了有限的备选方案之后,就需要对它们进行考察,将备选方案与标准进行对比,直至找到第一个可以接受的备选方案时,决策者就会结束搜寻工作。由此可知,在有限理性模型的基础上获得的决策是一个符合要求的选择,而不一定是最优选择。

3. 隐含偏爱模型

决策者并不是完全客观和理性的。实际上,在确定决策问题之后,决策者已经隐含地选择了一个早期的偏爱方案,但决策者本人通常不会意识到这一点,仍会继续确定其他备选方案,之后的过程主要是搜集证据来使决策者和周围的人确信他的隐含偏爱方案是最佳方案。隐含偏爱模型的决策过程遵循如下步骤。

步骤一:识别问题,并对其进行简化处理,使问题变得清晰而单一。

步骤二:确定偏爱的方案。在简化问题之后,决策者会隐含地确定一个自己偏爱的方案,但这个过程通常是无意识的。

步骤三:确定选择性备选方案。决策者往往不会清楚地意识到自己确定了一个隐含偏爱方案,因此他们仍会继续确定其他备选方案。

步骤四:确定代表性备选方案。在这个阶段,决策者会比较备选方案中的若干选项,选择出能与隐含偏爱方案进行比较的代表性备选方案。

步骤五:建立决策标准和权重。决策者为了确保隐含偏爱方案优于其他备选方案,常常会建立有利于隐含偏爱方案的决策标准,在这个过程中,会出现很多知觉和解释的失真。

步骤六:选择隐含偏爱方案。在最后阶段,决策者会根据决策标准将隐含偏爱方案与代表性备选方案进行对比,并最终选择隐含偏爱方案。

4. 直觉决策模型

直觉决策是以决策者丰富的知识经验为基础，在决策者认知模式、情感、决策情境等因素的综合作用下，通过情境估计对决策问题进行整体把握并最终选择出满意方案的一种决策模式。它并不一定要脱离理性分析而独立运作；相反，二者往往是相辅相成的。在某些情况下，依赖于直觉能够提高决策水平，可能会比理性分析更有效。

有研究表明，职业象棋大师能同时进行至少 50 盘对弈，此时他们必须在数秒内做出决策，而他们最后表现出的技能水平依然很高，这个过程就是一种直觉决策。专业经验使他们能认清情境，并利用过去已习得的与情境相关的经验，迅速判断和选择。可见，直觉决策者可在信息很有限的条件下迅速做出决策。

四、存在与意识——马克思主义理论对个体认知的指导意义

本节关于知觉、归因与决策的内容主要来自西方管理学者与心理学者的研究。我们应当自觉地运用马克思主义的观点与立场对这些内容进行分析。具体而言，可以从马克思主义学者关于存在与意识的辩证关系的论述中获得重要指导。

恩格斯认为："全部哲学，特别是近代哲学的重大的基本问题，是思维和存在的关系问题。"[①] 换言之，思维和存在的关系问题是哲学的基本问题，对这个问题的不同回答使哲学区分为唯物主义和唯心主义两个基本派别。对于二者的关系，马克思站在辩证唯物主义的立场上，给出了明确的论断："不是人们的意识决定人们的存在，相反，是人们的社会存在决定人们的意识。"[②]

依据辩证唯物主义的立场，无论是知觉、归因还是决策都属于个体意识层面的范畴，它们的内容受到个体生理条件、生活环境、人生经历以及阶级地位等客观存在的影响。比如，社会知觉包括对他人的知觉、人际知觉、自我知觉和角色知觉，都是由个体对自己以及周围人进行观察之后形成的，因此必然受到自身表现以及周围人的行为等客观存在的影响。同时，我们也要看到，个体为了使自己的社会知觉更能够准确地反映客观现实，必须通过做出行为并不断

---

① 《马克思恩格斯文集》第四卷，人民出版社 2009 年版，第 277 页。
② 《马克思恩格斯文集》第二卷，人民出版社 2009 年版，第 591 页。

地反思和观察来调整自己的认知。同样地，归因是个体对他人及自身行为原因的推论和解释，它反映了个体的主观能动性，但无论是海德的归因理论、对应推断理论，还是三维归因理论、维纳的归因理论，都仅仅是从主观意识层面概括性地描述了个体归因的方向及影响因素，归因的具体内容直接受制于个体经验等因素，其客观真实性如何并不能从以上理论中得到回答。个体决策亦是如此，无论是理性型的、有限理性型的，还是隐含偏爱型的、直觉型的理论，本质上仅刻画了个体在决策时的心理活动过程，该过程受到个体禀赋、个体经历和决策情境的影响，而且，任何一种理论都不能确保个体决策的正确性，正确性只能由个体通过实践的结果来检验。

第二节　价值观与态度

一、价值观的含义与分类

（一）价值观的含义

价值观（values）代表了人们最基本的信念：从个人或社会的角度来看，某种具体的行为模式或存在的最终状态比与之相反的行为模式或存在状态更可取。每个人都生活在特定的社会环境中，对周围的一切客观事物都会有一定的想法和评价。不同个体之间价值观存在很大的差异。比如，有人看重的是工作的乐趣与发展空间，而有人则追求权力与地位，这就体现了个体间价值观的不同。

价值观包括内容和强度两种属性。内容属性告诉人们某种行为模式或存在状态是重要的；强度属性表明这种行为模式或存在状态的重要程度。例如，甲、乙两位管理者都认为公平是管理员工的基本准则，这表明二人在价值观的内容属性方面基本一致。但是，甲偶尔会偏袒自己的亲信，而乙在任何情况下都坚守公平的原则。此时，我们可以说公平这种价值观的强度属性对乙而言更大。

（二）价值观的主要分类

1. 斯普兰格的价值观分类

德国学者斯普兰格在《人的类型》一书中指出，社会生活有六个基本的领域，并据此将人相应地分为六种类型：理论型、经济型、审美型、社会型、权力型和宗教型。

（1）理论型。该类型的人以探求事物本质为目的，追求以理性的方法寻求真理，擅长做理论分析，但解决实际问题时可能会无能为力。哲学家、理论家多属于这种类型。

（2）经济型。该类型的人以追求财富和获取利益为目的，总是基于经济价值来看待一切事物，强调有效和实用，重视实用价值。实业家多属于这种类型。

（3）审美型。该类型的人以追求美和美好的创造为目的，总是从美的角度来评价周围客观事物的价值，重视外在形象的美和心灵的感受。艺术家多属于这种类型。

（4）社会型。该类型的人重视社会义务和社会道德，乐于帮助他人，喜欢与人交往，寻求广泛的人际关系，有奉献精神，致力于增进社会和他人的福利。慈善、卫生和教育工作者多属于这种类型。

（5）权力型。该类型的人以获得权力为个人生活目的，并有强烈的权力意识和权力支配的欲望，喜欢控制和支配他人，而不愿被人支配。管理者多属于这种类型。

（6）宗教型。该类型的人将信仰宗教视为生活的最高价值，强调超自然的力量并且相信命运。神学家是此类型的典型代表。

2. 罗克奇的价值观分类

罗克奇于1973年编制了罗克奇价值观调查问卷（Rokeach values survey，RVS），他在问卷中把个体的价值观分为终极性价值观和工具性价值观两大类。终极性价值观是指个体希望实现的最根本的目标，而这个目标是他愿意用一生去实现的。工具性价值观是指实现终极性价值观的手段和途径。①

谭小宏、秦启文参照有关文献并结合国内企业的实际情况，编制出企业的组织价值观问卷，对企业员工进行问卷调查，结果发现：组织价值观包含人本取向、团队取向、形象取向、客户取向、产品取向、社会责任取向、创新取向、绩效取向和求真取向九个因素。②

---

① ［美］斯蒂芬·罗宾斯、蒂莫西·贾奇：《组织行为学》（第18版），孙健敏等译，中国人民大学出版社2021年版，第137—138页。
② 谭小宏、秦启文：《组织价值观结构的实证研究》，《心理科学》2009年第2期，第485页。

(三) 工作价值观

1. 工作价值观的含义

工作价值观的定义最早是由美国学者休珀在实证研究的基础上提出的，指的是个体所追求的与工作有关的目标的表述，是个体的内在需要及其从事活动时所追求的工作特质或属性。伊莱泽则将工作价值观定义为一种内在的思想体系，是个体对在与工作行为及工作环境有关的活动中所获得的某种结果的价值判断，它可以直接影响行为方式。国内有学者认为工作价值观是指人们在求职过程中用来衡量各种职业优势、意义和重要性的内在尺度，属于个性倾向性的范畴，同时具有很强的社会属性。由此可见，各国研究者根据自己研究角度的不同，从而对工作价值观的定义也有所不同。

周文霞和孙健敏运用深度访谈、焦点小组讨论的研究方法，提炼了职业成功观的三维结构：第一个维度是外在报酬，包括物质报酬、权力地位、绩效贡献、安全稳定四个子维度；第二个维度是内在满足，包括才能发挥、获得认同、自由快乐三个子维度；第三个维度是和谐平衡。

2. 影响工作价值观的变量

随着工作价值观研究的不断深入，学者们开始考察一些变量对工作价值观的影响作用，一般集中在人格特质、人口学变量、组织行为等领域。例如，员工的年龄会对工作价值观产生影响，李路路和范文借助"世界价值观调查"数据，分析了"50后（及之前）""60后""70后""80后"这四个年龄阶段的中国员工在职业世俗性、工作进取心、职业冒险性三个维度上的变化趋势。他们发现，随着从"50后（及之前）"到"80后"的代际更替，人们对职业世俗性的认同度在降低，工作进取心和职业冒险性在提升。[①]

3. 工作价值观对员工行为和绩效的影响

西方的研究结果表明，成就导向和权力导向的工作价值观与工作结果之间有明显的相关关系，即具有高权力导向的员工，其职位晋升和工作更换的机会更多，薪酬也更高。国内有学者研究发现，工作价值观作为重要的调节变量，影响着工作压力和业绩之间的关系。当工作压力为中低水平时，与儒家思想有关的工作价值观和工作业绩之间呈正相关关系；但是当工作压力水平过高时，

---

① 李路路、范文：《"保守的世俗主义"——当代中国人的职业（工作）价值观》，《江苏社会科学》2014年第6期，第1页。

反而会降低工作业绩。在工作价值观和组织公民行为的关系上，工作价值观的努力工作维度和组织公民行为的人际帮助及公民道德维度都呈显著的正相关关系，但独立自主与人际帮助间呈显著的负相关关系。侯烜方、李燕萍、涂乙冬的研究发现，出生于20世纪80—90年代的员工的工作价值观包含了五个维度：功利导向、内在偏好、人际和谐、创新导向、长期发展。这五个维度可以正向预测新生代员工的角色内绩效和角色外绩效。该研究团队认为，新生代与老一代的工作价值观存在很大差异，组织必须根据新生代工作价值观来调整原来不合时宜的管理政策，以适应新形势下的新生代管理。①

二、马克思主义价值观与中华优秀传统价值观

个人价值观是社会、历史、文化在个人身上的具体体现，离不开社会大环境，也脱离不了历史和传统。中华优秀传统价值观、马克思主义价值观和社会主义核心价值观则更加强调价值观的社会属性，这在很大程度上弥补了当前组织行为学研究中较多偏重价值观个人属性的不足。对于中国的组织管理者来说，坚持马克思主义价值观，继承和发扬中华优秀传统价值观，提倡和弘扬社会主义核心价值观，是必须遵循的重要原则。

（一）中华优秀传统文化

党的十九大报告指出，文化自信是一个国家、一个民族发展中更基本、更深沉、更持久的力量。党的二十大报告指出，以社会主义核心价值观为引领，发展社会主义先进文化，弘扬革命文化，传承中华优秀传统文化，满足人民日益增长的精神文化需求，巩固全党全国各族人民团结奋斗的共同思想基础，不断提升国家文化软实力和中华文化影响力。

中华文化源远流长，积淀着中华民族最深层的精神追求，代表着中华民族独特的精神标识，为中华民族生生不息、发展壮大提供了丰厚滋养。我们提倡和弘扬社会主义核心价值观，必须从中汲取丰富营养，否则就不会有生命力和影响力。比如，中华文化强调"民惟邦本""天人合一""和而不同"；强调"天行健，君子以自强不息""大道之行也，天下为公"；强调"天下兴亡，匹夫有责"，主张以德治国、以文化人；强调"君子喻于义""君子坦荡荡""君

---

① 侯烜方、李燕萍、涂乙冬：《新生代工作价值观结构、测量及对绩效影响》，《心理学报》2014年第6期，第823页。

子义以为质";强调"言必信,行必果""人而无信,不知其可也";强调"德不孤,必有邻""仁者爱人""与人为善""己所不欲,勿施于人""出入相友,守望相助""老吾老以及人之老,幼吾幼以及人之幼""扶贫济困""不患寡而患不均",等等。像这样的思想和理念,不论过去还是现在,都有其鲜明的民族特色,都有其永不褪色的时代价值。这些思想和理念,既随着时间推移和时代变迁而不断与时俱进,又有其自身的连续性和稳定性。①

(二)马克思主义价值观

马克思主义价值观是由马克思和恩格斯基于历史唯物主义而创立的一个开放的理论体系,经由马克思主义者的不断完善和发展,日益丰富和完整。

马克思主义价值观有着自身鲜明的特征。其中,全心全意为人民服务的根本宗旨和集体主义的基本原则,是马克思主义价值观中最核心的内容。集体主义是社会主义道德的基本原则,是一种全新的道德原则。

以人类群体为价值主体来讲,马克思主义价值观包括以下四个内容:马克思主义政治价值观、马克思主义经济价值观、马克思主义文化价值观、马克思主义生态价值观。②

马克思主义政治价值观,是指以马克思主义为指导,对社会政治生活领域存在的各种基本问题、发生的政治事件以及社会政治体制等内容中与价值相关问题的根本看法和认识。马克思主义政治价值观的核心内容是坚持共产主义奋斗目标,坚持社会主义的政治民主道路,最终实现人的自由发展。"代替那存在着阶级和阶级对立的资产阶级旧社会的,将是这样一个联合体,在那里,每个人的自由发展是一切人的自由发展的条件。"③ 坚持以人民为中心是新时代坚持和发展中国特色社会主义的一条基本方略。为人民而生,因人民而兴,始终同人民在一起,为人民利益而奋斗,是我们党立党兴党强党的根本出发点和落脚点。

马克思主义经济价值观,是指以马克思主义为指导,对社会经济现象、经济行为中与价值相关问题的观点、看法和意见。其中一项主要内容就是要在坚持社会主义经济制度的基础上建设市场经济,树立正确的公平价值观、效率价

---

① 习近平:《青年要自觉践行社会主义核心价值观——在北京大学师生座谈会上的讲话》,人民出版社2014年版,第7—8页。
② 罗国杰主编:《马克思主义价值观研究》,人民出版社2013年版,第161—162页。
③ 《马克思恩格斯文集》第十卷,人民出版社2009年版,第666页。

值观和诚信价值观。① 建立社会主义市场经济体制是邓小平对科学社会主义的发展与创新，他明确指出："计划经济不等于社会主义，资本主义也有计划；市场经济不等于资本主义，社会主义也有市场。"② 高水平社会主义市场经济体制是中国式现代化的重要保障。必须更好发挥市场机制作用，创造更加公平、更有活力的市场环境，实现资源配置效率最优化和效益最大化。

马克思主义文化价值观，主要内容就是坚持为无产阶级服务、为人民大众服务的文化方向，发展民族的、科学的、大众的社会主义先进文化。其中，坚持为无产阶级服务、为人民大众服务的文化方向是马克思主义文化价值观的核心。党的二十大报告指出，繁荣发展文化事业和文化产业。坚持以人民为中心的创作导向，推出更多增强人民精神力量的优秀作品。

马克思主义生态价值观，是指以马克思主义为指导，对自然环境、人与自然的关系等方面与价值相关问题的认识和看法。党的十九大报告指出，人类只有遵循自然规律才能有效防止在开发利用自然上走弯路，人类对大自然的伤害最终会伤及人类自身，这是无法抗拒的规律。马克思主义生态价值观的主要内容是：从人类社会和人类的整体利益出发，树立尊重自然、顺应自然、保护自然的生态文明理念，实现可持续发展。

（三）社会主义核心价值观的基本内容

党的十八大提出，倡导富强、民主、文明、和谐，倡导自由、平等、公正、法治，倡导爱国、敬业、诚信、友善，积极培育和践行社会主义核心价值观。它体现社会主义核心价值体系的根本性质和基本特征，反映社会主义核心价值体系的丰富内涵和实践要求，是社会主义核心价值体系的高度凝练和集中表达。其中，"富强、民主、文明、和谐"是国家层面的价值目标，在社会主义核心价值观中居于最高层次，对其他层次的价值理念具有统领作用。"自由、平等、公正、法治"是社会层面的价值取向，它是对美好社会的生动表述，反映了中国特色社会主义的基本属性，是中国共产党矢志不渝、长期实践的核心价值理念。"爱国、敬业、诚信、友善"是公民个人层面的价值准则，它覆盖了公民在社会道德生活的各个领域所必须恪守的基本道德准则，也是评价公民道德行为选择的基本价值标准。这24个字是社会主义核心价值观的基本内容。

---

① 罗国杰主编：《马克思主义价值观研究》，人民出版社2013年版，第173—174页。
② 《邓小平文选》第三卷，人民出版社1993年版，第373页。

党的十九大报告对培育和践行社会主义核心价值观做出许多新的重大部署。社会主义核心价值观是当代中国精神的集中体现，凝结着全体人民共同的价值追求。要以培养担当民族复兴大任的时代新人为着眼点，强化教育引导、实践养成、制度保障，发挥社会主义核心价值观对国民教育、精神文明创建、精神文化产品创作生产传播的引领作用，把社会主义核心价值观融入社会发展各方面，转化为人们的情感认同和行为习惯。坚持全民行动、干部带头，从家庭做起，从娃娃抓起。深入挖掘中华优秀传统文化蕴含的思想观念、人文精神、道德规范，结合时代要求继承创新，让中华文化展现出永久魅力和时代风采。党的二十大报告指出，深入开展社会主义核心价值观宣传教育，深化爱国主义、集体主义、社会主义教育，着力培养担当民族复兴大任的时代新人。

社会主义核心价值观对组织行为学与中国管理实践的结合具有重要的指导意义。无论经济管理部门在确立经济发展目标、出台经济社会政策和重大改革措施时，还是企业在开展各项生产经营活动时，都要以社会主义核心价值观为依据，重视社会责任，重视社会效益，守法经营、诚信守约、公平竞争。

三、态度的概念及基本理论

（一）态度的内涵

态度（attitude）是指个体对外界特定事物所持有的较为持久且稳定的内在心理倾向。态度作为一种内在的心理准备状态，反映了个体对某些物体、人物和事件的感受，这种感受具有一定的倾向性，如肯定或否定、赞成或反对、满意或不满意等。

态度由多种成分构成，包括认知成分、情感成分和行为倾向成分。认知成分是指个体对事物带有评价意义的叙述。比如，"我认为考试作弊是错误的"这种陈述就是一种态度的认知成分。情感成分是指个体对某事或某人的情感体验，带有感情色彩和情绪特征。比如，"我不喜欢他"这种陈述就是态度中的情感成分。行为倾向成分是指个体对态度对象的行为准备状态和行为反应倾向。

一般来说，态度的三种成分是相互协调一致的。认知成分为情感成分奠定了基础，情感又会决定行为倾向。例如，在你认识到组织行为学这门课程的重要性之后（认知成分），你会对组织行为学产生兴趣（情感成分），表现在行为上是专心致志地听课，努力学习这门课程（行为倾向成分）。

（二）态度的相关理论

1. 认知失调理论

有关态度的早期研究认为，什么样的态度会导致什么样的行为。比如，你喜欢某个演员，就会经常看他主演的电视节目；你讨厌某个同事，就会尽量避免与他来往。这些现象都表明了个体所持有的态度决定了他们所做的事。但是随着研究的深入，费斯廷格提出了认知失调理论，试图用认知的观点解释态度与行为之间的关系。

个体会认识到自己的态度之间，或者态度与行为之间存在着不一致。任何形式的不一致都会令人感到不舒服，人们都有减少心理不适感的倾向，因而会试图减少这种不一致，以便达到失调程度最低的稳定状态。例如，你打算减肥，但当你的好朋友给你巧克力的时候你又吃了一块，这时你想减肥的态度与吃巧克力的行为产生了不一致，引起了认知失调，于是你会责怪给你巧克力的这个人以减少这种不一致。

显然，没有人能够完全避免失调状态。那人们会如何减少心理上的不适感呢？费斯廷格认为，个体想消除认知失调的愿望取决于以下三个因素。

（1）造成失调的要素的重要性。如果导致失调的要素很重要，减少态度与态度之间或者态度与行为之间的不一致会给个体带来较大的压力。例如，某酒店经理认为酒店利润和顾客的健康都非常重要。当他发现酒店饭菜的烹制过程中使用了劣质油（在此我们假设针对这种行为尚无相关法律规定），此时他就会面临高度的认知失调。

（2）个体认为自己对这些要素的可控程度。如果当事人认为这种失调是不可控的，那他不太可能改变自己的态度。例如，如果导致失调的原因在于上司的指示，那么减少失调的压力就会小很多。尽管认知失调依旧存在，但可以把它合理化并做出辩解。

（3）失调可能带来的后果。如果卷入失调状态中，个体却因此获得很大的收益，那认知失调造成的压力就不会太大，因为高报酬本身就是一种有效的平衡剂。

凌虹等考察了对情绪面孔图片的选择是否能导致认知失调现象的出现，以及情绪对认知失调的影响。结果表明，当个体在对两张面孔图片中的某一图片进行选择后，两张面孔图片间的评分差距显著大于选择前的评分差距，这支持了认知失调冲突效应；与中性条件相比，无论积极情绪条件还是消极情绪条件都造成了认知失调的加剧，证明了情绪对认知失调的影响。[1]

2. 态度的自我知觉理论

自我知觉理论主要阐释行为是否影响态度。根据该理论，人们通过自己的行为和行为发生的情境来了解自己的态度、情感和内部状态。态度是在事实发生之后，用来使已经发生的事实具有意义的工具，而不是在活动之前指导行为的工具。

当问到一个人关于某事物的态度时，个体首先会回忆他们与这种事物有关的行为，然后根据过去的行为推断出对该事物的态度。比如你问某人："你喜欢吃面包吗？"他可能会这样想："我经常吃面包，所以我一定是喜欢它的。"由此可见，此人根据过去的行为来判断自己的态度。

四、工作中的态度

每个人都可以有成千上万种态度，但是组织行为学主要关注与工作相关的三种态度：工作满意度、工作参与和组织承诺。

（一）工作满意度

工作满意度（job satisfaction）指的是员工所表现出来的喜欢其工作的程度。它源自对个体的工作或者工作经历评估的一种情绪状态。如果个体拥有较高水平的工作满意度，则说明他对工作持积极的态度。

提高员工的工作满意度有助于改善员工的工作质量，从而有利于提高组织的绩效水平，对组织的未来发展具有重大的意义。例如，王雪莉等学者通过对1 761名"80后"独生子女员工的研究，分析了步入职场的"80后"独生子女与非独生子女的行为态度差异以及他们在工作满意度与员工离职倾向关系间的调节作用。研究表明，"80后"独生子女的离职倾向更为明显，"80后"独生子女强化了工作满意度与员工离职倾向间的负向影响。[2]

关于工作满意度的测量，有两种广泛使用的方法。第一种是单一整体评估法，该方法只要求员工回答一个问题，例如，"若把所有因素考虑在内，你对自己的工作满意吗？"然后员工需要根据自己的情形从数字1~5中圈出一个合

---

[1] 凌虹、陆爱桃、连松洲等：《不同情绪对认知失调冲突的影响研究》，《心理研究》2015年第2期，第40页。
[2] 王雪莉、马琳、张勉：《基于独生子女的调节作用的个人-工作匹配、工作满意度与员工离职倾向研究》，《管理学报》2014年第5期，第691页。

适的数字，这些数字分别代表从"非常不满意"到"非常满意"的不同程度。第二种是工作要素综合评价法。这种方法首先需要确认工作中的关键因素，然后询问员工对于每一个因素的感受。典型的因素包括：工作性质、上级主管、目前的收入、晋升机会和与同事的关系。最后根据标准化的量表来评价这些要素，将分数相加就得到了工作满意度总分。

（二）工作参与

工作参与（job involvement）是指员工在心理上对其工作的认可程度，以及认为其绩效水平对自我价值的重要程度。工作参与程度高说明员工认为工作对实现自己的价值十分重要，并且对工作有强烈的认同感，积极投入其中。研究表明，工作参与和缺勤率、离职率呈负相关。

（三）组织承诺

组织承诺（organizational commitment）是指员工对于特定组织及其目标的接受和认同程度。组织承诺水平高的员工对组织有非常强的认同感和归属感。梅耶认为组织承诺包括三个独立的维度：情感承诺、规范承诺和连续承诺。

凌文辁等探讨了影响组织承诺的因素模型，指出：情感承诺的影响因素包括对领导的信任度、来自组织的生活支持、领导的团体维系行为、组织的可依赖性；规范承诺的影响因素包括员工的社会公平交换水平、员工对同事的依赖程度、员工所处团体的集体工作精神；连续承诺的影响因素包括工龄、对领导的信任度、员工的社会公平交换水平。[①]

第三节 能　　力

一、能力的概念及分类

心理学家认为，能力（ability）指的是个体能够顺利完成某种活动所需具备的心理特征。例如，外交官需要具备较强的语言表达能力、随机应变能力，这些能力是保证他胜任外交工作的心理特征。个体的能力是各种各样的，通常可以分为以下三类。

---

① 凌文辁、张治灿、方俐洛：《影响组织承诺的因素探讨》，《心理学报》2001 年第 3 期，第 263 页。

(一) 一般能力

一般能力指的是在各种基本活动中表现出来的能力，例如思维能力、想象力、观察力、记忆力等，即我们通常所说的智力。

(二) 特殊能力

特殊能力指的是完成某种专业活动所必须具备的能力。例如，画家的色彩鉴别力、飞行员的飞行能力、音乐家的节奏感受能力等特殊能力。

(三) 创造力

创造力指的是个体产生独特的新思想，发现和创造新事物的能力，它是顺利完成某种创造性活动所需具备的心理特征。王永丽等以773对上级-下属配对数据为样本，采用问卷调查法探讨了工作-家庭支持对员工创造力的影响。结果表明，在工作领域支持对员工创造力的影响上，工作投入起中介作用；在工作投入与员工创造力关系之间，创造性人格起调节作用。[①]

二、能力的基本理论

关于能力理论的探讨，是伴随着对智力的研究而开展起来的。

(一) 瑟斯顿的七维智力理论

瑟斯顿提出了构成基本心智能力的七个维度，包括：

(1) 语词理解，理解语词含义的能力。
(2) 语句流畅，迅速做出反应的语言能力。
(3) 数字运算，迅速而正确地进行计算的能力。
(4) 空间关系，方位辨识及空间关系判断能力。
(5) 联想记忆，有关两个事物之间联系的机械记忆能力。
(6) 知觉速度，凭视觉迅速辨别事物异同的能力。
(7) 一般推理，根据经验做出归纳推理的能力。

(二) 弗农的层次结构理论

弗农提出了智力的层次结构理论，认为智力的结构是按层次排列的。其中第一层是普遍因素，即人的基本心理能量；第二层分为两大群，包括言语和教育方面的因素、操作和机械方面的因素，叫大群因素；第三层为小群因素，包

[①] 王永丽、张智宇、何颖：《工作-家庭支持对员工创造力的影响探讨》，《心理学报》2012年第12期，第1651页。

括言语、数量、机械信息、空间信息、手工能力等内容；第四层为特殊因素，即完成具体工作时需要的特殊技能。

（三）加德纳的多元智力理论

加德纳提出了多元智力理论，认为每一个人都具有相对独立存在的、与特定的认知领域或知识范畴相联系的七种智力，每种智力作为单独的系统即"模块"，在大脑中按各自的规则运行。这七种智力分别是：

(1) 言语-语言智力。
(2) 音乐-节奏智力。
(3) 逻辑-数理智力。
(4) 视觉-空间智力。
(5) 身体-动觉智力。
(6) 自知-自省智力。
(7) 交往-交流智力。

第四节 人 格

一、人格的定义与特征

（一）人格的定义

人格是来自西方的概念。西方学者对人格的定义尽管相差较大，却基本上都源自拉丁文"persona"，意思是舞台上的演员所戴的假面具，它代表这一人物的性格和角色特点，包括表现在外的行为特点和蕴涵于内而外人无法直接观察的特点这两部分。在组织行为学中，将人格（personality）定义为与工作相适应的个人品质的总和。人格不是一个纯自然的范畴，而是个体遗传与后天环境交互作用所形成的相对稳定和独特的心理行为模式。

（二）人格的特征

具体而言，人格具有以下特征。

1. 人格具有独特性

人与人之间的心理与行为是各不相同的，人格结构组合的多样性使得每个人的人格都具有自己的特点。例如，有些人沉默寡言，有些人活泼开朗，有些人顽固自守，有些人开放自然。

2. 人格具有稳定性

个体的人格在时间上具有前后一贯性，在空间上具有一定的普遍性，那些偶然发生的心理特性不能称为人格。例如，一个性格外向的大学生，他不仅在学校里表现活跃，在校外也会喜欢结识朋友，而且他不仅大学四年表现如此，即使毕业若干年后，很可能依然这样。当然，这种稳定性不是绝对的，而是相对的。

3. 人格具有统合性

人格由多种成分构成，但它们并不是孤立存在的，而是密切联系并整合成为一个有机的整体。人格的有机结构具有内在一致性，受自我意识的调控。当个体的人格结构在各方面彼此和谐一致时，就会呈现健康的人格特征，否则可能会出现适应困难，甚至导致人格分裂。

4. 人格具有功能性

人格是一个人生活成败、喜怒哀乐的根源之一，它决定了一个人的生活方式，甚至有时会决定一个人的命运。例如，面对挫折与失败，有志者会认真总结经验教训；怯懦者则一蹶不振，失去了奋斗的目标。

二、工作场所的人格

（一）卡特尔的人格特质理论

美国学者卡特尔认为，特质是构成人格的基本单元。特质（trait）是指用以描述个人行为的一些持久而稳定的特点，比如懒惰、畏缩、害羞、顺从、进取心、忠诚等。特质在时间上具有稳定性，在空间上具有一定的普遍性，通过对特质的认识和了解，可以预测个体未来的行为。

1949 年，卡特尔通过因素分析的统计方法提出了 16 种相互独立的根源特质。根源特质是指制约表面特质的潜在基础和人格的基本因素，这些特质又分为低分者特征和高分者特征两个极端。卡特尔在这 16 种根源特质的基础上设计出一种自陈式测验问卷。该测验问卷具有较高的信度和效度，在组织管理领域得到了广泛的应用。

（二）大五模型

近年来，大量的研究证实，有五项人格维度是所有其他维度的基础，并且包含了人格特质中最重要的变量。这种人格理论模型称为大五模型（the big five model）。

1. 外倾性（extraversion）

这一维度描述的是个体对人际关系的舒适感程度。在该维度上得分较高的人表现为善于交际、喜欢群居、自我决断；低分者表现为封闭内向、胆小害羞、安静少语。

2. 随和性（agreeableness）

这一维度描述的是个体服从别人的倾向性。在该维度上得分较高的人表现为友好、热情和信赖他人，注重合作而不强调竞争；低分者表现为敌对、冷淡、为人多疑，并且不受欢迎。

3. 责任心（conscientiousness）

这一维度描述的是个体对信誉的关注程度。在该维度上得分较高的人表现为做事有条不紊并能持之以恒，值得信赖；低分者表现为精力分散并且缺乏计划，不可信赖。

4. 情绪稳定性（emotional stability）

这一维度描述的是个体承受压力的程度。在该维度上得分较高的人表现为平和、自信、有安全感；低分者表现为紧张、焦虑、失望并且缺乏安全感。

5. 经验的开放性（openness to experience）

这一维度描述的是个体对新奇事物的热衷程度。在该维度上得分较高的人表现为富有创造性、有好奇心并且具有艺术的敏感性；低分者表现为保守并且喜欢熟悉的事物。

该领域的研究者普遍认为，责任心这一维度对于所有职业的绩效都具有较高的预测效度。这个结果比较容易理解，在这一维度上得分较高的人做事有条不紊、持之以恒、勤奋刻苦、值得信赖，并且责任心强的人会在工作中付出更多的努力，从而有利于达到较高的工作绩效水平。大五模型中其他人格维度与绩效之间的关系会受到岗位类别的影响。比如，外倾性对于管理者和销售员的绩效具有预测效度，因为这类岗位与人际交往有关。经验的开放性在预测培训绩效时表现出效度。此外，研究表明，情绪稳定性与工作绩效之间不存在明显的相关性。

（三）迈尔斯-布里格斯类型指标

迈尔斯-布里格斯类型指标（Myers-Briggs type indicator，MBTI）是目前使用最广泛的人格测验之一。该量表从四个维度来解析人格：外向的（extroverted，E）或内向的（introverted，I），感觉的（sensing，S）或直觉的（intuitive，N），思维的（thinking，T）或情感的（feeling，F），判断的（judging，J）或知觉的（perceiving，P）。

1. 外向/内向型

外向型的人会倾向于关注外部世界的人和事物，善于社交和表达，性格开朗并且充满自信；内向型的人倾向于将心理能量指向自身内部的观念和经验，不喜欢与人交流，喜欢独处。

2. 感觉/直觉型

感觉型的人倾向于通过感觉器官来获取真实的信息，相信经验，比较实际并且注重细节；直觉型的人通常依赖直觉来获取信息，想象力丰富，富有创造性。

3. 思维/情感型

思维型的人倾向于根据逻辑上的因果关系进行客观分析，从而使问题得到处理并做决策；情感型的人则常常会更多地考虑情感因素，对他人的情感十分敏感，富有同情心。

4. 判断/知觉型

判断型的人倾向于用判断的方式对待外部世界，善于通过系统、有组织的方式处理问题，做事有条不紊；知觉型的人倾向于用感知功能来对待外部世界，具有较强的适应性，喜欢灵活。

在上述四个人格维度的基础上经组合得到 16 种人格类型，每个人都可以归为其中的某一种类型。例如，ESTJ 型的人是组织者，这类人是现实主义者，十分果断，一旦下定决心就会立即采取行动，并且善于组织和操纵活动，会尽可能用最有效率的方式得到结果。

（四）与工作绩效相关的其他人格特质

1. 控制点

控制点是指个体对自己命运掌控程度的认知。有些人认为自己可以控制命运，是命运的主人，这类人属于内控型；而有些人则认为外界的力量，比如运气和机会等控制着自己的命运，这类人属于外控型。大量关于内控和外控的研究比较一致地表明，外控型的人相比内控型的人对工作更不满意，有更高的缺勤率，对工作的投入程度更低，采取主动行动的可能性也更低。内控型的人往往会形成良好的生活习惯以确保身体健康，因此与外控型的人相比，他们患病的概率更低，所以缺勤率也就更低。

2. 自尊

自尊是指个体对自身能力的整体评价，反映了个体感知到的自身重要性、有能力和有价值的程度，对个体的态度和行为有重要的预测作用。比如，自尊与成功预期呈正相关，自尊心强的人会感知到他们在组织内是重要的、有效率的和有价值的，并且相信自己拥有成功完成工作所需的大多数能力，因此有更强的成功预期，倾向于选择那些非传统性的工作。有关自尊方面最普遍的发现是：与自尊心强的人相比，自尊心弱的人更敏感，更容易受外界影响，被他人的意见左右。从管理的角度来看，自尊心弱的人更注重取悦他人，他们很少站在不受欢迎的立场上。

3. 自我监控

自我监控是指个体调整自身的行为以适应外部情境因素的能力。高自我监控者对环境线索十分敏感，在根据外部环境因素调整自己行为方面表现出较强的适应性，能根据不同情境采取不同行为，并能够使公开的角色与私人的自我之间表现出极大差异。低自我监控者倾向于在各种情境下都表现出自己的真实性情和态度，不善于伪装自己，因而在他们是谁以及他们做什么之间存在高度的行为一致性。高自我监控者比低自我监控者更关注他人的活动，行为更符合习俗。因此可以推断，高自我监控者在管理岗位上更可能成功，因为这种岗位要求个体扮演多重甚至相互冲突的角色。

4. 冒险性

冒险性是指个体承受风险的意愿程度。这种接受或规避风险的倾向性对管理者做决策所用的时间以及做决策之前需要的信息量都有一定的影响。与低冒险性的管理者相比，高冒险性的管理者做决策更为迅速，使用的信息量也更少，但是两者的决策准确率相当。在组织中，冒险性应与工作性质相匹配。例如，与成长取向的创业者相比，大型企业的管理者更倾向于选择规避风险；高冒险性可能会给股票经纪人带来更高的业绩，因为这类工作需要迅速做出决策。

三、中国的人格结构研究

中国与西方在人的遗传和文化环境方面既有相似之处，又存在明显的不同。适应各自环境要求的必然结果就是，中国与西方的人格结构存在一定的相似性和差异性。那么，要准确地反映中国的人格结构，就不能脱离文化背景去研究人格，因此直接照搬西方的人格理论显然是不合适的。当然，西方人格结构的建立对研究中国的人格结构有着重要的借鉴意义。

（一）张妙清等人的人格四因素模型

张妙清和宋维真等人综合运用合理建构法、实践标准法及因素分析法，针对中国文化的特点，提出了中国的人格结构并编制了个性测量表（Chinese personality assessment indicator，CPAI），包括四个因素共22个人格特征。

（1）可靠性。该因素包括责任感、务实性、宽容-刻薄、乐观-悲观、老实-圆滑、亲情、严谨性、内-外控制点、面子、情绪性、自卑-自信11个人格特征。

（2）人际关系取向。该因素包括和谐性、人情、节俭-奢侈、灵活性、现代化5个人格特征。

（3）领导性。该因素包括领导性、冒险性、内-外向3个人格特征。

（4）独立性。该因素包括自我-社会取向、阿Q精神、理智-情感3个人格特征。[①]

在CPAI的修订版中，研究者增加了关于开放性的6个人格特征，它们分别是新颖性、多样化、多元思考、唯美感、容人度和人际触觉。但是，修订后的版本仍然支持原来的四因素结构，开放性的这6个人格特征分别负载于4个因素上。这一结果在一定程度上说明，在中国的人格结构中存在反映开放性的特质，但它们并没有像大五模型那样表现为独立的人格因素。

CPAI的效度在工作领域也得到了一些验证。例如，张妙清等人在综述前人文献后认为，周边绩效行为可以分为人际周边绩效行为和个人周边绩效行为。他们的实证研究发现，和谐性与领导性能较好地预测人际周边绩效行为，而老实-圆滑则较好地预测了个人周边绩效行为。

后来这个量表被非洲、欧洲等地的多位研究者验证，量表的名称改成了（跨）文化人格量表。

（二）张建新等人的人格特质六因素模型

张建新等学者提出了人格特质六因素模型，具体包括以下因素（维度）。

（1）情绪稳定性。这一维度描述的是个体情绪的稳定程度。在该维度上得

---

① 宋维真、张建新、张建平等：《编制中国人个性测量表（CPAI）的意义与程序》，《心理学报》1993年第4期，第400页。

分较高的人表现为平和、自信、有安全感；低分者表现为紧张、焦虑、失望并且缺乏安全感。

（2）认真-责任性。这一维度描述的是个体对信誉的关注程度。在该维度上得分较高的人表现为做事有条不紊并能持之以恒，值得信赖；低分者表现为精力分散并且缺乏计划，不可信赖。

（3）宜人性。这一维度描述的是个体服从别人的倾向性。在该维度上得分较高的人表现为友好、热情和信赖他人，并且注重合作而不强调竞争；低分者表现为敌对、冷淡、为人多疑，并且不受欢迎。

（4）外向-内向性。这一维度描述的是个体对人际关系的舒适感程度。外向的人表现为善于交际、喜欢群居、自我决断；内向的人表现为封闭内向、胆小害羞、安静少语。

（5）开放性。这一维度描述的是个体对新奇事物的热衷程度。在该维度上得分较高的人表现为富有创造性、有好奇心并且具有艺术的敏感性；低分者表现为保守并且喜欢熟悉的事物。

（6）人际关系性。这一维度描述的是个体主动寻求与他人建立互动交换关系的行为模式的倾向性。在该维度上得分较高的人表现为讲究往来人情、待人友好、积极主动、容易相处等；低分者表现为待人冷漠、以自我为中心等。需要说明的是，"人际关系性"这个因素包含了众多"本土化"的人格构念，显示出中国人在社会上如何"做人"的行为模式及其文化内涵。[①]

第五节　情绪与压力

一、情绪与情绪智力

（一）情绪的内涵

情绪（emotion）指的是由特定的人或事物引发的较为强烈的情感体验。当个体对他人感到厌恶时，当害怕见到某样东西时，当对某件事感到好奇时，个体就是在表达情绪。为了更好地理解这个概念，需要注意以下几个要点：第

---

① 张建新、周明洁：《中国人人格结构探索——人格特质六因素假说》，《心理科学进展》2006年第4期，第578页。

一，情绪由刺激所引起，并不是自发的，具有指向性与冲动性。引起情绪的刺激有时是外在的、具体可见的。第二，情绪是一种主观感受，具有个体差异性。不同的人面对同样的刺激，所引发的情绪不一定相同。第三，情绪会产生生理唤醒，并伴随一定的外部表现，包括身体动作、面部表情、语调等。生理唤醒是指情绪所引起的生理反应，它涉及广泛的神经结构，如中枢神经系统。

（二）情绪智力

当前存在几种不同视角的情绪智力（emotional intelligence，EI）定义，代表性的定义是：驾驭自己和他人的情感情绪，区分它们之间的差异，并能使用这些信息指导自己的思考和行动的能力。具体来说，情绪智力包括以下五个维度。

（1）自我意识：体味自我情感的能力，即当自己体验到情绪时能够识别它们的能力。

（2）自我管理：妥善管理自己的情绪和冲动的能力。比如，发现自己情绪不佳时，通过找出问题的原因来主动摆脱消极情绪。

（3）自我激励：面对挫折和失败依然坚持不懈的能力。

（4）感同身受：体味他人情感的能力，即在人际交往过程中，从对方的语言及其语调、表情和语气、手势等来判断他的情绪情感的能力。

（5）社会技能：处理他人情绪的能力。

情绪智力在不同个体之间存在明显的差异。与情绪智力低的个体相比，情绪智力高的个体更可能体味到自己和他人的情感，从而有利于保持与他人和谐的人际关系，对周边环境有较强的适应能力。情绪智力的水平并非由遗传因素所决定，也不是在儿童早期阶段就已定型，而是可以在人的一生中通过学习来获得提高。

我国学者容琰等收集了74个工作团队的数据，探讨了领导情绪智力对团队层面绩效（任务绩效、利他行为）和态度（满意度、团队承诺）的影响。结果表明，领导者的情绪智力对团队绩效、团队利他行为、团队满意度、团队承诺有显著的正向影响。[①] 此外，屠兴勇等人基于社会网络理论和情绪理论，通过对329个员工样本的实证研究发现，情绪智力对角色内绩效具有显著

---

① 容琰、隋杨、杨百寅：《领导情绪智力对团队绩效和员工态度的影响——公平氛围和权力距离的作用》，《心理学报》2015年第9期，第1158页。

正向影响。①

二、情绪劳动

情绪劳动的概念最早由美国学者霍克希尔德提出，其将情绪劳动（emotional labor）定义为个体通过对自身情绪的管理以创造出一种公众能够觉察的面部和身体表现，也就是说，员工在工作的人际交往过程中表现出令组织满意的情绪。

事实上，学者们对工作场所中情绪劳动的关注主要与西方发达国家的服务型经济的兴起有密切关系。霍克希尔德通过调查发现，在美国约有1/3的从业者所从事的工作具有明显的情绪劳动需求。情绪劳动与服务类工作更为相关，主要存在于那些与客户或顾客有广泛人际接触的职业，如医生、服务员或社会工作者，是服务行业中员工劳动过程的必要构成。比如，医生应该是沉着冷静、情绪中性的；餐厅里的服务员应该是友好礼貌、态度热情的。

当然，情绪劳动对劳动者和组织来说有利有弊。早期学者们主要关注情绪劳动所带来的负效用，如霍克希尔德认为情绪劳动会给员工带来情绪倦怠、非真实情绪、药物滥用与酗酒以及高缺勤率等问题。近期一些研究表明，付出情绪劳动的员工也可获得个人实现、自尊心强化以及真实性情绪感受。由此可以看出，情绪劳动本身是一个中性的概念，组织和员工需要对之进行管理和控制，从而规避和减少情绪劳动的负效用。

黄敏儿等学者采用问卷法，探讨人格特质、情绪劳动策略对心理健康的作用机制。结果表明，"情绪性"高分者从事服务行业工作将有较大的心理健康代价。另外，从深层调节和自动调节角度开展心理健康培训、职业心理咨询及自我调节，可增强员工对服务工作的适应性，并有利于心理健康。②

三、压力与工作压力

（一）压力的含义

压力（stress）指的是一种动态情境，在这种情境中，个体要面对与自己

---

① 屠兴勇、赵紫薇、王泽英等：《情绪智力如何驱动员工角色内绩效？中介作用的调节效应模型》，《管理评论》2018年第7期，第173页。
② 黄敏儿、吴钟琦、唐淦琦：《服务行业员工的人格特质、情绪劳动策略与心理健康的关系》，《心理学报》2010年第12期，第1175页。

所期望的目标相关的机会、限制或要求，并且这种动态情境所产生的结果被认为是重要而不确定的。简言之，压力是环境刺激与个体反应相互作用的结果。

（二）压力源

压力源是让我们感到紧张的事件和情境。潜在的压力源有三类：环境因素、组织因素和个人因素。

1. 环境因素

环境的不确定性不仅会影响到组织结构设计，还会影响到组织中员工的压力水平。这种不确定性主要有三种类型：经济的、政治的和技术的。比如，当经济紧缩、失业人口增加时，人们会因为担心自己工作的安全性而产生压力；当政治局势不稳定、政策频繁变动时，人们会因为担忧自己的前途而感到很大的压力；当技术在不断革新时，很多员工的技能和经验会在短时间内过时，从而对员工构成威胁并导致压力的产生。

2. 组织因素

组织内部有许多因素会给个体带来压力。具体而言，主要表现在任务要求、角色要求和人际要求三方面。任务要求指的是那些与个体工作岗位有关的因素。当工作负担过重，内容枯燥、复杂且责任重大时，员工往往会感到焦虑并产生较大的压力。角色要求指的是由于个体在组织中扮演特定的角色而产生的压力。如果组织对某个员工的角色界定不够明确，则该员工就不清楚自己该做什么不该做什么，从而导致角色模糊。这种角色的不确定性会导致员工感到焦虑和紧张，压力就会随之产生。人际要求指的是由个体与他人的关系而带来的压力。比如，如果个体在组织中与同事之间关系紧张，缺乏支持与信任，就会产生较强的压力感，尤其是那些社交需求很强烈的个体。

3. 个人因素

个体在非工作时间内经历的各种事件和问题也难免会对其压力水平产生影响，主要包括个人经济问题、家庭问题及员工自身的个性特点等。比如，夫妻分居、亲密关系的破裂等都会导致员工产生较大的压力。

李艳青等学者编制了公安机关警察职业压力源量表并检验其效度和信度。他们首先通过理论构想、文献检索、半结构访谈形成了初始条目，然后分别选取公安机关警察257人和237人进行了初测和正式测试。结果发现，我国公安机关警察的职业压力源可以分为社会环境、职业风险、组织领导和职业特点四个方面。①

(三) 压力的后果

压力导致的症状表现形式多种多样。根据罗宾斯的压力模型，主要归纳为三类：生理症状、心理症状和行为症状。

1. 生理症状

大多数有关压力的早期关注是指向其生理症状的。研究表明，过度压力感会使人们新陈代谢出现紊乱，降低身体对疾病的抵抗力，心率和呼吸频率加快，血压升高，头痛，易患高血压、心脏病、中风等疾病。

2. 心理症状

压力会导致较低的工作满意度。实际上，对工作的不满意是压力方面的最简单和最明显的心理影响。此外，压力还会导致其他的心理状态，例如焦虑、紧张、易怒、悲观无助等。

3. 行为症状

压力会导致许多行为发生改变。例如，生产效率变化、缺勤、离职、饮食习惯改变、烟酒消费增多、言语速度加快、烦躁、睡眠失调等。

四、工作倦怠

工作倦怠（job burnout），又称为职业倦怠，西方对它的研究可以追溯到20世纪70年代。这一概念最早是由弗罗伊登伯格于1974年提出的。他认为，当工作本身对个人的能力、精力及资源过度要求，从而导致工作者感到精疲力尽时，工作倦怠现象便由此产生了。工作倦怠一般包括如下三个方面。

(一) 情感耗竭

情感耗竭是工作倦怠的核心维度，指的是员工对工作丧失热情，缺乏活力，情感处于极度疲劳的状态。

(二) 人格解体

人格解体指的是刻意与工作对象保持距离，对工作对象和环境采取冷漠和忽视的态度。

(三) 低个人成就感

低个人成就感指的是倾向于消极地评价自己，并伴有工作能力体验和成就

---

① 李艳青、江光荣、任志洪等：《公安机关警察职业压力源量表的编制》，《中国心理卫生杂志》2016年第6期，第470页。

体验的下降,将工作视为枯燥无味的烦琐事物。

  李伟等学者探讨了情绪智力、情绪劳动、情感耗竭和组织支持感的关系。他们的研究发现,情绪智力对情感耗竭具有负向预测作用。在组织支持感较低的前提下,情绪智力更多地通过情绪劳动的表面扮演对情感耗竭构成影响效应,而在组织支持感较高的条件下,情绪智力更多地通过情绪劳动的深度扮演对情感耗竭产生影响作用。①

思考题

1. 分析归因理论对个体行为的影响,以及价值观对工作行为的影响。
2. 什么是决策?决策过程有哪几种模型?它们分别在何种情况下可能最有效?
3. 态度包括哪些主要成分?态度与行为之间的关系究竟是怎样的?
4. 什么是能力?能力有几种类型?

即测即评

---

① 李伟、梅继霞、熊卫:《情绪智力、劳动策略与情感耗竭:有调节的中介模型》,《科研管理》2020年第6期,第228页。

第二章 动机与激励

产生积极性的心理基础在于人对客观事物所具有的生理或社会的、物质或精神的需要，这些需要是个体思想、行为的根本动力。它以愿望、欲望和意向等形式存在，并以一定方式影响人的情绪体验。当确定的需要对象出现时，需要就转化为动机。

第一节 基本概念

一、需要、动机与行为

人的一切活动都是为了满足自己的需要，需要是人们行为的出发点。因此，研究行为与需要、动机的关系是激励理论的基础。

行为（behavior）是人类有意识的活动。行为既是人的有机体对外界刺激做出的反应，又是人通过一连串动作实现其预定目标的过程。

行为产生的原因是心理学家争论的焦点。有人认为行为是个体的生物本能，有人强调行为是由社会环境决定的。美国学者勒温融合各派理论之长，认为人的行为是环境因素与个体需要相互作用的结果。他提出了人类行为公式：

$$B=f(P, E)$$

其中，B——行为；

P——个体需要；

E——环境因素；

f——函数关系。

需要（need）是指客观的刺激作用于大脑所引起的个体缺乏某种东西的感觉。这里所说的客观的刺激不只是指身体外部的，也包括身体内部的。

动机（motive）的原意是引起动作。心理学上把引起个人行为、维持该行为并以此行为导向满足某种需要的欲望、愿望、信念等心理因素叫作动机。需要转变为动机有两个条件：一是需要在刺激的作用下达到一定强度，产生满足需要的愿望；二是需要对象（目标）的确定。需要强度在某种水平以上，才可能成为动机并引发行为。当人产生的需要处于萌芽状态时，它以不明显的、模糊的形式反映在人的意识之中，产生不安之感，这时人的需要以意向的形式存在着；需要增强到一定程度而又未能满足时，心理上就产生一种紧张状态，人也明确地意识到通过什么手段可以解除这种紧张，这时，意向就转化为愿望。但愿望只反映了内心需要，是人活动的内在驱动力，由于还没有明确的对象（目标），所以这种驱动力没有方向，还不是动机。在遇到能满足需要、解除心理紧张的具体对象（特定目标），并且表现出达到目标的可能性时，这种驱动力就有了方向，以愿望形式出现的需要就变为动机，推动人去进行某项活动，向着目标前进，如图2-1所示。也就是说，有一定强度的需要，还要有诱因条件，才能成为推动实际活动的动机。动机是内在的愿望和外部具体对象（诱因条件）建立心理联系时产生的。

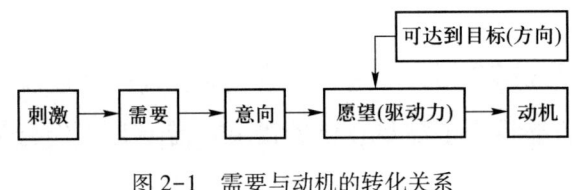

图2-1 需要与动机的转化关系

二、需要结构与动机结构

行为是由动机决定的，动机来自需要。但有某种需要不一定就会产生某种动机，有某种动机不一定就会引发某种行为。因为一个人同时可以有许多种需要和动机，一般而言，人们同时存在着生理、安全、社交、尊重和自我实现等多种需要，但在特定的时间和空间内，其中一种需要是最强的，被称为主导需要。在这种主导需要驱使下会出现多种动机，但只有一种最强的动机（优势动机）会引发实际行为。这就形成了具体的需要结构，如图2-2所示。

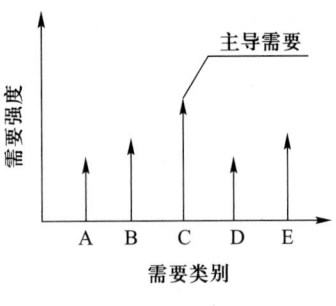

图2-2 需要结构

一般而言，影响动机强度的因素主要有：

（1）在外界条件一定时，动机的强度与需要的程度及人的个性有关。

（2）在内部条件一定时，动机的强度随外部环境的刺激而变化。例如，某人想提高薪酬的动机强度，随组织当年提高薪酬的计划、比例及其他组织同类员工薪酬提高的情况而变化。

（3）某种动机的强度还取决于这种动机过去是否得到强化，如果过去这种动机引发的行为曾取得良好的结果，该动机就会得到正强化，该行为就会重复出现。如果这种动机过去曾取得坏的结果，该动机就会因此削弱或消失，从而使该行为不再出现。

（4）动机强度随着行为进行的过程而有所改变。

人的行为可分为三类：一是目标导向行为，指为了达到目标所表现的行为；二是目标行为，指直接满足需要的行为；三是间接行为，指与当前目标暂无关系，为将来满足需要做准备的行为。

一般情况下，由优势动机引发的行为由目标导向行为与目标行为两部分构成。也就是说，从确立目标到实现（完成）目标的过程，可分为目标导向行为阶段和目标行为阶段。例如演讲，从收集资料、进行构思到准备完毕，为第一阶段；上台演讲到演讲完毕，则为第二阶段。

在目标导向行为和目标行为阶段，动机强度的变化是不同的。对目标导向行为来说，动机强度会随着这种行为的进行而增强，越接近目标，动机强度越大，直到达到目标或者遇到挫折而停止。而目标行为则不一样，当目标行为开始后，动机强度就有降低的趋势。例如，一个饥饿的人，为了充饥迫不及待地觅食，对食物的动机强度不断增加。而当他得到了食物开始吃，随着进食的增多，他对食物的动机强度便逐渐降低，到吃饱离开饭桌时，进食动机暂时消失。

当优势动机引发的行为后果达到目标时，紧张的心理状态就会消除，需要得到满足。一个需要满足了，又会有新的需要产生。这样周而复始地发展下去，从而推动人去从事各式各样的活动，达到一个又一个目标。

三、激励

一个人可能同时有许多需要和动机，但是人的行为是由最强烈的优势动机引发和决定的。因此，要使员工产生组织所期望的行为，可以根据员工的需要设置某些目标，通过目标导向使员工出现有利于组织目标的优势动机并按组织所需要的方式行动，这就是激励的实质。所谓激励，就是创设满足员工各种需要的条件，激发员工的工作动机，使之产生实现组织目标的特定行为的过程。

为了达到激励的目的，设置目标时需注意：

（1）设置目标不仅是为了满足员工的个人需要，而且是为了有利于达到组织目标。因此在设置目标时，需要将组织目标纳入其中或将组织所希望出现的行为列为目标导向行为，使员工只能在完成组织目标后才能达到个人的目标。其过程如图 2-3 所示。

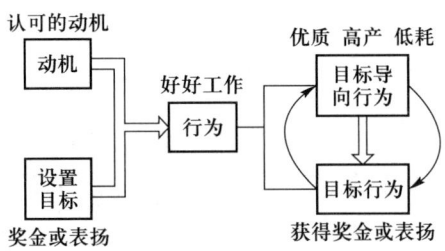

图 2-3　激励过程的简单表达式

如果没有组织目标，没有目标导向行为，尽管满足了员工的需要也不能称为激励。那种认为满足了个人目标，就会带来满意和积极性，就自然能完成组织目标的想法是不符合实际的。

（2）目标的设置必须是受激励者所迫切需要的。已经满足了的需要不可能激发动机或激发出来的动机强度不高。

（3）目标的设置要适当，既不能太低，又不能太高，应是通过努力可以达到，而不努力则达不到，这就是"跳起来摘桃子"的目标设置原则。

（4）就企业组织而言，设置群体目标最好让员工参与讨论，这样不仅可以使目标定得合理，还有助于加深对目标导向行为的理解，同时满足了员工的参与感，使员工工作更努力。

设计有效的激励机制是打造组织发展动力的核心问题。激励机制是指激励赖以运转的一切办法、手段、环节等制度安排的总称。它具有内在地按组织目标来进行运作、管理、调节、控制的功能。有效的激励机制要处理好刺激变量、机体变量及反应变量之间的关系。

（1）刺激变量是指对个体反应产生影响的刺激条件，其中包括引起个体动机的自然和社会的环境刺激及作为奖惩的物质或精神的激励手段。

（2）机体变量是指个体所具有的、影响个体反应的心理特征（如性格、动机、内驱力强度等）、技术水平与工作能力、自我角色概念（即个人在工作中所处的地位、承担的责任、工作目标及努力方向的综合概念）的认知程度等。

（3）反应变量是指刺激变量和机体变量在行为上引起的变化。

显然，需要和动机都属于机体变量，外界目标属于刺激变量，行为属于反应变量。

第二节　激励的需要理论

既然激励的实质在于满足人们的需要，促使其按组织所需要的方式行事，因此要激发动机，调动人们的积极性，就必须研究人们的需要。需要有多少种？需要的一般规律是什么？许多人曾对此进行过研究。有人将需要分为存在需要、关系需要和成长需要；有人按需要的起源把它分为自然需要与文化需要；还有人按对象把它分为物质需要和精神需要。

一、马斯洛的需要层次论

在众多研究人的需要的学者中，影响最大的是美国学者马斯洛。1954年他在代表作《动机与人格》里提出了需要层次论。

（一）需要层次论的内容

马斯洛的需要层次论有三个要点。

1. 人类的多种需要分为五个层次

（1）生理需要。这是人类维持其生命最基本的需要，也是需要层次的基础。若衣食住行、空气和水等这类要求得不到满足，人类的生存就成了问题。从这个意义上来说，这些基本的物质条件是人们行为最强大的动力。马斯洛认为，当这些基本的物质条件还未达到足以维持人们的生命时，其他需要将不能激励他们。

（2）安全需要。当一个人的生理需要得到了一定的满足之后，就想满足安全的需要。即不仅考虑到眼前，而且考虑到今后。考虑自己的身体免遭危险，考虑已获得满足的基本生理需要及其他条件不再丧失和被剥夺。例如，要求摆脱失业的威胁，要求在生病及年老时生活有保障，要求工作安全并免除职业病的危害，希望解除严格的监督及不公正的待遇，希望营造干净和有序的环境，希望免除战争和意外灾害，等等。

（3）社交需要。当生理及安全的需要得到相对的满足后，社交的需要便占据主导地位。因为人类是有感情的动物：希望与别人进行交往，避免孤独；希望与伙伴和同事和睦相处，关系融洽；希望归属于一个团体以得到关心、爱护、支持、友谊和忠诚。人为什么要归属于一个团体？因为人们有一种把与自己信念相同的人找出来的倾向，以此来肯定自己的信念，特别是当一种信念岌岌可危时尤为如此，这时他们便聚在一起，并试图对事态的发展及他们的信仰达成一个共同的认识。社交需要比生理和安全需要细致，个人之间的差别性也比较大，它和一个人的性格、经历、教育、信仰都有关系。

（4）尊重需要。当一个人满足了社交需要以后，他通常不只是满足于做群体中的一员，而且会产生尊重的需要。即希望别人尊重自己的人格和劳动，对自己的工作、人品、能力和才干给予承认和公正的评价，希望自己在同事中有较高的地位、声誉和威望，从而得到别人的尊重并发挥一定的影响力。

（5）自我实现需要。马斯洛认为这是最高层次的需要，当尊重的需要得到满足以后，自我实现的需要就成为第一需要。自我实现的需要就是要实现个人的理想和抱负、最大限度地发挥个人潜力并获得成就，实现自我价值。这种需要往往是通过胜任感和成就感来获得满足的。

胜任感是指希望自己担任的工作与自己的知识能力相匹配，工作具有挑战性，个人负有更多责任，自己的知识与能力在工作中也能得到认可。

成就感表现为进行创造性的活动并取得成功。具有这种特点的人一般给自己设立相当困难但可以达到的目标，而且往往把工作中取得的成就本身看得比成功以后所得到的报酬更为重要。

以上五种需要的关系可以用图 2-4 表示。

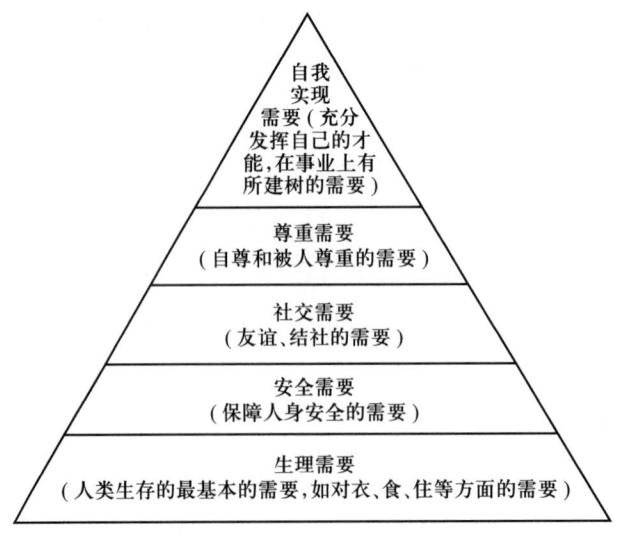

图 2-4　人的五个需要层次

2. 五种需要之间的递进规律

一般而言，生理和安全需要属于较低层次的、物质方面的需要；社交、尊重和自我实现的需要，则属于较高层次的、精神方面的需要。马斯洛认为，人的需要遵循递进规律，在较低层次的需要得到满足之前，较高层次的需要强度不会很大，更不会成为主导的需要。当低层次的需要得到相对的满足后，下一个较高层次的需要就占据了主导地位，成了驱动行为的主要动力。

3. 人的需要的个体差异性

马斯洛认为，由于个体的需要结构发展的状况不同，这五种需要形成的优势也不同，但是任何一种需要都不会因为高层次的需要得到满足而自行消失，只是对行为的影响比重有所变化。因此，我们可以依据他的观点，把人按需要结构划分为五种：生理人、安全人、社交人、尊重人、自我实现人。

1986 年，中华全国总工会做了一次样本量为 60 多万人的大规模问卷调查——全国职工队伍情况调查。该调查表明，我国职工队伍中的需要结构为：生理人占 33%，安全人占 20%，社交人占 7%，尊重人占 20%，自我实现人占 15%，另有 5% 填写"其他"选项。改革开放几十年后的今天，这个需要结构已经发生了很大变化，生理人、安全人的比例在减少，而尊重人、自我实现人在增加。

(二) 对马斯洛需要层次论的辩证分析

1. 马斯洛需要层次论的巨大贡献

（1）马斯洛的需要层次论为我们研究人的行为提供了一个比较科学的理论框架，成为激励理论的基础。他从人的需要出发来研究人的行为，这个思路是正确的。他将人类千差万别的需要归为五类，揭示了一般人在通常情况下的需要与行为规律，指出了人的需要从低级向高级发展的趋势，这符合心理发展的过程，有实用价值。

（2）马斯洛将各类需要研究得很细，指出了每一类需要的具体内容。他告诉我们，人的需要是多种多样的，激励方式也是多种多样的；不仅要给人物质的满足，而且要给人精神的满足。特别是基本生理需要得到一定的满足以后，精神需要更为重要。因为，满足人的高级需要可产生更持久的动力。

（3）马斯洛将自我实现作为人的需要的最高层次，这对我国的管理者同样具有积极的意义。

第一，人有自我实现的需要，这是一个客观的事实，应当承认我们过去对这种需要的认识、研究、重视、开发和利用还不够。

第二，自我实现的需要有其一定的含义和积极的一面。不要将自我实现和组织目标简单地对立起来，自我实现应当理解为充分发挥潜力、实现理想、多做贡献的愿望。但个人的理想不一定就是以个人为中心，更不等于个人主义。只要这种理想有利于社会进步，我们就应当鼓励支持。在我们国家，具有自我实现需要的人，即希望发挥自己潜力取得成就的人越多，对社会主义建设越有利。美国学者麦克利兰在20世纪50年代系统提出了成就动机理论，并用成就动机来解释社会经济的发展。其研究表明，鼓励成就动机的社会，或者成就动机占优势的人在人口中的比例比较大的社会，经济发达，物质繁荣。进一步的研究证明，成就动机占优势的社会，创业精神比较普遍，劳动者中创业的比例相对较高。

2. 马斯洛需要层次论的缺陷

对于马斯洛需要层次论，国内外都有不同的意见。这些意见大致可以归纳为以下几种。

（1）对需要层次的分析简单、机械。人类需要的发展不带有自然成熟的色彩，往往不是必须经过某一层次的需要才能有下一层次的需要，而是随着环境和个体情况的变化同时存在着若干种需要。在顺序上，特别是在后三种需要顺序上，有些人看重社交需要，有些人自我实现的需要最强烈。实际上人同时存在几种需要，这几种需要同时产生动机，动机之间不仅有强弱之分，而且可能是冲突的。中国古代流传至今的名句，如"富贵不能淫，贫贱不能移，威武不能屈""不为五斗米折腰"等，都是递进规律所无法解释的。

（2）马斯洛需要层次论的理论前提——人都是自私的，这不是一种科学的假设。需要层次论是以人本主义为其理论基础的。马斯洛认为，人的需要都是本能的活动，都是生而具有的：生理需要是为了维持自己的生存，安全需要是出于趋利避害的本能，社交需要是为了自己享受生活的乐趣，尊重和自我实现需要是为了出人头地。总之，人的一切行为都是出于人的利己本能。他把无私解释成"以健康的方式自私"，否认无私行为的真实性，这种看法不符合社会实际，是十分有害的。

（3）把人的基本需要归结为五个层次，也不尽完善。事实上，马斯洛晚年修改了自己的五层次理论，他认为五个层次不够，如爱美的需要、求知的需要、劳动的需要还没有包括在内，于是进一步提出了一个更高水平的需要，即自我超越需要。在这个层次上,人们所关注的已经不再是自己,个人与他人不再有明确的界限,人与环境成为一个整体。自我超越需要是一种达到顶峰水平和整体水平的人类意识,体现为个人把所有的行为和与自己、他人、自然的关系都视为一种目的而不是手段。后来马斯洛把人的需要层次归结为13层,但也无法得到世人的普遍认同。

二、赫兹伯格的双因素理论

(一) 双因素理论的内容

双因素理论是由美国学者赫兹伯格首先提出的。他认为,使员工感到不满意的因素与使员工感到满意的因素是大不相同的。使员工感到不满意的因素往往是由外界环境引起的,使员工感到满意的因素通常是由工作本身产生的。赫兹伯格发现,造成员工非常不满的原因有:公司政策、行为管理和监督方式、工作条件、人际关系、地位、安全和生活条件。这些因素改善了,只能消除员工的不满、怠工与对抗,但不能使员工变得非常满意,也不能激发他们工作的积极性、促使产量增长。赫兹伯格把这一类因素称为保健因素,即只能防止疾病、治疗创伤,但不能提高体质。赫兹伯格还发现,使员工感到满意的原因有:工作富有成就感、工作成绩能得到认可、工作本身具有挑战性、负有较大的责任、在职业上能得到发展等。这类因素的改善,能够激励员工的工作热情,从而提高生产率。如果处理不好,也能引起员工不满,但影响不是很大。赫兹伯格把这类因素称为激励因素。

赫兹伯格认为,传统的满意与不满意的观点是不正确的。满意的对立面应当是没有满意,不满意的对立面应当是没有不满意。在图2-5中,(a) 图为传统观点,(b) 图为赫兹伯格的观点。

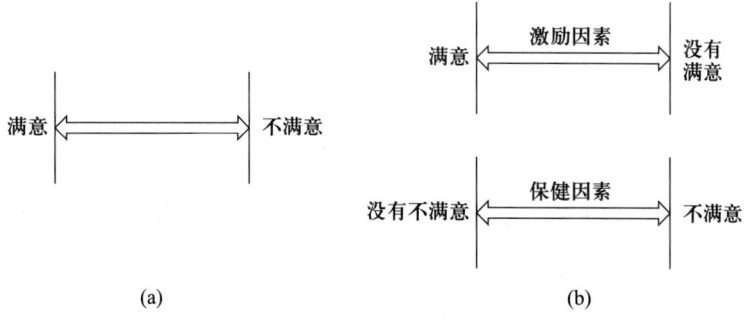

图2-5 传统观点与赫兹伯格观点的比较

（二）对双因素理论的评价

1. 双因素理论的不足

赫兹伯格的双因素理论虽然在国内外有很大影响，但也有人对它提出了批评，主要有四点。

（1）赫兹伯格的调查对象是工程师、会计师，他们在工资、安全、工作条件等方面都比较好，因此，这些因素对他们自然不会起激励作用，但这不能代表一般员工的情况。

（2）赫兹伯格在调查时，问卷的方法和题目有缺陷。首先，把好的结果归结于自己的努力，而把不好的结果归结于客观的条件或他人，这是人们一般的心理状态，归因理论可以解释这个现象。其次，赫兹伯格没有使用满意尺度的概念。人们对任何事物都不是那么绝对，要么满意，要么不满意，一个人很可能对工作一部分满意，另一部分不满意，或者比较满意，这在他的问卷中也是无法反映的。

（3）赫兹伯格认为，满意和劳动生产率的提高有必然的联系，而实际上满意并不等于劳动生产率的提高，这两者并没有必然的联系。

（4）赫兹伯格将保健因素和激励因素截然分开是不妥的。实际上保健因素和激励因素、外部因素和内部因素都不是绝对的，它们相互联系并可以互相转化。保健因素也能够产生满意，激励因素也能够产生不满意。例如，奖金既可以成为保健因素，也可以成为激励因素。

2. 双因素理论的贡献

尽管有些人对赫兹伯格的双因素理论提出了一些不同看法，但赫兹伯格的贡献是显而易见的。

（1）他告诉我们一个事实：采取了某项激励的措施以后并不一定就能够带来满意，更不等于劳动生产率就能够提高。

（2）满足各种需要所引起的激励深度和效果是不一样的。物质需要的满足是必要的，没有它会导致不满，但是即使物质需要获得满足，它的作用往往也是很有限的，并且是不能持久的。

（3）要调动人的积极性，不仅要注意物质利益和工作条件等外部因素，还要注意工作的安排，量才录用，各得其所，注意对人进行精神鼓励，给予表扬和认可，注意给人发展、晋升的机会。用这些内在因素来调动人的积极性，才能起更大的激励作用并维持更长的时间。

3. 双因素理论的应用

双因素理论值得我们借鉴，但必须结合中国的国情。

（1）我们在实施激励时，应注意区别保健因素和激励因素，前者的满足可以消除不满，后者的满足可以产生满意。

（2）工资和奖金并不仅仅是保健因素，如果运用恰当，也能表现出显著的激励作用。关键在于工资和奖金的发放办法。如果发放方法不当（如搞大锅饭、平均主义），那么工资和奖金顶多是一种保健因素，即可以消除不满，但不能产生满意。

（3）应注意激励深度的问题。荣誉感和成就感的满足等，使员工得到深刻的激励，被称作内在激励。而工资、奖金、福利、工作条件、人际关系的改善，属于工作的外部条件的改进，即使有激励作用，但缺乏深度，持续时间也短暂。这被称作外在激励。

（4）随着经济的发展，内在激励的重要性越来越明显。因此企业管理者积极地寻找内在激励的良方：如何增加工作本身的吸引力？如何使员工在工作中感受到乐趣和成就感？如何使工作更具挑战性？其中最重要的应用是"工作丰富化"，后来又发展出工作再设计。

第三节　激励的过程理论

一、弗鲁姆的期望理论

（一）期望理论的内容

1964年，美国学者弗鲁姆在他的著作《工作与激励》一书中提出了期望理论。其理论基础是：人之所以能够从事某项工作并达到组织目标，是因为这些工作和组织目标会帮助他们达到自己的目标，满足自己某方面的需要。

弗鲁姆认为，某一活动对某人的激发力量可以用公式表示为：

$$M = EPV$$

其中：M——激发力量，指调动一个人的积极性，激发出人的内部潜力的强度；

E——期望值，指对于目标的渴望程度；

P——达到目标的可能性；

V——目标效价，指达到目标后对于满足个人需要的价值大小。

这个公式实际上提出了在进行激励时要处理好三个方面的关系，这也是调动人们工作积极性的三个条件。

（1）努力与绩效的关系。人总是希望通过一定的努力能够达到预期的目标，如果个人主观认为通过自己的努力达到预期目标的概率较高，就会有信心，就可能激发出很强的工作动力。但是如果他认为目标太高，通过努力也不会有很好的绩效，就会失去内在的动力，导致工作消极。这种关系可在公式的期望值这个变量中反映出来。

（2）绩效与奖励的关系。人总是希望取得成绩后能够得到奖励，这种奖励是广义的，既包括提高工资、多发奖金等物质方面的奖励，也包括被表扬、自我成就感、得到同事们的信赖、提高个人威望等精神方面的奖励，还包括像被提拔到较重要的工作岗位上去等物质与精神兼而有之的奖励。如果员工认为取得绩效后能够获得合理的奖励，工作热情就有可能被激发出来，否则就可能没有积极性。

（3）奖励与满足个人需要的关系。人总是希望所获得的奖励能满足自己某方面的需要。然而由于人们在年龄、性别、资历、社会地位和经济条件等方面都存在着差异，因此他们对各种需要的满足程度的需求不同。因而对于不同的人，采用同一种办法给予奖励能满足的需要程度不同，能激发出来的工作动力也就不同。

弗鲁姆把这三个方面的关系用框图表示了出来（见图2-6）。

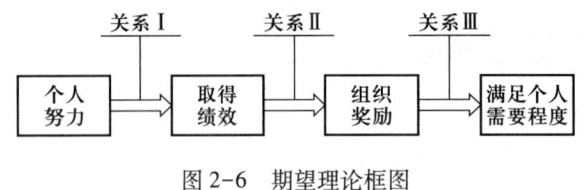

图 2-6　期望理论框图

（二）期望理论的启示

（1）对于目标效价，应当理解为综合性的。它可以是精神的，也可以是物质的；它可以是正的，可以是负的，也可以为零；它不仅包含了某一结果的绝对值，而且包含了相对值；它不是指某一单项效价，而是指各种效价的总和。

（2）同一项活动和同一个激励目标对不同的人效价是不一样的，即使对同一个人，在不同的时候效价也是不一样的。

（3）期望值不是指客观的平均概率，而是指当事人主观判断的概率，它与个人的能力、经验及愿意做出的努力程度有直接关系。

（4）目标效价和平均的个人期望值相互影响。平均的个人期望值小，目标效价相对增大；平均的个人期望值大，目标效价相对减小。

期望理论对我们实施激励提供了有益的启示。

（1）管理者不要泛泛地采取一般的激励措施，而应当采取多数组织成员认为效价最大的激励措施。

（2）设置某一激励目标时应尽可能加大其效价的综合值。如果每月的奖金多少不仅意味着当月的收入状况，而且与年终分配、工资调级和获得先进工作者称号挂钩，则将大大增加效价的综合值。

（3）适当加大不同人实际所得效价的差值，加大组织期望行为与非期望行为之间的效价差值。例如，奖金平均分发与分成等级并拉开距离，其激励效果很不一样，只奖不罚与奖罚分明的激励效果也大不一样。

（4）适当控制期望值和实际概率。期望值既不是越大越好，也不是越小越好，关键要适当。当一个人的期望值远高于实际情况时可能产生挫败感，而期望值太小又会减小某一目标的激发力量。因此，当一个人期望值太大时，我们应劝其冷静，适当减小。当一个人期望值太小时，我们则应给予鼓励，让其增加信心，适当加大。但期望值并不完全由个人决定，它与组织设置激励目标的实际概率有关，实际概率应使大多数人受益，最好实际概率大于平均的个人期望值，让人喜出望外，而不要让人大失所望。但实际概率应与目标效价相适应：目标效价大，实际概率可小些；目标效价小，实际概率可大些。

（5）期望心理的疏导。在激励过程中，经常会发生员工期望心理过强的情况，需要及时地疏导，以防止出现强烈的挫折感。疏导的方法，最常用的是"目标转移"，即将其目标转移到新的领域和下一轮竞赛中去。

二、亚当斯的公平理论

公平理论又称社会比较理论，是由美国学者亚当斯提出的。

（一）公平理论的内容

公平理论的基本观点是：当一个人做出了成绩并取得了报酬以后，他不仅关心自己所得报酬的绝对量，而且关心自己所得报酬的相对量。因此，他要进行种种比较来确定自己所获报酬是否合理，比较的结果将直接影响今后工作的积极性。

一种比较称为横向比较,即他要将自己获得的"报酬"(包括金钱、工作安排以及获得的赏识等)与自己的"投入"(包括教育、努力及耗用在工作中的时间等)的比值与组织内其他人做比较,只有相等时,他才认为公平,如下式所示。

$$\frac{O_p}{I_p} = \frac{O_c}{I_c}$$

其中:O_p——自己对个人所获报酬的感觉;

O_c——自己对他人所获报酬的感觉;

I_p——自己对个人所做投入的感觉;

I_c——自己对他人所做投入的感觉。

当上式为不等式时可能出现以下两种情况:

$$\frac{O_p}{I_p} < \frac{O_c}{I_c}$$

在这种情况下,他可能要求增加自己的收入或减小自己今后的努力程度,以便使左边增大,趋于相等;他也可能要求组织减少比较对象的收入或者让其增大努力程度,以便使右边减小,趋于相等。此外,他还可能另外找人作为比较对象,以达到心理上的平衡。

$$\frac{O_p}{I_p} > \frac{O_c}{I_c}$$

在这种情况下,他可能会主动多做些工作,但久而久之,他会重新估计自己的技术和工作情况,直到觉得他确实应当得到那么高的待遇,于是产量便又会回到过去的水平了。

除了横向比较,人们也经常做纵向比较,即把自己目前投入的努力与目前所获得报酬的比值,同自己过去投入的努力与过去所获报酬的比值进行比较。只有相等时他才认为公平。

(二)对公平理论的分析

1. 公平理论的复杂性

公平理论提出的基本观点是客观存在的,但公平本身是一个相当复杂的问题。这主要有以下原因。

(1)它与个人的主观判断有关。上面公式中无论是自己的还是他人的投入和报酬都是个人感觉,而一般人总是对自己的投入估计过高,对别人的投入估计过低。

（2）它与个人所持的公平标准有关。上面采用的公平标准是贡献率，也有采用需要率、平均率的。例如，有人认为助学金应改为奖学金才合理，有人认为应平均分配才公平，也有人认为按经济困难程度分配才适当。

（3）它与绩效的评定有关。如何评定绩效？是以工作成果的数量和质量，还是按工作中的努力程度和付出的劳动量？是按工作的复杂、困难程度，还是按工作能力、技能、资历和学历？不同的评定办法会得到不同的结果。最好是按工作成果的数量和质量，用明确、客观、易于核实的标准来度量，但这在实际工作中往往难以做到，有时不得不采用其他方法。

（4）它与评定人有关。绩效由谁来评定，是领导者评定还是群众评定或自我评定，不同的评定人会得出不同的结果。同一组织内往往不是由同一个人评定，因此会出现松紧不一、回避矛盾等现象。

2. 公平理论的启示

（1）影响激励效果的不仅有报酬的绝对值，还有报酬的相对值。

（2）激励时应力求公正，使等式在客观上成立，尽管有主观判断的误差，也不致造成严重的不公平感。

（3）在激励过程中应注意对被激励者公平心理的疏导，引导其树立正确的公平观：第一，使大家认识到绝对的公平是不存在的。第二，不要盲目攀比。盲目性起源于纯主观的比较。多听听别人的看法，也许会客观一些。第三，不要按酬付劳，按酬付劳是在公平问题上造成恶性循环的主要原因。

三、洛克的目标设置理论

目标设置理论是由美国学者洛克提出的。

（一）目标设置理论的内容

1. 目标本身就具有激励作用

目标能把人的需要转变为动机，使人们的行为朝着一定的方向努力，并将自己的行为结果与既定的目标相对照，及时进行调整和修正，从而实现目标。这种使需要转化为动机，再由动机支配行为以达到目标的过程就是目标激励。目标激励的效果受目标本身的性质和周围变量的影响。

2. 目标设置应明确而具体

从明确度来看，目标内容可以是模糊的，如"请尽力做好这件事"；目标也可以是明确而具体的，如"请在 10 分钟内做完这 25 道题"。明确而具体的目标可使个体更清楚要怎么做，付出多大的努力才能达到目标，也便于评价个体的能力。事实上，明确的目标本身就具有激励作用，这是因为个体有希望了解自己行为的认知倾向。对行为目的和结果的了解能减少行为的盲目性，提高行为的自我控制水平。

3. 目标设置应具有挑战性

目标的难度应该依赖于人和目标之间的关系，同样的目标对某人来说可能是容易的，而对另一个人来说可能是难的，这取决于他们的能力和经验。一般认为，绩效与目标难度之间存在着线性关系，这是因为个体可以根据不同的任务难度来调整自己的努力程度。

4. 目标设置应能引起目标承诺

承诺是指个体被目标所吸引，认为目标重要，持之以恒地为达到目标而努力的程度。个体在强烈地想解决一个问题的时候，更能产生对目标的承诺，并随后真正解决问题。

研究发现，合理制定的目标（所谓合理，即目标有吸引力，也有可能达到）与参与设定的目标有着相同的激励力量。当个体认为目标能够达到，而达到目标又有很重要的意义时，对目标的承诺就加强了。困难的目标一旦被个体接受，将会带来比容易的目标更高的工作绩效。

5. 目标与反馈结合在一起更能提高绩效

目标给个体指出应达到什么样的目的或结果，同时它也是个体评价自己绩效的标准。反馈则告诉个体这些标准满足得怎么样，哪些地方做得好，哪些地方尚有待改进。

反馈是组织里常用的激励策略和行为矫正手段。正反馈是指个体达到了某项标准而得到的反馈，而负反馈是个体没有达到某项标准而得到的反馈。个体自发的正反馈可以加强个体的内部动机，可以使个体更好地完成任务。自发式反馈使个体可以监控自己的工作过程，比来自外部的反馈更具激励作用。

6. 目标设置应能提高自我效能感

自我效能感就是个体对于自己能否完成任务的信念，是以对个体全部资源的评估为基础的，包括能力、经验、训练、过去的绩效、关于任务的信息等。

当对某个目标的自我效能感强的时候，对这个目标的承诺就会提高。这是因为高的自我效能感有助于个体长期坚持在某一项活动上，尤其是当这种活动需要克服困难、战胜阻碍时。高自我效能感的人比低自我效能感的人坚持努力的时间要长。

目标设定的难度中等偏上，有利于自我效能感的提升。当目标太难时，个体很难达到目标，这时他的自我评价可能就比较低。而一再失败就会削弱一个人的自我效能感。

7. 目标设置应该结合适宜的任务策略

第一，目标引导活动指向与目标有关的行为，而不是与目标无关的行为。第二，目标会引导人们根据难度的大小来调整努力的程度。第三，目标会影响行为的持久性，使人们在遇到挫折时也不放弃，直到实现目标。

当这些直接的方式还不能够实现目标时，个体就需要寻找一种有效的任务策略。尤其是当面临困难任务时，仅有努力、注意力和持久性是不够的，还需要有适当的任务策略。在一个管理情境的模拟研究中，发现只有在使用了适宜策略的情况下，任务难度与个体的绩效才显著相关。

8. 目标设置应能提高满意感

当个体经过种种努力终于达到目标后，如果能得到他所需要的报酬和奖赏，个体就会感到满意；如果没有得到预期的奖赏，个体就会感到不满意。同时，满意感还受到另一个因素的影响，就是个体对他所得报酬是否公平的理解。如果说，通过与同事相比、与朋友相比、与自己的过去相比、与自己的投入相比，他感到所得的报酬是公平的，就会感到满意。反之，则会不满意。目标的难度也会影响满意感。当任务容易时，取得成功的可能性大，个体就会经常体验到伴随成功而来的满意感。当目标困难时，取得成功的可能性就小，从而个体就很少体验到满意感。这就意味着容易的目标比困难的目标能产生更多满意感。然而，达到困难的目标会产生更高的绩效，对个体、对组织有更大的价值。是让个体更满意好呢，还是取得更高的绩效好？这样就产生了矛盾。如何平衡这种矛盾，是设置目标时要考虑的。

9. 高绩效循环模型

综合的目标设定模型被称作高绩效循环模型，如图2-7所示。模型从明确的、有难度的目标开始，如果有对这些目标的高度承诺、恰当的反馈、高的自我效能感及适宜的任务策略，就会产生高的绩效。假如高的绩效带来了希望中的回报，如有吸引力的奖赏，就会产生高的满意感。工作满意感与工作承诺联系在一起。高的承诺又使个体愿意留在该项工作上。此外，高度的满意感还能增强自我效能感。个体的满意感和对工作的承诺使个体愿意接受新的挑战,由此可以促进新一轮的绩效提升。

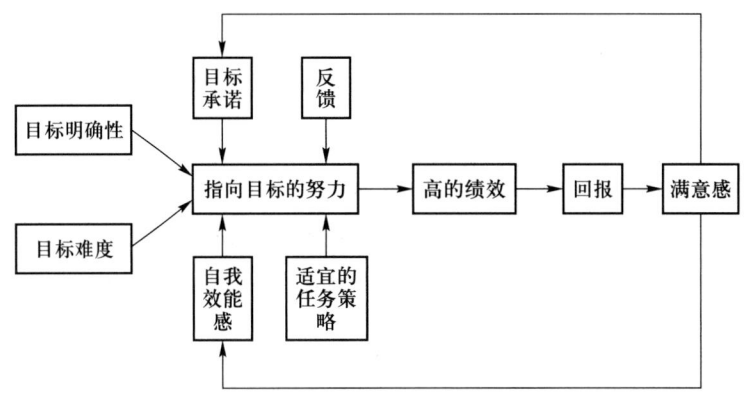

图 2-7　高绩效循环模型

(二) 目标设置理论的应用

1. 合理地设置目标可以带来巨大的激励效果

合理地设置目标包括两方面内容:一是目标要明确而具体;二是目标要具有挑战性。此外还要考虑员工的自我效能感、目标承诺、反馈方式、满意感和任务策略等影响因素。综合考虑各种因素,有下面一些可能的解决办法:

(1) 设定中等难度的目标。

(2) 使员工投入实现目标的努力之中。

(3) 不断小量地增加目标的难度,使目标在任何时候都处于中等难度。

(4) 运用多重目标-奖励结构,达到的目标难度越高,得到的奖励越重大,这种小步快跑的策略,可以维持员工的工作动力,提高其满意度和自我效能感。

2. 需要进一步研究的问题

(1) 设定目标时应该由上级独自决定还是与员工一起商讨,并无定论。有些研究报告指出,在激励员工士气方面,给员工制定目标和与员工一起设定目标同样有效。一方面,上级独自决定目标不但可以节省时间,还可以避免不必要的争执;另一方面,员工在参与设定目标的过程中,可以更加了解工作的内容与方法,因而可以改善工作表现。在执行简单的工作时,上级应该给员工制定目标;在执行复杂的工作时,应该让员工参与制定目标。

(2) 目标设置还应该考虑文化的因素。显然,对挑战性目标的认同与需要层次有关：对于自尊人和自我实现人，目标认同会很高；对于生理人和安全人来说，目标认同会较低。当一家企业具有奋发向上、敢于担当的企业文化时，自我实现人比例较高，成就需要较强，目标认同也就高；而对于另一些士气低落、不思进取氛围很强的企业，目标认同就会很低。除了企业文化因素之外，还应该考虑传统文化的影响。对于不同民族、不同国家而言，不同的传统文化会带来不同的结果。

四、斯金纳的强化理论

强化理论是由美国学者斯金纳提出的。

（一）强化理论的内容

斯金纳认为，无论是人还是动物，为了达到某种目的，都会采取一定的行为，这种行为将作用于环境，当行为的结果对他或它有利时，这种行为就会重复出现；当行为的结果不利时，这种行为就会减弱或消失。这就是环境对行为强化的结果。

根据强化的性质和目的可将强化分为正强化和负强化。在管理上，正强化就是对那些组织上需要的行为给予肯定，从而加强这种行为；负强化就是对那些与组织不相容的行为给予消极的回应和明确的否定，从而削弱这种行为。根据强化的方式还可以把强化分为连续强化和间隙强化。连续强化是对每一个组织需要的行为都给予强化；间隙强化则是经过一段间隔才强化一次。间隙强化又可分为固定间隙强化和非固定间隙强化。前者如每月发一次奖金，后者如对员工的特殊贡献进行随时奖励；前者的激励作用比较稳定，后者的激励作用立竿见影。

（二）强化理论对我们的启示

强化理论较多地强调外部因素或环境刺激对行为的影响，忽略人的内在因素和主观能动性对环境的反作用，具有机械论的色彩。但是强化理论的一些具体做法对我们是有用的。强化理论的应用原则可以归纳为下面几条。

（1）要依照强化对象的不同需要采取不同的强化措施。人们的年龄、性别、职业和文化不同，需要就不同，强化方式也应不一样。对一部分人有效的强化，对另一部分人不一定有效。

（2）分阶段设立目标。在鼓励人前进时，不仅要设立一个鼓舞人心而又切实可行的总目标，还要将总目标分成许多小目标，完成每个小目标都要及时给予强化。

（3）及时反馈。通过某种形式和途径，及时将工作结果告知员工。无论结果好与坏，对行为都具有强化的作用。好的结果能鼓舞信心，让人继续努力；坏的结果能促使人分析原因，及时纠正。例如，让员工知道每天的工作量，特别是在劳动竞赛中公布进度和成绩，能起到很好的激励作用。

（4）正强化和负强化都有激励作用，但应以正强化为主、负强化为辅，才会达到更好的效果。

第四节 综合激励理论

1968年，美国学者波特和劳勒以期望理论为基础导出了更完备的综合激励模式，较好地说明了整个激励过程。

一、波特和劳勒的综合激励理论的内容

（1）努力来自报酬、奖励的价值以及个人认为需要付出的努力和受到奖励的概率，而觉察出来的努力和获得奖励的概率也受到过去的经验和实际绩效的影响。如果人们确切知道，他有把握完成任务或者曾经完成过，他将乐意做出努力并对奖励的概率更加清楚。

（2）工作的实际绩效取决于能力的大小、努力程度以及对所需完成任务的了解程度。例如，对完成目标所需从事的活动，以及影响目标完成的其他因素的理解和掌握。

（3）奖励要以绩效为前提，不是先有奖励后有绩效，而是先完成组织任务才能有精神的、物质的奖励。当员工看到他们的奖励与绩效很少有关系时，这样的奖励将不能成为提高绩效的刺激物。

（4）激励措施是否会产生满意，取决于受激励者认为获得的奖励是否公平。

（5）满意将引发进一步的努力。

二、综合激励理论给我们的启示

（一）激励并不是简单的因果关系

设置了激励目标不一定能获得所需的行动和努力，从组织激励到员工满意

的过程还受很多因素的影响。

（二）形成良性循环的条件

要形成"奖励目标→努力→绩效→奖励→满意"以及从"满意"反馈回"努力"这样的良性循环，取决于奖励内容、奖励制度、组织分工、目标导向行为的设置、管理水平、公平的考核和领导作风、组织文化等综合性的因素。

（三）个人努力是核心因素

在所有因素中，个人努力仍然是核心因素。组织所要做的，是让员工相信经过个人努力所获得的绩效，一定能得到组织的认可或奖赏。

第五节　中国的激励实践

一、激励的一般原则

激励是一门科学，在上述各种激励理论的指导下，可以归纳出以下适用于中国组织的激励原则。

（一）个人目标与组织目标相结合的原则

在激励机制中，设置目标是一个关键环节。目标设置应体现组织目标的要求，否则激励将偏离实现组织目标的方向。目标设置还应能满足员工个人的需要，否则达不到满意的激励强度，也无法形成良性循环。只有将组织目标与个人目标结合好，使组织目标包含较多的个人目标，使个人目标的实现离不开为实现组织目标所做的努力，才会达到良好的激励效果，如图2-8所示。

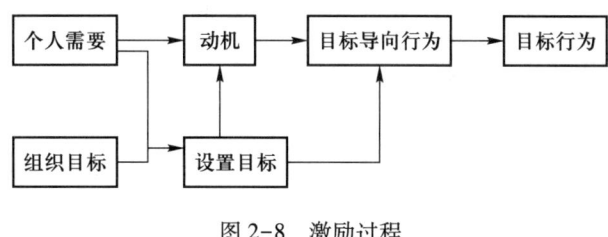

图 2-8　激励过程

（二）物质激励与精神激励相结合的原则

员工存在着物质需要和精神需要，相应的激励方式也应该是物质激励与精神激励相结合。鉴于物质需要是人类最基础的需要，但层次也最低，物质激励的作用是表面的，激励深度有限。因此，随着生产力水平和员工素质的提高，应该把重心转移到满足较高层次需要即社交、尊重、自我实现需要上，以精神激励为主。在这个问题上应该避免走极端，迷信物质激励则导致拜金主义，迷信精神激励又导致唯意志论或精神万能论，事实证明二者都是片面的、有害的。

（三）外在激励与内在激励相结合的原则

满足员工生理、安全需要的因素其作用只是消除不满，但不会产生满意。这类因素属于创造工作环境方面，也叫作外在激励。满足员工尊重和自我实现需要，则最具有激发力量，可以产生满意，从而使员工更积极地工作，这些因素往往不是外在激励因素，而是内在激励因素。员工从工作本身（而非工作环境）即可取得很大的满足感：或工作中充满了兴趣、乐趣和挑战性、新鲜感；或工作本身意义重大、崇高，可以激发出光荣感、自豪感；或在工作中取得了成就、发挥了个人潜力、实现了个人价值而感受到成就感和自我实现感。这一切所产生的工作动力远比外在激励更加深刻和持久。因此，在激励中，领导者应善于将外在激励与内在激励相结合，并且以内在激励为主，力求达到事半功倍的效果。

（四）正激励与负激励相结合的原则

正激励就是对员工符合组织目标的期望行为进行奖励，以使得这种行为更多地出现，使员工积极性更高；负激励就是对员工违背组织目标的非期望行为进行制约，以使得这种行为不再发生。显然正激励与负激励都是必要而有效的，不仅作用于当事人，而且会间接地影响周围的其他人。但鉴于负激励具有一定的消极作用，容易使人产生挫折心理和挫折行为，应该慎用。因此，领导者在激励时应该把正激励与负激励巧妙地结合起来，并且坚持以正激励为主，负激励为辅。

（五）按需激励的原则

激励的起点是满足员工的需要，但员工的需要存在着个体差异性和动态性，因人而异，因时而异，并且只有满足最迫切需要（主导需要）的措施，其激励强度才大。因此，在激励上不存在一劳永逸的解决办法，更没有放之四海而皆准的法宝。领导者必须深入地进行调查研究，不断了解本组织员工需要层次和需要结构的变化趋势，有针对性地采取激励措施，才能收到实效。

（六）民主公平的原则

民主是公平的保证，公平是激励的一个基本原则。如果不公平，奖不当奖，罚不当罚，不仅收不到预期的效果，反而会造成许多消极后果。公平就是赏罚严明，并且赏罚适度。赏罚严明就是铁面无私，不论亲疏，不分远近，一视同仁。赏罚适度就是从实际出发，赏与功相匹配，罚与过相对应，既不能小功重奖，也不能大过轻罚。

二、激励的特点

中国具有以儒家学说为中心的、儒法道释兵各展所长的优秀传统文化。仅在人的需要层次方面，就有着深入而广泛的研究。

春秋时期，管子把人的行为动机归结为"非名之，则利之也"，实际上提出了人的两种需要——名和利。战国时期，杨朱认为世人之所以奔忙不休，是出于对寿（健康长寿）、名（名誉）、位（地位）、货（财富）四种事物的追求。明末清初，王夫之则指出，声色、货利、权势、事功为人的四种需要。这些与马斯洛理论中的生存、安全、社交、自尊、自我实现需要已经有异曲同工之处了。

在激励方面，我们的先哲前贤也有许多精彩的论述。自古以来，刚柔相济、恩威并用都是公认的管理原则。孔子主张道德感化和制度约束并用。道德感化、感情激励，是"柔"；严格礼仪、严肃制度，是"刚"。在这方面，诸葛亮可谓高手。他主张爱兵如子、爱民如子、以心换心、以情感人。但是只有柔是不够的，诸葛亮还主张靠法令、刑罚维护纪律，规范下级行为，维护上级权威。"挥泪斩马谡"就是坚持这一原则的范例。刚柔并济，带好队伍，总会碰到一个问题——奖和罚的实施。古代众多思想家、政治家达成了共识——必须赏罚严明、公平公正。唐太宗李世民用最精练的语言阐述了赏罚严明的原则：赏当其劳，无功者自退；罚当其罪，为恶者戒惧。上述赏与罚问题皆属于"术"的范畴，在"道"的层次，在大局观上，儒家一直强调和谐。我们的祖先将组织的环境概括为天时、地利、人和。在天时、地利、人和三要素中，始终把"人和"放在关键地位。天时不如地利，地利不如人和。荀子将"人和"划分为两个层次：一个是"爱民"；另一个是"好士"，即尊重人才、重用人才、爱惜人才。民本思想，是中国古代的重要管理理念，也是"人和"的理论基础。君，舟也；人，水也。水能载舟，亦能覆舟。它准确而形象地说明了领导者与群众之间的关系，为历代政治家所遵从。

在社会主义计划经济阶段，企业普遍通过有效的思想政治工作来塑造爱国、爱企、具有主人翁精神的员工队伍。这种以和谐为导向、以精神激励为主线的激励模式，取得了巨大的成功。改革开放以后，我国迎来了社会主义市场经济阶段，借鉴了发达国家高效率的管理经验，引入竞争机制，建立了以效率为导向的现代企业管理制度，包括以现代薪酬管理、绩效管理为中心的激励制度，同时又继承了思想政治工作的优良传统，形成了中国独特的和谐与效率相结合的激励模式。

党的二十大报告指出，坚持按劳分配为主体、多种分配方式并存，构建初次分配、再分配、第三次分配协调配套的制度体系。努力提高居民收入在国民收入分配中的比重，提高劳动报酬在初次分配中的比重。坚持多劳多得，鼓励勤劳致富，促进机会公平，增加低收入者收入，扩大中等收入群体。完善按要素分配政策制度，探索多种渠道增加中低收入群众要素收入，多渠道增加城乡居民财产性收入。加大税收、社会保障、转移支付等的调节力度。完善个人所得税制度，规范收入分配秩序，规范财富积累机制，保护合法收入，调节过高收入，取缔非法收入。

企业在薪酬制度改革中，应以此作为根本指导原则，把握薪酬制度改革的正确方向。

三、物质激励与精神激励方法

在中国的具体国情下，企业实施了一系列行之有效的物质激励和精神激励方法。

（一）物质激励方法

1. 在薪酬分配方面，工资、奖金、股权相结合

除了工资、奖金，在薪酬中引入股权，可以激发员工的主人翁意识和自豪感。

2. 薪酬分配分类实施

一般而言，企业对生产人员实行工资与奖金相结合或者计件工资制，这有利于提高生产效率；对营销人员普遍实行基薪与提成相结合的制度；对研发人员实行工资与项目奖金相结合的制度，有的还辅以技术职称补贴；对企业的主要领导人实行年薪制，即基本年薪与奖励年薪相结合，更重要的是股权分配，前者属短期激励，后者属长期激励。薪酬分配的分类实施，防止了分配上的"一刀切"，进一步实现实事求是，各得其所。

3. 薪酬分配与目标管理、绩效管理相结合

国有大中型企业普遍实行目标管理，根据目标完成的考核结果，确定各部门、各团队的工资总额，再根据对个人的考核结果，确定个人的具体薪酬。有相当多的企业实行现代绩效管理制度，把绩效考核、绩效面谈、改进培训、职业生涯管理与薪酬分配相结合，达到了很好的激励效果。

4. 夯实基础工作——职位设置、人员评价、职位评价

一个科学、合理、公平的薪酬制度，不仅与绩效考核有关，与职位设置、人员评价和职位评价同样有关。合理的职位设置才能够取得高绩效；科学的人员评价才能实现人岗匹配，确定人才的价值；科学的职位评价才能恰如其分地确认职位的价值，进而确定薪酬的合理等级。在中国优秀的大中型企业里，这些基础工作是过硬的。

5. 以奖为主，以罚为辅

在中国，企业普遍实行赏罚严明、以奖为主的激励策略。以奖为主，便于实现和谐的劳动关系；以罚为辅，正视"罚"的功能。严格的管理制度是维持正常生产秩序的保障。

6. 重视福利

福利是物质激励的重要组成部分，必须处理好。它包括法定福利（社保）和自选福利两部分。中国社保体系主要由"五险一金"组成，即养老保险、医疗保险、失业保险、工伤保险、生育保险和住房公积金。通过"五险一金"，员工的安全、医疗、养老、住房等需要得到基本解决。除此之外，各个企业和事业单位还有一些自选福利，最常见的有：住房补贴、乘车补贴、通信补贴、子女教育补贴，以及免费午餐、免费通勤班车、免费健身、免费娱乐等待遇，这进一步满足了员工生活需要，也体现了组织对员工无微不至的关怀，激励作用不可小看。

7. 职业生涯管理，多种通道并行

员工不仅需要生存和安全，还需要晋升和发展，因此需要组织进行完善的职业生涯管理。中国企业为员工铺设多条职业晋升通道，一般分为技术通道、管理通道、业务通道等。多条通道并行，使各类员工都有了现实的、具体的晋升目标和渠道，激发了员工学习和进取的动机。

8. 提供市场上具有竞争力的薪酬

物质激励不可能由一个基层组织（企业或事业单位）闭门造车，必须在市

场竞争中实现。改革开放40多年来，中国的劳动力市场、人才市场逐渐走向成熟。什么样的薪酬能够为人才所接受，不仅有组织内部的相互比较，还需要在市场竞争中与对手相比较，因此需要制定自己的薪酬策略。随着越来越多的中国企业走向世界，要想在国际人才市场上获取人才，就需要提供在国际人才市场上也具有竞争力的薪酬。

（二）精神激励方法

精神激励是重要的激励手段，通过满足员工的社交、尊重和自我实现的需要，在较高的层次上调动员工的工作积极性。其激励程度大，维持时间长。中国组织具有长期的思想工作传统，在精神激励方面有许多创造。

1. 理想与目标激励

无论是党政机关、事业单位还是企业，都希望员工志向远大、胸怀理想。中国人富有家国情怀，对员工进行理想教育和理想激励，是中国组织的管理特色。党的二十大为各基层组织的理想教育和理想激励提供了理论依据和指导原则，指明了方向，坚定了信心。我们应把基层组织建设成"人人有理想，团队有士气"的高效组织。

为把理想激励落到实处，需要与组织的目标激励密切结合。员工的理想和信念应该通过企业目标来激发并使二者融为一体。中国企业应对自己的长远目标、近期目标进行大力宣传，让全体员工看到自己工作的巨大社会意义和光明的前途，从而激发员工强烈的事业心和使命感。在进行目标激励时，还应注意把组织目标与个人目标结合起来，宣传企业目标与个人目标的一致性，企业目标中包含着员工的个人目标，员工只有在完成企业目标的过程中才能实现其个人目标。

2. 内在激励

某企业管理者在回答"工作的报酬是什么"时指出："工作的报酬就是工作本身！"这深刻地体现了内在激励的重要性。特别是在解决了温饱问题之后，员工更关注工作本身是否有吸引力：在工作中是否有无穷的乐趣，在工作中是否会感受到生活的意义；工作是否具有创造性、挑战性，工作内容是否丰富多彩、引人入胜；在工作中能否取得成就，获得自尊，实现自我价值，等等。为了搞好内在激励，企业需要进行"工作设计"，使工作内容丰富化和扩大化，以提高员工的工作积极性。

3. 形象激励

一个人通过视觉感受到的信息，占全部信息量的80%，因此充分利用视觉形象的作用，激发员工的荣誉感、成就感、自豪感，也是一种行之有效的激励方法。例如，企业最常用的方法是员工照片上光荣榜，借以表彰本企业的标兵、模范。还有些企业通过举办厂史展览、摄影大赛，进行宣传报道等形式，达到了形象激励的显著效果。

4. 荣誉激励

荣誉是众人或组织对个体或群体的崇高评价，是满足人们的自尊需要、激发奋力进取的重要手段。特别是在中国，自古以来就重视名节、珍视荣誉，这个环节尤为重要。给予"先进生产者""生产能手""五好标兵""青年突击队""优秀共产党员""红旗车间""三八红旗手"等荣誉称号，激励了成千上万的先进个人、先进集体。

5. 兴趣激励

兴趣对人们的工作态度、钻研程度、创造精神的影响很大，往往与求知、求美和自我实现密切相连。在管理中重视兴趣因素会取得很好的激励效果。国内一些企业允许甚至鼓励员工在企业内部"双向选择，合理流动"，使员工找到自己最感兴趣的工作。兴趣可以引起专注，甚至入迷，而这正是获得突出成就的重要动力。

6. 参与激励

怎样激发员工的主人翁精神？办法只有一个，就是企业真正地把员工摆在主人的位置上，尊重他们，信任他们，让他们在不同层次和不同深度上参与决策，吸收他们的正确意见，全心全意地依靠他们办好企业。这在管理学中叫"参与激励"。通过参与，形成员工对企业的归属感、认同感，进一步满足员工尊重和自我实现的需要。全面质量管理小组，员工参与班组民主管理，员工通过厂务公开、职工代表大会、企业管理委员会等参与企业重大决策，是目前我国员工参与企业决策和企业管理的主要渠道。

7. 感情激励

感情因素对人的工作积极性有重大影响。感情激励就是加强与员工的感情沟通，尊重员工、关心员工，与员工建立平等、亲切的关系，让员工体会到领导的关心、企业的温暖，从而激发出员工的主人翁意识和责任感。感情激励的技巧在于"真诚"二字。

8. 榜样激励

模仿和学习也是一种普遍存在的需要，其实质是追求自我完善的需要，这种需要对青年尤为强烈。榜样激励是通过满足员工模仿和学习的需要，引导员工的行为朝向组织期望的方向。

榜样激励的方法是树立企业内的英雄模范人物的形象，号召和引导广大员工模仿学习。王进喜的"一不怕苦，二不怕死"、张秉贵的"一把抓，一口清"体现了爱国、创业、求实、奉献的精神内核，曾在全国发挥了很好的榜样作用。榜样激励的一个重要方面是领导者本人的身先士卒、率先垂范。正所谓："喊破嗓子，不如做出样子。"领导的一个模范行动，胜过十次一般号召。

以上只是我国精神激励的常见做法。在实际工作中，应该针对不同情况，从实际出发，综合运用多种激励方法。

思考题

1. 马斯洛的需要层次论有什么缺陷？
2. 请运用目标设置理论分析你所在大学的奖学金评定工作。
3. 请举身边的例子说明不同强化手段的利弊。
4. 请举例说明提高激励有效性的途径。

第三章 群体心理与行为

　　人是高度社会化的生物，因此人们在组织中，会和不同的群体相联系。如果群体只是个体的简单叠加，那么就没有必要专门学习如何理解群体。但是，研究和实践发现，群体心理和行为有不同于个体的特点。例如，为什么人们会在群体中表现出一些更极端的行为？为什么人们在群体中会有偷懒或者更努力的行为？为什么群体之间会存在冲突和偏见？要回答这些既有趣又实用的问题，需要学习一些关于群体心理与行为的知识。

第一节 群体概述

一、群体的定义

　　群体是和一定数量的个体组成的集合相关的。这个集合有什么样的要求呢？组织行为学家从不同的角度出发，给出的定义并不完全相同，有些定义之间甚至有很大的差异。

　　一些学者比较看重群体之间成员的互动和联系。例如，罗宾斯认为，群体是为了实现某个特定的目标，两个或两个以上相互作用、相互依赖的个体的组合。根据这个定义，群体的核心特征是成员之间相互依赖，通过各种方式相互影响。沙因指出了群体的三个特征，分别是：彼此互动，心理上意识到彼此的存在，认为自己是一个群体。这些学者给出的定义比较直观。按照他们的定义，足球队、班级、兴趣爱好小组就是群体的典型例子。需要注意，不是所有在一起的人都是群体。例如，同时在电影院里观看电影的人们，即使有观看同一部电影的共同目标，但是因为通常情况下他们之间并没有互动，所以他们只是个体意义上的简单叠加，可以称为人群，但不适合称作群体。沙因甚至认为，一个组织，尤其是一个大型组织（如一所大学）不能称为群体，因为尽管组织成员能意识到整个组织是一个整体，但一般来说并非所有人都相互交往，也不是每个人都能察觉到彼此的存在。

　　另一些学者认为直接的互动并不是群体存在的必要条件。例如，特纳等人认为社会类别才是认识群体的关键因素。群体的心理基础是认同，即人们会把自己划分到某个特定群体中，并把自己与群体的某种或某些共同属性和规范相联系。① 通常的社会类别有很多，例如性别、职业、阶级、收入、党派等。组织情境中的类别划分也比比皆是，例如客户、部门、地区、阶层等。这些学者们对群体的看法比较抽象，倾向于用非人格化的观点看待群体。和看重成员互动的学者们相比，他们的定义更容易把大型的群体识别出来。例如，在不同大学中的所有班级辅导员，如果他们认同自己的辅导员身份，把自己划分到这个群体中，那么尽管这些人之间没有直接的互动，按照社会类别的观点，这些人还是组成了一个辅导员群体。类似地，工人、教师、家庭主妇等，只要他们能明确地把自己归类，都有可能形成群体。

这两种角度的定义各自都有一定的道理。在理解群体内现象时，可以偏向于使用第一种定义，但在理解群体之间，尤其是大规模群体之间的现象时，推荐使用第二种定义。例如，马克思在分析资产阶级和工人阶级之间的矛盾和冲突时，是从社会类别的角度去划分两个阶级的。虽然社会可以按照不同的类别去划分群体，但是马克思认为阶级是社会中最重要的类别，是社会冲突的主要矛盾。

我国学者张德和吴志明对群体的定义融合了以上两种角度，即群体是指由两个或两个以上相互作用、相互依赖的个体组成的具有相对稳定的关系模式的集合体，这些个体拥有共同的利益或目标，他们自认为属于这个群体并与群体之外的其他个体相区别。

群体和正式组织有什么区别呢？按照巴纳德的定义，正式组织的特征是：有共同的目标，有规定的沟通线条和渠道，有正式的权责分工。② 可以看出，正式组织在沟通和权责分工方面，要求更加严格。

二、群体的类型

群体可以有不同的划分方式，最常见的一种是划分为正式群体和非正式群体。这种划分方式关键的区别在于，是否存在协调活动或力量的体系，以及这个体系的清晰程度。另一种常见的划分方式，是依据群体成员间关系的亲密程

---

① [澳] 约翰·特纳等：《自我归类论》，杨宜音等译，中国人民大学出版社2011年版，第30页。
② [美] C.I.巴纳德：《经理人员的职能》，孙耀君等译，中国社会科学出版社1997年版，第66页。

度，把群体划分为初级群体和次级群体。

(一) 正式群体和非正式群体

罗宾斯把正式群体定义为由组织结构确定的、职责明确的群体。沙因也有一个类似的定义，即由管理者专门建立的群体，其目的是完成与整个组织任务密切相关的特定任务。在正式群体中，组织的协作体系通常是通过权责体系和命令链条、规则等非人格化的因素来体现的。例如，组织中的每一个专业化分工形成的部门都是一个正式群体。

正式群体中如果存在纵向的命令链条，可以称为命令型群体，例如军队里的某个连、企业的某个生产车间。也有的群体纵向之间的命令链条并不明显，但是承担的任务或职责是明确的，可以称为任务型群体，例如由来自企业内各个部门的员工组成的一个质量改进小组。命令型群体通常普遍存在于金字塔式的层级组织中，但随着组织扁平化变得越来越普及，以及授权、分权和自我管理思想的兴起，任务型群体大有代替命令型群体的趋势。

罗宾斯认为非正式群体是指那些既没有正式结构，也不是由组织确定的群体，它们是员工为了满足社会交往的需要而自然形成的。沙因也认为，由于人都有与他人联系的需要，所以可以认为形成非正式群体的倾向总是存在的。例如，企业中由员工自发组织的兴趣爱好小组，学校的学生自发组成的学习小组，网络上自发形成的兴趣组。

非正式群体有可能对正式组织的运行造成负面影响。沙因认为非正式群体有"反组织"的作用，存在试图反对组织的强制的倾向。这种群体力量能变得很强大，甚至能够破坏组织的正式目标。因此，作为管理者，应该意识到非正式群体的作用，采取积极疏导的策略，让非正式群体的"反组织"作用减少，更多地发挥其积极的作用。

(二) 初级群体和次级群体

初级群体也称首属群体或直接群体，最早由库利提出，是指由面对面互动所形成的、具有亲密的人际关系和浓厚的感情色彩的社会群体。初级群体反映着人们最原始、初级的社会关系，如家庭、邻里和亲密朋友。之所以称之为初级群体，主要是因为其在形成个体的社会性和思想观念等方面所起的初始作用。

次级群体又叫次属群体或间接群体，指的是其成员为了某种特定的目标集合在一起，通过明确的规章制度结成正规关系的社会群体。群体成员间的感情联系相对不如初级群体，面对面的互动有限。典型的次级群体是各类社会组织，如企业、政府机构、学校等。次级群体的规模可大可小。较小的次级群体，如一个部门、班组。而在较大的次级群体中，往往会出现一些较小的初级群体，如企业中的工友组及学校里的兴趣组群体等。

根据马克思主义理论，人是社会关系的总和。初级群体和次级群体区别了人不同的社会关系，以及这两个群体对人的不同作用。例如，家庭作为初级群体，家教和家风对人的成长起到非常重要的作用。中华民族历来重视家庭。尊老爱幼、母慈子孝、兄友弟恭、勤俭持家、家和万事兴等中华民族传统家庭美德，是支撑中华民族生生不息、薪火相传的重要精神力量。和初级群体相比，次级群体在更大的范围内让人参与社会活动，进一步丰富了人的社会关系，从而增强了人的社会性。

三、中国的群体本位文化

西方的人本主义强调以个人为本，但是中国的以人为本，不是讲的以个人为本，而是以群体为本，群体是高于个人的。例如，在中国家庭中，强调尊老爱幼、不分彼此，家庭是一个统一的经济单元和社会单元。责任先于自由、义务先于权利、群体先于个人，这是中国人传统价值观的特色。群体本位要求作为社会的一个细胞和单位个体的"人"，必须遵守群体规范，自觉考虑群体的反应。也因为以群体为本位，所以中国人重视人与人之间的伦理关系和维护这种伦理关系的道德规范。[①]

血缘群体人际关系是中国传统社会人际关系的基础。在中国传统社会中，群体的基本结构是由个人、家庭和宗族所组成的，这是中国社会群体结构的核心。在这一以血缘宗法为纽带的群体结构之外，还有各种其他依不同标准的同类关系而划分的群体，如地缘群体、行业群体、政治群体等，与之并行存在，但归根结底，都是这一基础在社会和国家层面的衍生和放大。因此，凡是血缘群体人际关系所具有的特点，在其他群体的人际关系中也都不同程度、不同形式地存在。

中华民族的许多优良传统和文化精华，如爱国主义的传统，集体主义的传统，注重人际关系和谐的传统，浓厚的亲情意识，家、国一体的观念等，都与群体本位文化的作用息息相关。这些优良传统是中华民族繁衍生息、兴旺发达

---

① 王和：《群体本位的中国人》，《中华文化论坛》2000 年第 2 期，第 13—16 页。

的精神支柱,而且它们并不与近代文明的优点发生冲突,特别是对于物质不断发达而人情渐趋淡薄的现代社会,其匡正时弊之效正日益充分地体现出来。辩证地来看,群体本位文化在造就和促成中华民族优秀传统的同时,也积累了它的负面效果。例如,群体本位文化倡导在人际互动关系中,更多地表现出奉献和给予。但是,在发展中也出现了牵制、依赖、索取的负面效果。宗派意识、小团体意识、"内耗"风气,以及平均主义思想、虚荣的"面子"意识等,都与群体本位文化的消极方面密不可分。

随着中国社会的发展,应该深入地依据地缘、历史、政治、经济等多方面的情况,从体现整个人类精神活动发展趋势的文化融合与更新的角度,认识和变革群体本位文化。例如,在一些民营企业中,应该有意识地淡化以血缘、地缘为基础的群体人际关系,转变成以共同的目标和价值观为基础的群体人际关系。随着社会发展以及经济收入的提高,越年轻的代际群体越趋向于重视个体的心理感受和个体权利。这启发组织在重视人情关系的同时,还要借鉴西方个体本位文化里一些有价值的地方,如用制度、法律等手段保障个人的基本权益。在"一带一路"倡议的指引下,中国已有越来越多的企业走出国门,在海外投资建厂以及开展其他各种形式的合作。只有树立文化自信,并坚持包容并蓄,才能让群体本位的文化与时俱进,最大限度地得到其他国家人们的理解、尊重、认同。

第二节 群体形成与发展

一、群体形成的基础

为什么人们需要形成群体?从社会心理学的角度来看,人类对归属的基本需要是一个重要的原动力。德国学者齐美尔认为,个体的独特性是通过个体参加哪些群体,以及在群体中从事了哪些活动来体现的。齐美尔的观点给我们提供了一个从群体的角度来认识个体的思维方式。

群体的核心特征是成员之间相互依赖、相互影响。群体成员之间的依赖感通常来源于两个基础:完成任务和共同命运。

(一)建立在完成任务基础上的相互依赖

很多群体存在的理由是有共同的目标或任务。为了完成任务,群体需要通过某种协作，克服各种限制因素。这种相互依赖的效果在很大程度上受协作性质的影响。研究发现，当协作属于零和博弈的性质时（例如完成某项任务后，大家划分固定数量的奖金），群体成员之间的相互依赖会变得消极，合作程度降低，人际吸引也会减少。

（二）建立在共同命运基础上的相互依赖

有些情况下，群体的目标并不是很清晰、具体，而是以共同命运，即俗话说的"同舟共济"表现出来的。例如，当企业中的一些员工面临裁员时，会增加相互依赖性，可能会形成一个凝聚力强的群体和管理层进行谈判。

群体相互依赖的程度是不同的，家庭的相互依赖就很强。在有的群体中，成员之间互补的能力对群体的相互依赖非常重要，这种类型的群体力量在于每个人独立发挥的程度。而在其他的一些群体中，则更多地融入了共同信仰、价值观的因素，该类型群体力量的关键在于协作。

二、群体发展的理论

（一）社会范畴化

世界的复杂性使人类需要具备一些使之简化和有序化的方式。尽管人类可以通过理性计算来对关心的事情进行决策和判断，但是现实生活中，由于信息有限，且理性计算需要付出时间和努力，或者由于具体的情境并不能激发人们进行理性计算的努力和兴趣，这时人们会使用一些较为固定的规则和范畴来应对不同事件。

例如，性别和种族就是在社会中被广泛使用的两个范畴。当人们看到一位女性时，会在头脑中浮现出关于女性的典型信息，即女性是怎样的，他们会按照这个定式来解释某一位特定女性的行为。在组织中，人们有可能按照领导-工人、正式工-合同工、销售部门-研发部门-行政部门等不同的范畴来把人归类。

范畴化过程的重要功能之一，就是增强群体内成员之间的特异性，模糊其他群体成员之间的差别。也就是说，外群体中的成员被认为更加同质化，而内群体中的成员个体之间被认为更有差异。如何解释外群体同质化的现象？一种观点认为，通常人们对于所在群体中的人了解更多，有更多的互动，因此能更敏锐地分辨出差别。另一种观点认为，人们头脑中会有一个不同群体的原型，即典型的属于这个群体的成员应该是什么样子的。由于自己所属群体的原型对我们来说更重要、更具体，所以人们对内群体成员的特异性会变得更加敏感。而其他群体的原型对他们来说不那么重要，也具有一定的模糊性，所以人们会"粗糙地"把群体外的人员划到外群体类别中，并不注意他们之间的差异。

需要注意的是，这个观点并不认为人们在做群体之间的比较时，内群体相似性会降低。尽管人们对内群体成员的特异性更敏感，但是当人们在群体和群体之间进行比较时，还是会认为群体内具有相似性，属于一个范畴。

这种"内外有别"的情形在人们对内群体非常认同时会表现得更明显，这时人们会力图让自己和内群体原型的"标准"特征相匹配，同时试着和外群体原型保持最大的差距。

（二）社会身份认同

人们不仅对他人进行分类，也将自己定位于某些群体而非另一些群体。这种定位的过程是一个自我分类的过程，或者说是一个自我范畴化的过程。把自己划归于某些群体，就意味着对这些群体产生了社会身份认同，个体也因此丰富了自我概念。

根据社会身份认同理论，群体有寻找并维持彼此之间的某种积极差异的倾向。这一理论假定，寻找群体特异性对个体来说具有功能性的好处。通过这种方式，个体建立起和内群体的联系，群体之间的比较间接有利于个体的自尊，使个体产生积极的自我概念。

三、群体凝聚力

（一）凝聚力的内涵

凝聚力是群体发展起来的一个主要表现。它是群体在追求其目标的过程中团结一致，并保持一体性的一种状态。早期的学者们认为凝聚力就是积极的人际关系，即人与人之间的喜好程度和交流频繁程度。这个看法的前提是人与人之间是相识的。但是，在大规模的群体中，多数成员可能互不相识，对于这样的群体，讨论凝聚力同样有重要意义。例如，在2008年汶川地震后，我们整个国家表现出强大的凝聚力。因此，也有学者认为应该从认同的角度来理解凝聚力。假如群体成员深深认同群体的主要特质或核心观念，那么该群体就能表现出凝聚力。

（二）凝聚力的来源

综合已有的看法，凝聚力的来源主要包括三个方面：

(1) 积极的人际关系。

(2) 相互依赖的程度。

(3) 成员认为自己属于"某一类"人。

这三个方面主要是互补的关系，可以独立对凝聚力做出贡献，对应着情感、关系和认知三个不同的方面。

（三）凝聚力的作用

是不是群体凝聚力越高，群体的业绩就会越好？研究结果表明，这两者之间的确存在正相关关系，但并非强相关。它们之间关系的强度随着不同的群体互动需求、群体规模和工作流程的结构安排而发生变化。总体上，研究发现在那些需要通过密切互动来完成任务的群体中，凝聚力对业绩的影响更积极。当群体规模变大时，凝聚力和业绩之间的正相关关系减弱。这可能是由"搭便车"行为带来的负面效应引起的。当群体间所需要的交流次数增加时，凝聚力和业绩之间的正相关关系也相应增强。

群体的业绩会不会反过来影响群体凝聚力？研究发现，答案和群体在多大程度上由成员自愿加入有很大的关系。如果成员是非自愿加入的，那么群体的业绩不好，会减弱群体凝聚力。但是，对于那些成员自愿加入的群体，群体的业绩即使差，也并不一定减弱群体凝聚力。这是因为成员已经做出自愿选择，无法撤回，而且对群体投入了时间和精力等，所以并不愿意因为群体业绩差而否定自己已经做出的自愿选择。

第三节 群 体 结 构

群体的形成伴随着某些结构上的特征。正式群体的结构一般相对稳定，而非正式群体的结构则容易发生变化。

一、类别和关系

群体结构有两种划分的思路。一种是通过"类别"来划分。例如，在传统金字塔式的正式组织中，纵向可以划分成基层员工、基层经理、中层经理、高层经理等,见图 3-1 (a);横向的划分就更丰富了,可以按照劳动分工、地域、不同服务对象等划分,图 3-1 (b) 就是一个按照部门来划分群体的例子。有些划分带有把纵向和横向混合的意义,例如按照劳动用工的类别(全民所有制编制、合同制、劳务派遣)、教育背景的类别(海外博士、国内博士)等划分。这些按照"类别"的划分,尤其是层级和劳动分工的划分,是正式群体存在的基础。对于正式群体来说,由于存在明确的信息沟通渠道链条,群体结构往往可以用一个有秩序的结构图来表示。

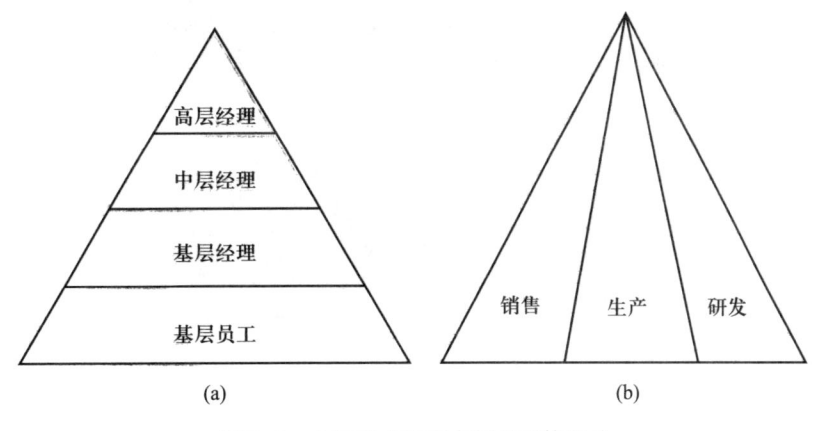

图 3-1　金字塔式组织内部的群体划分

另一种群体结构通过人际关系来划分,也可以通过人际关系网络图表示,只是看起来似乎杂乱一些。但实际上,这样的图(称为社会网络图)也能够反映很多群体结构中的规律性。图 3-2 是社会网络的例子。群体中的成员通过不同的社会网络连接起来,一个成员可能从属于不同的社会网络。常见的社会网络包括工作咨询网络、朋友网络等。

类别划分和人际关系之间存在相互联系。总的来说,群体中人际关系的来源主要有以下三个方面。

第一个来源是先赋的关系。这样的关系是先天继承下来的,和个人的后天努力基本无关。与中国组织变迁相关的一个例子是雇佣类型,有的员工属于老员工,是从计划经济体制时代过渡来的,他们的用工合同可能是无固定期限的;有的员工是在开展市场经济改革时代加入的,用工合同就是有固定期限的;还有的员工是通过劳务派遣公司派到组织中工作的,他们只是为组织服务,但是劳动合同关系在劳务派遣公司,而和所服务的组织没有直接的劳动合同关系。近些年来,出现了新就业形态劳动者,主要包括交通出行、外卖配

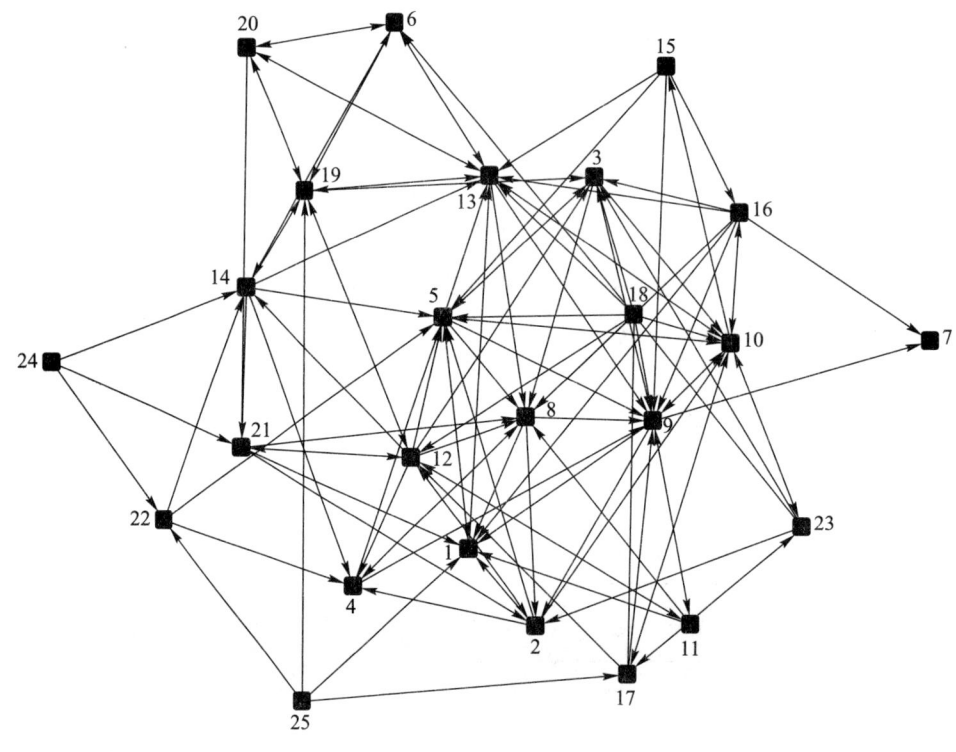

图 3-2　社会网络

（注：图 3-2 是工作咨询网络图的例子。图中每个数字点代表了这个团队中的一名成员。这个图中有 25 个点，表示该团队有 25 名成员。点和点之间有带箭头的线段，表示成员之间的工作咨询关系。箭头从点 2 指向点 1 的线段表示成员 2 向成员 1 请教。如果点 1 和点 2 之间的线段存在双向箭头，表示成员 1 和成员 2 之间存在相互请教的关系。）

送、网络零售、直播销售、互联网医疗等领域的平台就业人员。他们依托平台就业，工作有较大自主性，劳动过程受到平台企业的管理，不完全符合确立雇佣关系的情形。雇佣关系类型会深刻地影响不同员工在组织中所形成的人际关系。

第二个来源是群体所规定的关系。在正式组织中，这样的关系是组织有意识地设计出来的，例如上下级的汇报关系，平级的岗位和岗位之间因为工作流程规定而形成的交流关系。员工被分配到某个部门，就有更大的可能性和本部门的同事，而不是跨部门的同事建立起人际关系。在非正式群体中，这样的关系往往通过某种群体规范表现出来。

第三个来源是自发形成的关系。这是群体成员之间通过相互吸引，或者自发地参加某些共同活动而形成的人际关系。具体地，相互吸引又可以分成社会吸引和人际吸引。

（1）社会吸引是一种以群体原型表现出来的非人格化的态度，它的理论基础是人们的自我分类。例如，当某个成员把自己归为某个职业类别（工程师），从而对这个职业类别有强烈的认同时，就容易和其他有类似分类或认同的成员形成稳定的社会关系。

（2）人际吸引是一种以个体的独特性质或紧密的人际关系而表现出来的人际态度。例如，两种互补性格之间可能存在的吸引，不同的互补能力在不同个体之间产生的吸引等。

二、群体中的角色

人们在群体中承担着不同的角色，因此个体可以被看作各种角色的总和。人类群体尤其是组织就是一个不同角色构成的体系。角色是人类群体稳定的、常态化的因素。群体的成员有进有出，虽然群体的边界在变化，但是保持着一定的稳定性。

（一）角色的内涵

角色是指人们对在某个群体中占有一个位置的人所期望的一系列的行为模式。在这个定义中，位置是比较客观的概念，通过和整个群体系统中其他位置的关系来体现。而角色是需要占有位置的人来"扮演"的。在正式组织中，位置就是某个职位。

角色行为是指一个人反复发生的行为。这些行为和其他人的稳定的、重复的行为相互依赖，目的是产生可以预料的结果。在正式组织中，人们的角色更多是由社会情境决定的，而不是由个人的性格特征决定的。因此，角色之间的关系与具体的人和人之间的关系相比，前者具有普遍性和一般性，而后者具有特殊性。

（二）角色期望和角色认知

为什么个体会形成对一个角色的认知，从而承担相应的角色？影响角色认知的主要因素有三个方面。

（1）角色期望的因素。角色期望是指别人认为角色承担者在一个特定的情境中应该做出什么样的行为反应。一般来说，不符合角色期望的结果是被替换掉。换言之，如果一个角色承担者希望占据群体中的某个位置，就应该在某种程度上约束自己的偏好，主要按照和这个位置相关的其他位置上的角色承担者的期望来行动。

(2) 一些客观的、非人格化的因素。角色承担者会感到在某种情境下，只要在这个角色上，就不得不或必须表现出某种行为。例如，一个身处犯罪现场的警察，即使受害者没有发出求救信息，或者也没有其他人看到，情境也驱使他去履行终止犯罪的职责。

(3) 和角色承担者自己相关的因素。主要是指内部性的激励来源，不同的角色承担者对于角色期望的接受程度不同。当角色承担者是不情愿地承担某个角色时，会表现出得过且过的状态，角色包括的内容会尽可能地少。相反，当角色承担者从角色中获得激励，尤其是内在和道德相关的激励后，例如有趣、光荣，他们的表现可能使角色包括的内容更多，会主动去探索完成角色的更好方式。

(三) 角色认同

角色认同反映内化了的角色期望，即人们在多大程度上认为承担的角色期望是理所当然的。角色认同主要源自两个方面。

(1) 从社会关系那里得到的关于自我的反馈。

(2) 自我的看法。

当社会关系对某个角色的反馈一致时，角色承担者更容易认同角色。研究表明，在传统文化中人们的自我建构对周围人的看法更敏感。这是因为在传统文化中，人们在进行自我建构时，更看重社会关系对于自我的反馈。另外，研究表明，当承担者感受到角色具有更强的感召力时，也更容易认同角色。一项研究表明，当某慈善组织的员工和那些帮助过的人直接交流，并得知自己平时的工作如何鲜活地改变了这些人的人生时，他们对角色产生了强烈的认同感。

(四) 角色冲突

角色冲突可以分成角色内冲突和角色间冲突。

角色内冲突是指针对相同的角色出现了两个或更多的不同期待。例如，如果一个员工在工作中有多头领导，当领导之间对工作的指示不一致的时候，就会出现角色内冲突。角色内冲突在采用矩阵式组织结构的组织中经常出现。研究发现，角色内冲突会对工作满意感和绩效造成不利影响。

角色间冲突是指两个或更多的角色期望同时出现，使得满足一个角色期望的同时，会让满足另一个角色期望变得困难。一般来说，角色间冲突也和负面的心理反应相关。例如，当工作和家庭两个角色发生冲突时，会对人们的主观幸福感造成不利的影响。角色间不只有冲突，有时承担不同的角色也会给人们带来好处。角色间增益是指满足一个角色期望的同时，会使人们在另一个角色中表现更好。例如，有些人在成家和为人父母后，在工作中也变得更有耐心和责任感。

（五）角色模糊

角色模糊是指职位占有者感受到的不确定性。一般人认为角色模糊有负面的影响，但是也有研究发现在可接受的角色期望范围内，一定程度上的模糊性有助于管理角色冲突，这可能和大多数人喜欢一般性的指导而不是清晰的指导，以及希望有自主权有关。环境的快速变化使得角色内容需要具有一个灵活调整的机制，在一些重视自我管理的组织中，角色承担者被赋予自主权，和其他的角色承担者通过实践和协商来不断更新角色的具体内容。

三、群体中的地位

（一）地位的内涵

地位是指群体或群体成员在社会或群体层级结构中的相对位置。为什么不同的位置会带来不同的地位？韦伯认为，这是由于位置掌握着不同的财富与收入、权力和声望。处在同一地位的位置可以称为阶层。在我国目前的社会中，阶级之间的冲突不是主要矛盾，但是存在不同阶层之间的矛盾。这种阶层之间的矛盾，主要是经济收入的差距导致的。党和政府着力解决阶层矛盾，"共同富裕""坚决防止两极分化"明确了方向，并已经取得了显著的成果。

地位按来源划分，可分成先赋地位和自致地位。先赋地位是指一个人与生俱来的，不经后天努力就获得的地位。自致地位是指不是先天具有的，而是通过后天努力而获得的地位。组织要保持活力，就需要建立机制鼓励成员通过后天努力获得地位。例如，某公司意识到反映资历的工号成为一个障碍时，就废止了以往的工号，重新安排。

（二）地位和群体行为的关系

地位的公平程度对群体行为有显著的影响。有两种关于地位的公平观。一种公平观认为，地位分层结构本身就是不公平的，因此要实现公平就必须消除此种层级结构。另一种公平观认为，分层结构本身的差异是难以消除的，公平应该通过人或人群进入这些结构的过程来体现，例如创造机会和建立过程公平的体系。

关于地位公平，很重要的一点是让群体成员相信群体中的地位等级是公平的。如果群体成员认为群体中存在不公平现象，就会引起负面情绪，并带来各种各样的修正性行为。

地位影响人与人之间的互动方式。人在不了解另一个人之前，会根据这个人的一些外在特征来判断他或她归属的群体，进而判断彼此之间的相对地位。由于群体在社会中往往已经形成不同的地位，这种对地位高低的判断，决定了人与人之间一开始的互动方式，并对后期的行为造成持续的影响。例如，组织中来自高地位群体的人，有可能获得比其他人更多的资源，而且即使表现不如预期，也可能有更多调整的机会。

低地位群体的成员如何应对被视为低等的情况？根据下属群体所处环境的特征和意识形态，他们可能会采取如下策略：第一，设法进入高地位群体。低地位群体成员向上进入高地位群体的可能性会影响低地位群体内部的团结，以及破坏集体的反叛行为。脱离低地位群体进入高地位群体的成员，有时会更加歧视低地位群体。第二，强调所在的群体与外群体相比有优势的方面，避免与地位较高的群体进行比较，或者将他们目前的地位与自己过去的地位进行比较，强调情况有所改善。第三，采取竞争策略，通过对抗和冲突的方式来改善现状。当现有的地位关系被视为不合法（应该改变）和不稳定（可以改变）时，最有可能采取这种策略。

四、群体规范

（一）群体规范的内涵

群体规范是群体对其中的成员应该（或不应该）表现出的行为的界定，规范约束群体成员的行为，也是群体成员相互期待的基础。在组织中，正式成文的行为规范是制度化了的行为期待。

（二）群体规范的特点

群体规范对不同成员的影响程度不一样。那些高地位的成员可能比低地位的成员更大程度地偏离规范，表现出和群体约束相对抗的一种独特性。而刚加入群体的成员，也会因为不了解或不接受群体规范而表现出个性化的偏离规范的行为。但需要指出的是，这些偏离规范的行为并不总是不利于群体发展，一些偏离规范的行为实际上给群体规范的变革和更新带来了突破口。

（三）群体规范的功能

规范是带有普遍性的行为期待。对个体而言，规范充当了解释世界的参照框架。规范会给成员理解环境带来一种心理上的秩序感和可预测性。在群体层面上，规范起到了如下作用。

（1）协调群体成员活动。

（2）维持或增强群体认同。

正式群体对于成员的约束，不仅包括软性的约束，也包括硬性的约束，例如各种规章、制度等。

个体和群体之间，尤其是个体和正式群体之间存在一种张力。群体需要个体交出不同程度的行动自由，以配合群体的协作体系，而个体也有保持独特性的要求。因此巴纳德认为，正式群体为了让个体服从协作体系的要求，需要提供某种诱因，包括物质上和心理上的诱因，以换取他们对群体规范的服从。

五、群体规模和性质

（一）群体规模

群体规模是指群体中成员的数量。有研究者认为，当群体为 40~50 人的时候，群体就不再是一个小群体。小型的群体适合从社会网络的角度去理解，大型的群体就需要通过社会认同理论或正式的组织理论来解释了。

群体的正式化、组织化可以看作一个连续变化的过程。当一个群体有了以下特点，群体就可以被称为一个正式的组织。

（1）有共同的目标。

（2）有权责体系的分工。

（3）存在规定的汇报关系来协调信息沟通。

当一个组织中分工和协调越来越由制度和流程来规定时，这个组织就变得越来越正式化。正式化有利于一个组织扩大规模，但正式化带来的威胁是有变得过于机械化的倾向，这会使组织失去灵活性和探索性。为了结合正式化和灵活性的优势，管理大型群体的组织往往采取以下方式。

（1）把组织拆分为规模适当的独立业务单元，最常见的就是事业部。

（2）在大规模组织中设立有灵活性的小规模单元，主要目的是从事一些有探索性的工作，例如产品研发部和市场开发部。

（二）群体性质

群体可以按照成员所具有的技术、知识、人口背景的特点分成异质性群体和同质性群体。异质性群体是指群体成员的技术、知识、人口背景不同，而同质性群体则相反。

异质性群体好还是同质性群体好？对这个问题的回答很大程度上取决于群体所需要完成的任务的性质。如果群体需要完成的是有创造性的活动，那么异质性群体可能是更好的选择。其中的原因有两方面：一方面是由于成员之间的异质性会带来不同的信息，有利于激发创造性；另一方面是异质性会使群体保持一定程度的建设性冲突，同样有益于激发创造性。如果群体的任务是更有效率地完成一般性的活动（例如成本更低的生产），那么同质性群体可能更有效，其原因在于同质性群体带来的一致性有利于标准化活动的推广和实践。

第四节　群体行为特征

当个体处在一个群体中时，其行为表现和绩效会发生一定的变化，与个体单独存在时有明显的不同。下面介绍一些群体行为的典型现象。

一、去个性化

（一）去个性化的内涵

去个性化，是指个体在群体压力或群体意识影响下，发生自我调节功能的削弱或责任感的丧失，从而表现出一些个体单独活动时不会出现的行为，例如集体起哄，甚至集体的暴乱。处于去个性化状态中的个体，其行为较少受到个人意志的支配，而是处于追随群体的盲从状态。

去个性化状态使个体降低了自我观察和评价意识，也降低了对社会评价的关注，对通常的内疚、羞愧、恐惧、承诺等相关行为的控制程度都降低了，压抑的负面行为容易暴露出来。

（二）去个性化的来源

为什么个体在群体中会出现去个性化行为？两个环境因素很重要。一是匿名性，也就是指个体在群体中无法被识别出身份的状态。个体感到"溶化"于群体中，缺乏个体的可辨识性，导致了约束力的降低，认为即使做了不好的事情别人也不知道是谁做的。二是群体中责任的模糊性和分散性。即使出了问题，个体也不必为群体承担受谴责的压力。由于个体感到压力减少，觉得没有受惩罚的可能，没有内疚感，从而使行为更加粗野、放肆。不过，在匿名的情境下，临时生成什么样的群体规范很重要。如果一开始群体中出现负责任的表现，个体并不会轻易丧失责任感。

二、社会助长

（一）社会助长的内涵

社会助长反映了个体对他人的意识做出的反应，包括他人在场或与他人一起活动时所表现出的行为效率和绩效的提高。与社会助长相反的一种反应是社会抑制，是指他人在场或者与他人一起活动时所表现出的行为效率和绩效的降低。

（二）社会助长作用机制

为什么存在社会助长或抑制作用？扎琼克的解释是人们的竞争和被评价意识被唤起了，人们行为的内驱力增强了。但是，这种被唤起的内驱力到底是否有助于工作表现，取决于任务的性质。

当任务要求的行为是已经充分习得的或者是先天就会的，被称为"优势反应"，此时动机的提高就会有助于表现，尤其是当任务很简单时。但是，当任务要求的行为非常复杂或没有得到充分学习，那么他人在场所引起的唤起水平的提高反而会降低绩效。

三、社会惰化

（一）社会惰化的内涵

社会惰化是指当个体对群体活动的贡献不能或不被衡量时，个体往往会比单独工作时更不卖力。所谓"一个和尚挑水喝，两个和尚抬水喝，三个和尚没水喝"，讲的就是这个道理。在经济学中，这种行为也被称为"搭便车"行为。

（二）社会惰化作用机制

为什么会出现社会惰化现象？这取决于两个主要因素。一是个体认为其个人努力对群体的成功有多重要或必要，二是个体有多重视群体成功带来的可能结果。当个体觉得没有人知道他做得好不好，不需要为自己的行为负责任时，就会在群体中松懈下来。因此，群体规模越大，社会惰化倾向越高。

如何避免社会惰化现象呢？最常见的方法就是让每个人的贡献都可以被明确评估。当没有明确的个体指标来评估个体贡献时，个体面向群体中的其他成员做个人的绩效口头报告也是可行的选择。如果成员普遍认同群体任务目标，那么对绩效高的群体提供奖励也可以减少社会惰性。另外，当任务有意义、有趣或者有挑战性时，个体松懈的可能性也会减少。

四、从众

（一）从众行为的内涵

从众是指改变自己的信念或行为，以符合其他人行为的倾向。研究发现：不管刺激的类型是什么，以及正确答案有多么清晰，当个体面对一致的群体观点时，群体对个体所施加的压力，通常足以让个体产生从众行为。甚至即使从众违背了个体对世界的认识，个体也会出现从众行为。

（二）从众行为的原因

从众行为是一种相当稳定的，在文化上几乎普遍存在的现象。为什么人们会从众呢？费斯廷格的社会比较理论是最为流行的解释。这个理论表明，人们有一种普遍的内驱力来评价自身的意见和能力。如何评价呢？明显并可信的方法是寻找一些评价的客观方法。不过，这样的客观量度通常不那么容易获得。因此，为了对自身的意见或能力进行现实的评价，人们需要选择能提供最多而且最可靠的信息的其他人，通常采用某个近似的属性来选择比较对象（例如同年龄段的人、同学等）。在新奇或模糊情境中，指导人们做出判断的"客观"线索更少，因此趋向一致性的压力可能会增加。也有学者提出了其他的解释。例如，有学者认为人们的从众不是因为他们依赖同谋的判断去界定现实，而是为了避免可能的社会嘲弄，避免成为"怪异者"。

从众程度存在文化上的差异。研究发现，与更个人主义文化中的人相比，集体主义文化中的人倾向于出现更高的从众比例。但是，从众比例的上升也许并不一定意味着人们内心的接受。人们可能内心并没有接受，但当看到其他人意见一致，就错误地认为其他人的真实看法是一致的，并随声附和，从而造成了一种群体共识的假象。

在什么情况下个体会表现出从众行为？总结起来，有以下一些常见的情况。

（1）个体对于群体的信息越信任并且越重视它的看法，就越可能附和群体的做法。任何增加对群体正确性的信心的因素，都可能增加从众行为。

（2）大多数人都渴望社会认可。当个体希望被社会接受或者保持自己在群体内的地位时，就会改变自己的行为以服从群体规范或者标准。

（3）当群体中一致的多数人的数量增加时，从众行为通常会增加。但研究也发现，如果群体规模超过某个点，再增加群体中一致的多数人的数量，对从众行为的作用就不明显了。

（4）面对一致的多数人的个体，会处于一种极大的从众压力中，更有可能表现出从众行为。

（5）当个体处于高凝聚力的群体中时，因为喜欢一起工作并且相信作为一个团队运转会更好，所以比起缺乏凝聚力的群体更容易表现出从众行为。

（三）少数人的影响

少数人服从多数人的从众行为是一种常见的现象，但是，有时拥有一种新观点或者一种新见解的少数派，会有效地改变多数派的立场。这种现象的存在有重要而积极的意义。

从众实验的设计假设社会影响是个单向的过程，那些坚持己见的少数人被看成群体其他人的被动接受者。但是，这些少数人的坚持，会不会在多数人那里引起心理反应呢？莫斯科维奇的研究发现，少数人的影响确实存在，但是这种影响是以间接的方式起作用的。少数人的坚持会给多数人带来异议观点，激发认知冲突，多数人不会明显地向少数人做出让步，但是他们经过认知重建，可能先有私下的观点改变，然后转向公开的观点转变。

五、群体决策

（一）群体决策的内涵

当决策问题越来越复杂，不仅涉及多目标、不确定性、时间动态性，而且个人的能力已远远达不到要求时，需要发挥集体的智慧，由多人参与决策分析，这些参与决策的人，我们称之为决策群体，群体成员制定决策的整个过程就称为群体决策。群体成员在群体决策中，会表现出一些和个体单独决策情况下不一样的行为。

（二）群体极化

群体做决策会比个体决策更冒险还是更保守？研究发现，如果一开始群体成员的观点倾向于冒险，经过群体讨论以后决策会更冒险。相反，如果一开始成员的观点保守，群体讨论的结果将使决策更倾向于保守。这一现象被称为群体极化。

为什么会出现群体极化现象？有两种常见的解释。

第一种解释强调社会比较和自我展示过程。个体会关注自己的观点与其他成员的观点相比较的结果。在讨论中，个体可能发现别人和自己持有相似的观点，有时候他人的观点甚至比自己的更强烈（更极端）。在群体讨论中，个体被激发起想胜人一筹的表现。这种想要被赞赏、被看作自信或勇敢的愿望，促使个体将自己的观点转向比其他成员更极端。

第二种解释是，个体从群体讨论中获得新信息及和其他人争论的过程，会加速个体向极端化转移。赞成某种看法的观点越多，越有说服力，成员就越有可能采取这种看法。如果大多数成员一开始持有同一个观点，而且讨论了很多支持这个观点的理由，个体就会听到很多赞同他们自身观点而不是反对它的理由。另外，个体在和他人讨论的过程中，要不断试图用自己的观点和论据说服他人，这个过程会使个体更坚信自己持有的观点是正确的，从而导致一个更极端的观点。

（三）影响群体决策质量的因素

在决策时群体和个体相比，有集思广益的好处。但有时候，群体也不能充分考虑备选方案，从而做出糟糕的决策。这种现象被称为群体思维偏差，主要特征有：

（1）成员认为决策所在的群体无懈可击并过分乐观。

（2）群体不容成员表达怀疑就做出决策。

（3）虽然有很多未能充分表达的相反意见存在，但有全数通过决策的错觉。

群体思维偏差在凝聚力高的群体中更有可能发生，这些群体通常把自身与外界观点隔离，并且有非常强势、充满激情的领导者。这些领导者会对某个问题提出自己的方案，成员可能害怕被拒绝，也可能担心提出反对意见会打击群体的士气。

如何应对群体思维偏差，以及如何提高群体决策的效率呢？常见的方法有：

（1）领导者应该鼓励群体成员对方案提出反对意见。为了达到这一点，领导者必须愿意接受对自己观点的批评。

（2）在讨论开始时，领导者应当尽量保持中立，在所有成员发表了自己的观点以后再陈述自己的立场。

（3）群体应该进行分组单独讨论，然后再交流每组讨论的结果，解决意见分歧。

（4）有时候应该要求外部专家参与群体讨论，并鼓励专家挑战群体的观点。

（5）每次会议上，应该至少有一个人"扮黑脸"，挑战群体的意见。

应该说，决策最终的成效，不仅和决策方案的产生有关，也和决策的实施效果有关。有时候，群体决策方案的结果可能因为运气不佳、不可预见的环境和偶然因素而功败垂成。但不管怎么说，认识到群体思维偏差可以提醒人们避免群体决策过程中的一些潜在的问题。

第五节　群体冲突与和谐

本节主要关注群体之间的关系，群体冲突与和谐是指群体和群体之间的冲突与和谐。

一、刻板印象

刻板印象是伴随社会范畴化的过程而必然出现的一种现象。当人们需要去理解某一情境或事件时，会在头脑中调动相关的范畴化规则和经验，并根据它们去理解。刻板印象的好处是节省了人们的认知努力。另外，人们往往把更多的积极特征和更少的消极特征与内群体联系在一起，对待外群体则相反。这样，人们从内群体的成员资格上能获得更大的价值和情感意义。

刻板印象会造成群体间的偏见。刻板印象往往是作为一种试探性的假设先行存在的，但是有趣的是，人们偏爱证实自己的假设，而不是推翻它。所以，当我们的规则和经验与获得的信息一致时，我们倾向于强化这些范畴化的规则和经验。而当两者不一致时，我们倾向于忽略不一致的信息，通过选择性地思考信息，甚至扭曲信息来迫使这些不一致的信息符合我们已经形成的范畴化的规则和经验。例如在面试中，面试官如果已经根据某个刻板印象认为应聘者不符合要求，通常会不断寻求信息来求证这个假设，而忽视说明应聘者有能力的信息。

另外，刻板化不是一个单一的过程，使用刻板效应的人和被刻板化了的人之间有相互影响的作用。因此在刻板印象中，通常会出现一种被称为"自我实现预言"的现象，即用某种刻板印象去对待外群体成员，并因此引起外群体成员的不满和反抗，从而造成刻板印象的加强。例如，在同一个组织中，一个群体（往往地位更高）可能认为另一个群体在工作中有机会就会偷懒，对工作不会有责任感。当他们采用严密的监督来管理另一个群体时，有可能引起的反应是不满和反抗。另一个群体会怠工、缺勤、离职，甚至有破坏行为，这加重了前一个群体的刻板印象：他们的确是懒惰的，是靠不住的，需要更严格的监督。这种刻板印象可能陷入一个恶性循环，导致群体间的冲突和对抗。

二、群体冲突

群体冲突产生的原因很大程度上和群体利益有关系。群体间相互依赖的性质很关键。群体间的消极依赖会导致一个群体对另一个群体产生负面情绪、敌意行为和争斗。零和博弈的情境让群体处于消极依赖的状态，容易引发群体冲突。

另一种早期对群体间敌意的解释是挫折-攻击理论。这个理论的表述很直接，即一个群体对另一个群体的敌意看法，是因为一个群体受到了某种挫折，或者是遇到了"令人厌恶的事件"，从而将愤怒和不快倾泻在另一个群体上，尤其是那些之前和内群体有相关冲突或者不被内群体喜爱的外群体。需要注意的是，通常攻击不是直接指向挫折的真正源泉，而是"转移"到某些替代对象。

后来出现的相对剥夺理论主要被用来解释群体间的冲突。相对剥夺理论认为，人们的不满并不必然是因为绝对的饥饿或贫穷，而是因为感受到当前状态比应当的状态更糟。具体来说，当人们感受到他们当前享受的生活水准和他们认为应该享受的生活水准之间不一致时，人们就开始变得不满和具有反抗精神。

应用相对剥夺理论的研究发现，往往是"优势"群体成员感受到相对剥夺，这与他们的期望更高有关。一项针对回国后外派人员的研究发现，回国后的外派人员和没有国际外派经验的同事比较后，如果感到在晋升、地位和收入方面并没有优势，则会降低对组织的认同感。

相对剥夺理论的核心在于人们比较的对象是"相似的他人"，但是到底哪些群体是"相似的他人"，并不是非常清晰。具体哪些群体被用作比较的对象，很可能和具体的情境线索有关。

三、群体和谐

减少群体之间的偏见有利于群体和谐，可以采取以下四种常见的策略。

第一种策略是引入共同目标。共同目标是指两个群体都追求，但是仅凭一个群体的努力不能实现的目标。更进一步的研究表明，共同目标的合作结果会影响群体之间的态度。如果群体之间合作是成功的，那么群体对外群体持有更积极的判断。但是在合作任务中失败的群体，会因为把失败归咎于外群体，从而对外群体的看法更消极。

第二种策略是鼓励群体间的相互接触。早期的学者们主张，不同群体的成员以不同方式进行相互接触可以减少群体间的焦虑，增加群体间的信任和同理心，进而减少偏见。但是，这种接触是有条件的，应具备以下三个方面。

（1）群体间接触是长时间的，并涉及某些合作性的活动。

（2）应当有制度性的框架支持相互融合。

（3）理想情况下，接触最好在同等社会地位的人之间展开，否则可能强化优势群体的偏见和对劣势群体的贬低。

但是需要注意，接触并不一定保证不同群体的成员发现他们的相似性，尤其是不同群体之间的客观利益存在冲突时。另外，当不同群体之间的价值观和态度非常不同时，接触可能突出这些差异，导致更少的群体间吸引。

第三种策略是交叉群体资格。让人们属于不同的群体，而这些群体类别之间存在交叉也是一种减少群体间偏见的途径。例如，当组织采用矩阵式结构时，一些成员可能既属于某个部门，又属于某一个项目，这样部门之间的偏见可能会减少。研究发现，这种交叉群体资格的效果取决于不同的群体范畴对于成员的意义。假如不同的群体范畴对于成员的意义都很重要，更有可能减少群体之间的偏见。

第四种策略是改变群体认同的显著性。群体之间的不一致和冲突是始终存在的，因此管理的焦点应该是根据需要改变不同群体认同的显著性，而不是试图消除这种不一致。我们可以从这一视角来理解组织为什么进行结构调整。例如，当按照地区来划分组织造成地区之间的冲突水平升高时，组织会通过重新调整组织结构来改变群体认同的显著性——以流程或顾客群作为主要原则来划分组织。这时新的组织结构唤起的是对同一流程或同一顾客群的认同，从而把人们对地区这一范畴的注意力转移开。当新的划分方式运行起来后，新的范畴感被逐渐唤起和加强，直到不一致和冲突积累到一定水平时，组织又需要对结构进行重新划分。

不同群体之间达到和谐，需要有超越各自群体身份认同的理念来引导，这种理念让每个群体既感到各自的身份认同得到了尊重和认可，又感到加入这种理念代表的更大群体有价值。在组织内部，需要通过组织文化来实现这一点，组织文化能把来自不同职业、年龄、性别、教育背景等的群体整合成一体。还有很多的群体间矛盾和利益冲突相关，为了促进群体和谐，除了以理念引导为基础，还需要建立和完善能够协调群体利益的领导机制，以及群体间的谈判和协商机制。例如，由于劳资双方各自的利益不易调和，需要建立和完善劳资双方的谈判和协商制度，以及第三方调解机制。

思考题

1. 影片《十二公民》描述在一所政法大学内，学习英美法课程的学生组成模拟法庭，审理一桩青年弑父案的故事。12位学生家长组成的陪审团中，已经有11位陪审员裁定疑犯有罪，只有一位觉得事态可疑，坚持己见提出异议。全片大部分场景在一个房间内，但凭精彩的对白和表演，深深地吸引观众。请观看这部影片，并结合本章的知识，分析"少数如何挑战多数"。
2. 社会身份认同和角色认同两个概念之间的区别是什么？它们各自适合用来解释哪些现象？
3. 群体的哪种行为给你留下的印象最为深刻？为什么？你认为除了书中对这种行为给出的解释，还有可能存在别的解释吗？
4. 试着回忆或了解一个组织。在这个组织中，哪些群体之间存在着较明显的对立和紧张关系？你会设计哪些具体的方法来有效管理这种对立和紧张？

思 考 题

即测即评

第四章 团　　队

团队是指有特定目标且高度组织化的群体。团队的主要特征是群体共同目标的形成和群体的高度协调。作为一种高度组织化的群体，团队具有千年悠久的思想基础和实践经验积累，但是团队的现代管理体系的形成不足百年。

第一节　团队概述

一、团队与一般群体的比较

团队在一些重要特征方面区别于一般群体。卡岑巴赫认为，团队区别于一般群体的最关键特征是：团队的工作需要团队成员彼此相互依存，团队成员承诺共同的工作目标并互相承担责任。团队的成员具有明显的团队文化特征和成员身份，对团队有高度的认同。团队通常镶嵌在组织中，团队作为工作的基本单元，具有团队边界，团队在内部形成解决问题和沟通协调的机制，对外形成团队间的资源共享和合作。团队的任务与组织的目标具有一致性。表4-1总结了团队和一般群体的主要差别。

表4-1　团队与一般群体的比较

一般群体	团队
目标是不明确或个人化的	成员具有共同的目标
责任分散或者没有责任	团队有共同责任，成员为共同责任负责
任务不明确，与组织目标没有必然联系	团队任务是组织目标的一部分
没有明显的共同体特征，边界不清	明显的文化特征和成员身份，较明显的边界特征
人们封闭个人的感受，回避或激化矛盾	每个人都能公开表达自己的感受
人们缺少足够的信任，各自为政	人们相互信任、相互支持
缺少合作和团队的训练	日常化的团队训练
个人化领导	面向团队整体的领导
个人权威	分享式领导
技术的随机性	技术的互补性

一般的工作群体通常由两个或两个以上的个体组成，他们相互作用、相互依赖，在一起工作。但他们是否要从事需要相互协调、共同努力的工作，他们是否具有共同的目标、共同的使命感，却常常是个问题。群体的责任个体化，而团队的责任是共同的；群体的技能是随机组成的，而团队的技能组成则是相互补充的。团队与工作群体的区别还在于团队成员与群体成员素质的差别。团队成员要接受一定的训练，掌握团队多种工作技能，以便在工作中能相互支援。他们也要具备解决问题和做决定的技能，能够确定问题，产生不同的解决问题的方法，并做出有效的选择。团队成员要具备倾听、反馈、冲突处理及人际交往技能。团队的领导突破了群体的个人化领导方式，群体领导以群体成员的个人控制为主，团队领导是以团队整体的目标和团队协调为目的，团队领导在很多情况下是团队成员的分享式领导。

我国组织中的团队建设以马克思主义原理和中华优秀传统文化为基础，同时吸收了西方的团队管理经验，既保留了中华优秀传统文化的深层价值，又引入了西方管理的先进方法，形成了一种既符合中国国情又具有国际视野的团队建设模式。一方面，中华优秀传统文化中提倡的仁者爱人、以和为贵的思想有助于构建团队成员之间的和谐关系、减少冲突；重视奉献和自省的集体主义文化有助于团队目标的实现；实事求是、自强不息的精神则成为许多管理者构建团队文化的核心内容，有助于打造具有高绩效和战斗力的团队。此外，马克思主义原理强调公平和公正，以及为了共同的目标而集体行动的重要性，这些原则在企业团队建设中促进了成员间的平等和目标一致性。另一方面，中国企业积极吸收西方企业的团队管理经验，如领导力发展、创新驱动和绩效导向等。这些管理经验帮助团队建立更为明确的目标，鼓励创新思维和个人能力的发展。这种模式在促进企业内部团队协同、提升团队效能的同时，也使得中国企业在国际市场更具竞争力和适应性。

二、团队的作用

德姆塞茨等人提出了"团队生产"（team production）的概念。他们认为，团队生产是指通过团队成员之间的合作来获取收益。团队之间的市场竞争能促进团队生产，提升团队各自的贡献和报酬，有利于构建分权组织。

以团队为基础的工作方式取得了比任何人所预言的都要显著的效果。事实证明，如果某种工作任务的完成需要多种技能和经验，那么团队通常比个人的效果更好。团队是组织提高运行效率的可行方式，有助于组织更好地利用员工的才能。团队的作用已为近几十年的实践所证明，公认的团队作用表现在如下几个方面。

（一）激励员工动机

工作团队能创造一个好的社会环境，使成员能更好地投入工作。团队的气氛给那些敷衍塞责的人施加社会压力，迫使他们为团队的荣誉而努力工作。根据社会性促进现象的研究，个体在他人面前较独处时会表现得更好。

（二）提高生产率

团队的组织形式促进了工作协同，减少了内耗和不协同作业造成的延搁，产生了比个体简单总和高得多的生产率。

（三）增强员工满意感

人们要寻求归属感，团队使人们有更多的机会相互交往，团队创造的团队气氛使成员在交往中有一种志同道合的感受。成员在团队气氛中能够相互帮助，共同应对工作和生活压力，从而更加热爱在所属的团队中从事的工作。

（四）促进对共同目标的承诺

团队鼓励成员把个人目标融入和升华为集体的目标，通过相互理解承诺和达到团队的共同目标。团队的社会压力也促使成员承诺他们的共同目标。

（五）增进团队沟通

团队的工作形式使其成员在工作中要相互配合才能更好地完成工作，也使得他们在工作中有更多的沟通。自主性团队让成员承担更多的责任，跨功能性团队使各有所长的成员一起工作，从而加强了成员间的沟通和依赖程度。

（六）促使员工多才多艺

采用团队工作形式需要对成员进行工作扩大化的训练，使成员在工作中能互相支援并参与组织决策。工作扩大化的训练培养了成员的技术能力、决策和人际技能。

（七）增强组织灵活性

团队给予成员的工作训练、成员的强烈动机和团队的文化氛围使组织能更好地应对外部环境的压力和变化，从而提高组织的生存能力。成员的多技能化使团队在必要时能快速地调整工作形式，团队文化使成员自觉地接受组织的变革和重组。

三、团队的规模和结构

(一) 团队规模

团队规模要保证成员间的有效沟通，成员过多就很难保证成员都有充分的时间和精力进行交流，也很难在讨论问题时达成一致。一般来说，如果成员很多，会出现"搭便车"（社会惰化）现象，难以形成凝聚力、忠诚感和相互信任感，而这些却是高效团队所不可缺少的。所以，管理者要塑造富有成效的团队，就应该把小的、最基本的团队规模控制在12个人以内。一个大的自然工作单位，为了达到团队的效果，管理者可以考虑把工作群体分化成几个小的工作团队。当然，几个小的工作团队可以组成一个大的协作团队。

福特公司在20世纪80年代初期就以团队为基本的组织机制来推行全面质量管理。在设计解决质量问题的团队时，福特公司的管理层确定了五个团队管理的要点。

(1) 团队应该尽量小，以便提高其运作效率和效果。

(2) 在团队成员必备的技能方面，进行适当的培训。

(3) 给予团队足够的时间去解决打算解决的问题。

(4) 给予团队解决问题和采取正确行动的权力。

(5) 给每个团队指定一个"冠军"，让他帮助团队解决工作中可能出现的问题。

(二) 团队技能组合

团队需要三种不同技能类型的人：第一，需要具有技术专长的成员。第二，需要具有发现问题、解决问题和决策技能的成员。第三，需要若干善于聆听、反馈、解决冲突及具备其他人际关系技能的成员。如果一个团队不具备以上三类成员，就不可能充分发挥其绩效潜能。对具备不同技能的人进行合理搭配是极其重要的。一种类型的人过多，另两种类型的人自然就少，团队绩效就会降低。但团队形成之初，并不需要以上三类成员全部具备。在必要时，可以让一个或多个成员去学习团队所缺乏的某种技能，从而使团队充分发挥潜能。

(三) 团队多样性

团队多样性指的是团队成员在某一共同特征上存在差异。这些个体特征既可以是表层（显性）的特征，也可以是深层（隐性）的特征。表层多样性是指容易观察到的一些人口统计特征的组合，比如年龄、肤色、性别、职业背景、教育背景、任职时间等。而深层多样性是指人们在信仰、态度、规范和价值观等特征方面的组成分布，这些特征往往难以观察到，需要通过交流等互动行为进行了解。

团队多样性可能对团队产生双刃剑效应。一方面，从信息资源的角度来看，成员在专长、职能背景和经历等属性上的多样化意味着成员拥有独特的信息、经验、看法和观点，会为团队带来不同的决策信息，能够拓展团队视野并促进团队知识的整合，从而带来更高的团队创造性、更高的决策质量以及更高的团队灵活性。中华优秀传统文化主张多样化的人才策略，"一人计短，两人计长""三个臭皮匠顶个诸葛亮"等谚语体现的就是多样性的好处。另一方面，从社会冲突的角度来看，多样化的团队成员倾向于将具有相似属性的成员视为"内群体"，形成内群体偏好，而对与其差异大的成员产生排斥甚至敌对的行为。这类现象常见于团队成员在信念、价值观或态度上存在对立或者不一致的情况，或者在年龄、任职时间和教育背景等特征维度差异较大时存在。例如，当团队内年轻成员支持改革方案，而年长成员由于保守而反对改革时，就会形成基于不同年龄的小派别（子群体）。团队多样性可能会增加人际冲突，降低成员之间的沟通意愿，对团队合作和目标的完成产生阻碍。

团队可以从不同角度出发对团队多样性进行管理。第一，当某种类型的多样性会对团队效能产生积极影响时，可以采取具有针对性的选拔策略招聘多样化的员工，以此改变团队现有的多样性水平。第二，可以通过培训的方式，缓解管理人员或员工对可能存在的基于多样性产生的偏见和冲突，建立开放包容的团队氛围，从而改善员工队伍中的群体间关系。第三，可以从工作设计的角度，更多采用以合作方式完成目标的工作形式（比如以团队绩效而非个人绩效为考评对象），以激励团队成员摒弃差异，朝着共同的目标努力。

四、团队形成的阶段

从团队创建和发展的历程来看，如图 4-1 所示，团队会经历成立、震荡、规范化、高绩效四个阶段。

（一）成立阶段

在团队的成立或者创建阶段要完成团队方案的制定和其他准备工作，一般要花费几个月的时间。在这个阶段，首先要考虑团队的定位问题，形成团队的

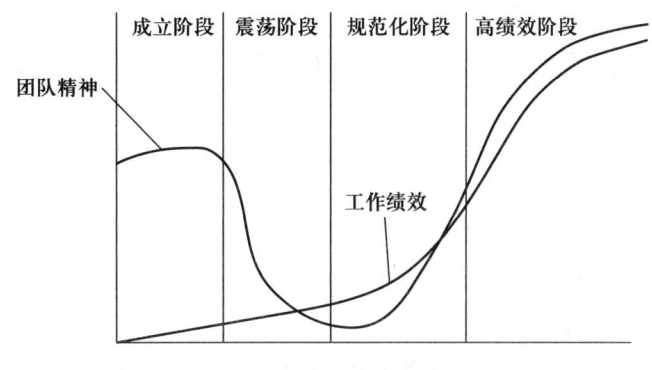

图 4-1　团队建设的四个阶段

内部结构框架,这就需要明确以下问题:是否需要组建团队?要创建什么样的团队?团队的主要任务是什么?团队中应该包括什么样的成员?如何进行团队的角色分配?团队的规模控制在多大?对这些问题,创建者必须有一个明确的规划。

其次要建立起团队与外界的初步联系,这包括:建立起团队与组织的联系;确立团队的权限;建立与团队运作相适应的制度体系,如人事制度、考评制度、奖惩制度等;建立团队与组织外部的联系与协调的关系,如建立与企业顾客、企业协作者的联系,努力与社会制度和文化相协调等。这一阶段结束时,团队的每个成员都应该清楚本团队能够达到的目标。

团队的成立必须得到上层领导的支持。在团队初创时,需要在整个组织内部挑选成员,这就涉及组织内部的协调和沟通问题,一定要明确本团队直接向谁负责,谁是团队的最终裁定者,并争取得到其支持。当团队最初形成时,团队成员之间并不熟悉,需要进行团队的拓展训练,使团队的成员增进了解,明确团队互动的规则。随着时间的推移和彼此之间了解的深入,团队成员之间增加了认识,大家都意识到一种相互依赖的关系,即意识到"团队"和"团队性"的存在。

(二)震荡阶段

团队成员在熟悉之后会逐渐表现出自己的感受,也会表达不满和拒绝,从而给团队工作带来冲突。如果冲突不能够及时解决或者冲突进一步扩散和升级,那么即使是小的矛盾或冲突,也可能酿成整个团队的震荡。

震荡阶段的团队可能有以下表现:团队成员的期望与现实产生脱节,出现不满情绪;有挫折感和焦虑感,对团队目标能否达到失去信心;团队中人际关系紧张,冲突加剧;对领导者不满,当出现问题时,个别成员甚至会挑战领导者；组织的生产力持续遭受打击。

在震荡阶段，团队管理者首先要安抚人心，这是该阶段最重要的措施。管理者要认识并能够处理冲突，平衡关系。其次，管理者可以鼓励团队成员对有争议的问题发表自己的看法，在团队成员间进行积极有效的沟通。再次，要建立团队的工作规范，管理者要以身作则。最后，管理者要适时调整角色，适度对团队授权，鼓励团队成员参与决策，提高成员的自主性和积极性。

（三）规范化阶段

经过一段时间的震荡，团队逐渐走向稳定和成熟。在这个阶段，团队成员产生了强烈的团队认同感和归属感，团队表现出一定的凝聚力。团队成员的人际关系由分散、矛盾逐步走向凝聚、合作，彼此之间表现出理解、关心和友爱，并再次把注意力转移到工作任务和团队目标上，关心彼此的合作和团队的发展，并开始建立工作规范和流程，团队的工作特色逐渐形成，成员们的工作技能也有所提高。

这一阶段是团队文化建设最有利的时期。团队管理者可进一步培养成员互助合作、敬业奉献的精神，增强对团队的归属感和凝聚力，促进团队共同价值观的形成，并鼓励团队成员为共同承诺的团队目标尽责。这一阶段团队面临的最大问题是团队成员害怕遇到更多冲突而不愿正面提出自己的建议。这时就应提高团队成员的责任心和建立成员之间的信任感，营造自由平等的氛围。

（四）高绩效阶段

团队在高绩效阶段的表现如下：团队成员具有一定的决策权，自由分享组织的信息；团队成员有信心，具备多种技巧，能协力解决各种问题；团队内部采用民主的、全通道的方式进行平等沟通，化解冲突，分配资源；团队成员有着成就事业的高峰体验，有完成任务的使命感和荣誉感。

在此阶段，团队管理者应考虑以下工作：思考和推动变革，更新业务流程与工作方法；提出更具挑战性的团队目标，鼓励和推动员工不断成长；监控工作的进展，通过承诺而非管理达到更佳效果；肯定团队的整体成就，承认团队成员的个人贡献。

随着工作任务的完成，很多团队都会进入调整和结束阶段。对团队而言，可能有以下几种结局：为完成某项特定任务而组建的任务型团队会伴随着任务的完成而解散。在这一阶段，团队成员的反应差异很大：有的很乐观，沉浸于团队的成就中；有的则很伤感，为在团队中建立的合作关系不能再继续而惋惜。另一些团队，如大公司的执行委员会在完成阶段性工作任务之后，会开始休整而准备进入下一个工作周期，其间可能会有团队成员的更替，即可能有新成员加入，或有原成员退出。表现不尽如人意的团队，可能会被勒令整顿，整顿的一个重要内容就是优化团队规范。

第二节 团队的类型

一、根据任务类型划分的团队

根据组织常见的任务类型可以将团队分为生产团队、服务团队、项目团队和管理团队。这些任务团队位于组织价值链和组织层次的不同位置，既要完成各自的职能和目标，也要与其他类型的任务团队协同，共同完成组织的总体目标。

（一）生产团队

其主要特征是生产有形产品的员工组成相互协作和共同工作的小组，例如流水作业线上的员工团队。企业的质量小组是生产团队，团队成员共同为产品的数量和质量负责，他们以团队的组织形式分析和解决质量问题。

（二）服务团队

其主要特征是团队成员与顾客进行重复的交流互动，借助特定的产品为服务质量和员工满意度负责。例如，餐饮服务团队通过给予员工一定的自主权，激励员工通过热情、周到和贴心的服务，发挥主观能动性，提供超出顾客预期的服务，进而提升顾客的用餐体验和满意度。

（三）项目团队

其主要特征是团队成员为完成具体任务组合到一起，项目任务完成后，团队可以解散，也可以继续完成后续的项目任务。需要多方协调的研究和技术开发项目，具有明确目标和时间要求的工程项目等都适合采用项目团队的形式。

（四）管理团队

其主要特征是由担负管理任务的人员组成，可以是高层管理团队，也可以是中层和基层管理团队。高层管理团队的成员是来自组织最高层的经理，属于组织的战略制定与执行层，负责整个组织的管理与协调，对组织经营管理拥有很大的决策权与控制权。中层管理团队由部门的经理人员组成，负责部门的任务计划和管理，服从高层管理团队的领导。基层管理团队由业务紧密相关的主管组成，接受部门管理团队的领导，负责具体事务的组织和执行。

二、嵌入组织的团队类型

组织是聚焦资源要素并以一定方式对要素进行运营的系统。组织的要素包括物质资源，例如原材料、动力、工具、厂房等可见的物质投入，也包括人力资源、管理、技术、信息、文化建设等有形和无形的投入。组织按照工作专门化、部门化、命令链、控制跨度、集权与分权、正规化等组织设计原理配置组织资源。

团队是现代最重要的组织结构和组织管理模式。团队与组织的结合有两种主要形式：嵌入职能组织结构的团队和嵌入流程组织结构的团队。如图 4-2 所示，嵌入职能组织结构的团队分为三个层次：处于战略层的高管团队、处于战术层的职能管理团队和处于操作层的任务团队。

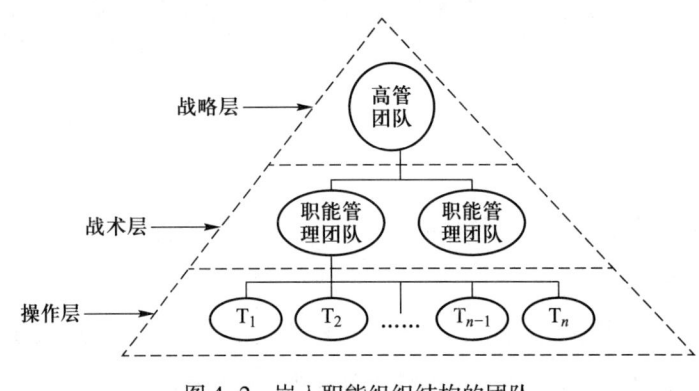

图 4-2　嵌入职能组织结构的团队

高管团队由负责组织战略和管理决策的高层管理者组成，通常包括总经理、财务总监、人力资源总监、生产运营总监、市场运营总监等人。高管团队的主要职能是保证组织战略的制定、传递和落实。

职能管理团队由各职能部门的主要负责人组成。例如，建筑公司的高管团队负责与地产商建立战略联盟，承建项目后通过项目经理承包制，把获取的工程承建项目交由不同的项目管理团队执行。

嵌入流程组织结构的团队服从流程管理的基本原理，团队的组织和运作面向客户服务，贯穿流程的价值链。流程组织结构是对传统职能组织结构的改进，传统职能组织建立在分工理论的基础上，追求分工精细，强调专业化，使组织的整体协调和过程监控日益复杂，管理环节多，管理成本高，整个组织效率低。按照流程来组织运营过程是以最终端的客户和流程绩效为管理目标，流程型组织的内部克服了职能模块间的隔离，使得各价值链之间互相协作。强调团队共同目标和协作的团队组织形式与流程组织的设计原理相符合，可以实现流程组织的整体目标和组织的横向一体化。

嵌入流程组织结构的团队类型包括顶层战略管理团队、特定业务团队，以及包括职能服务中心和信息技术平台等的服务团队。业务流程紧凑、集成程度高的流程可以由一个业务团队来完成，业务的复杂程度高和业务流程长的流程可以由几个业务团队来完成。在几个业务团队来完成一个流程的情况下，业务团队间的业务衔接实行嵌套，也可以设置流程负责人或负责团队来管理和协调业务团队。流程组织中的服务团队一般采取"大部"形式，结合各方面的专家，为业务团队和管理团队提供专业服务。由以职能为中心的部门转变为以流程为中心的服务中心后，职能工作在很大程度上从审查、监督、控制转变为指导、帮助和支持核心业务团队，发挥整合的服务功能。

三、多团队系统

当组织面临的工作任务愈发复杂，单个团队的力量不足以实现组织的目标时，组织可以采用多团队系统的方式，通过集合多个团队协同完成更高级别的目标。多团队系统是指由两个及两个以上团队组成的、为完成一系列目标而相互协作的系统，即由团队构成的团队。

多团队系统的主要优势在于能够根据工作环境的要求做出高度响应和资源配置，这在中国的实践中得到了充分体现。例如，针对突发事件的应急管理需要多个部门之间的合作和协调，包括指挥、运作、计划、后勤、财务与管理。医院对重症伤员的救治，涉及紧急医疗团队、急诊室团队、手术室团队和康复团队等多个团队的参与。在航天领域，中国的探月工程则是地面研发团队、航天器设计团队、发射团队以及数据分析团队等多团队协作的杰出例证。再如，京沪高铁项目就集合了规划设计、工程施工、技术研发等多个专业团队的全链条合作。这种跨领域的多团队协作推动了中国高铁网络的迅速扩展，使其成为全球最先进的高速铁路网之一。

多团队系统的成功不是单个团队努力的总和，很大程度上取决于团队内和团队间的协作过程。与小型独立团队不同，多团队系统规模庞大，成员技能构成多样，使得所有团队成员之间直接、实时的沟通尤为困难。此外，由于与系统内部团队之间的相互依赖性,任何一个团队的失败都可能导致整个多团队系统的失败。

提高多团队系统的绩效需要加强团队间和团队内协作水平,尤其是团队间协作水平起决定性作用。多团队系统的协作可以分为横向协作和纵向协作。横向协作是指同一层级的团队间的协作,纵向协作是指在范围和权限不同的团队间的协作(比如指挥团队与执行团队)。对任何一方协作的过度投入都可能导致整个系统的低效,因而横向协作与纵向协作之间需要维持有效的平衡。与协作紧密相关的是多团队系统的领导和决策方式。例如,应急管理系统常由指挥部门发出指令协调各个团队的工作,此类结构能够极大提升多团队系统执行目标的效率,但缺乏跨部门之间协作的灵活度。

除团队间协作之外,多团队系统也强调目标结构的重要作用。多团队系统的构成团队通过完成各自的团队目标以实现系统目标,明确的目标优先级有利于促进团队间的资源配置、信息分享和形成共享的心智模型。因而多团队系统需要建立合理的多层次性和多阶段性目标层级。

四、数字技术驱动下的团队新形式

数字技术的快速发展正在深刻改变人们的社交和工作方式。随着经济全球化的不断深入及人工智能和信息通信技术的不断发展,在越来越多的企业和组织中,数字技术驱动下的各类新兴团队逐渐成为驱动高效率创新的主力军。现实组织管理的实践中受到广泛关注的有三类团队:虚拟团队、人机组队团队和跨边界团队。

(一)虚拟团队

近年来远程办公和灵活办公的工作场景越发常见,虚拟团队逐渐成为司空见惯的团队形式。虚拟团队是指在跨越不同边界(比如地理边界、组织边界、时间边界)的同时以技术为中介进行沟通协作的工作团队。以时间边界为例,对于一个成员分布在不同的时区位置的"全球虚拟团队"来说,团队通过电子邮件、群体决策支持系统和在线协作工具等异步通信媒介进行协作,成员无须进行面对面的交流,大部分工作借助数字通信技术实现。虚拟团队打破了传统工作团队的时空限制,利用技术媒介构建出虚拟的共享工作空间,增强了组织的灵活性和竞争性。当然,虚拟团队也面临着人际信任、工作流程的协调,以及领导管理等挑战。

（二）人机组队团队

随着大数据技术和以深度学习为代表的机器智能的普及，人工智能被越来越多地应用于不同行业和领域，比如医疗诊断、交通系统、军事作战、智能制造和供应链决策等。在人机组队团队中，人和机器相互协调，作为一个集成单元执行复杂任务。人机组队团队强调人与人工智能队友之间紧密协作，并具有共同的目标。人工智能在大数据收集、处理和算法优化等方面具有明显优势，人机协同工作可以降低工作差错，提高决策质量和工作效率，实现混合增强智能的效果。人机协作已朝全方位、多类型和体系化的方向飞速发展，成为不可逆转的趋势。从管理实践的角度出发，如何在人机协同中优化工作设计和任务分配，提高人对机器的信任，在发挥人的独特性优势的前提下提升人的协作体验等，成为近期学术界和实践界密切关注的话题。

（三）跨边界团队

传统的工作团队强调明确的团队结构、稳定的成员构成和清晰的团队边界，但组织中仍有大量工作发生在正式团队之外。例如，一个组织可通过众包的方式，招募外部技术专家，为组织创新提供解决方案。当组织面临需要不同领域的人才解决的复杂且新颖的问题时，常常使用跨边界组队的方式进行团队配置。在跨边界团队中，成员构成是流动的、受雇于不同的组织，可能同时为多个团队服务。这类团队常见于流动性很强或临时的团队安排中，例如外科手术团队、应急管理团队等。相较于传统团队，跨边界团队更加强调团队协作的过程。人们跨越专业知识、职能、组织，有时还跨越行业，组建团队进行合作。随着诸如钉钉、飞书等在线协作平台应用的迅速发展，团队边界跨越变得更加快速、容易，越来越多的人同时在多个团队、项目、部门或组织中工作，因此了解跨部门、跨组织和行业边界的团队协作的流程和实践非常重要。

第三节 团队过程管理

一、团队运行

（一）团队目标的设定

罗宾斯认为，团队是为了实现某一目标而由相互协作的个体组成的正式群体。该观点突出了目标性、群体性和协作性等特征。一个高效的工作团队必须具有清晰的目标（清楚地了解共同目标、个体目标与群体目标的融合）、相关的技能、相互的信任、对团队的认同及忠诚与承诺、良好的沟通、恰当的领导、内部支持和外部环境与资源支持。

个体层次的目标已经不能很好地解释组织绩效，团队或更高层次的目标对组织绩效具有更好的解释作用。团队目标取向的形成过程包括团队成员对情境因素（包括事件）的感知和加工，形成对团队特定氛围（目标偏好）的知觉，通过调节过程（注意力分配、目标调整和定位），最终达成共同知觉。团队成员之间的交互作用也是团队目标取向形成过程中不可忽视的重要环节。

除了成员之间的相互影响，团队领导和管理策略也是团队目标取向形成的关键决定因素。在关于团队状态目标取向产生的多层模型中，领导风格（如成就模式）被视为团队氛围营造不可或缺的驱动性因素，而早期的目标取向研究也认为领导和氛围知觉是目标取向的前因变量（见图4-3）。

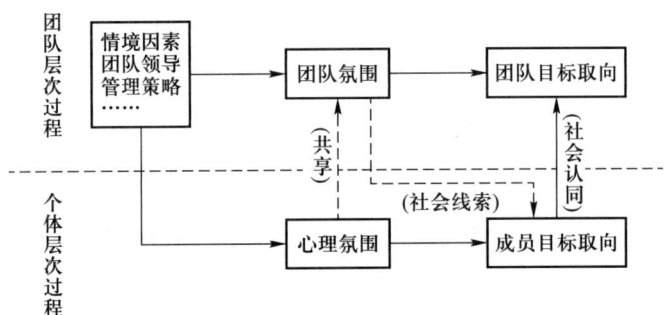

图4-3 团队目标取向形成的过程

团队目标取向最重要的情境影响因素是团队领导行为及团队氛围知觉。团队领导风格（如领导的成就取向、领导成员交换关系等）和相应的管理策略保证了情境因素对团队氛围的影响作用，团队氛围作为社会认同的内在驱动力，使团队内成员的个人目标取向在团队层面交汇，形成团队共同的目标取向。团队氛围还为团队成员个人目标取向的修正提供社会参照和提示，保持与团队氛围的一致可以有效满足个体维持与环境和谐关系的内在需要。

（二）团队成员的选拔

团队成员的选拔要考虑团队成员的价值体系，团队成员的价值体系与团队的价值体系要有一致性，因为价值观直接决定思维方式。团队的类型与团队所处的阶段也是团队选拔成员要考虑的因素。例如，处于创业期的营销团队任务重，一般采取闪电营销策略，这个阶段不要求团队成员具备太多的系统知识，但必须有足够的冲劲与热情。处于成长期的组织要求团队成员有很强的上进心，需要有不断学习新知识的能力，此时应该选择那些不过分注重现实收益，愿意改变自己，希望能够伴随组织共同成长的人员。处于成熟期的组织已经解决了生存和成长的问题，需要的是稳步发展，这个时期就要求营销团队的平均年龄稍大一些，从业经验要比较丰富，内部沟通和协调能力要比较强，这样才能更好地适应成熟期的组织。

团队成员的选拔也要考虑成员的个性与团队工作性质的配合。如果营销团队主要通过直接销售的模式实现产品销售，如图书销售、音像制品销售等，那么就要求业务人员必须有足够的韧性，要有那种"双脚踏出亿万金"的劲头，因为这种产品的销售是通过"量大"取胜的。反之，如果营销团队销售的是系统集成产品或软件开发产品，相对来说个性沉稳、平和、思路缜密的人就比较适合，因为此类产品对客户来说决策比较困难，用时较长，需要营销人员具备相对沉稳的性格，也就是营销人员的个性要适合产品的销售模式。

（三）团队角色的配置

团队的成员在团队中扮演着不同的角色。

（1）在团队中，每个成员都具有双重角色：职能角色和团队角色。职能角色是由个体的专业知识和专业技能所决定的，是工作任务赋予个体的角色。团队角色是由个体的气质、性格所决定的，是个体与其他团队成员交互作用时表现出来的特征模式。在团队中，每个成员都以两种角色对团队目标做出贡献。

（2）根据团队角色理论，一个结构合理的团队中应当有九种团队角色，分别是协调者、创新者、塑造者、协作者、完善者、执行者、资源调查者、监督员和专家。每种团队角色都有自己独特的行为特征。这些特征不但影响团队整体的绩效，而且影响个人在团队中的绩效。

一个成功的团队必须包括这九种角色。通过担任不同团队角色的人的优势互补，才能组成有力的团队。这九种角色与团队的规模无关，在很多情况下一个团队成员要承担多种角色，或者多个成员承担一个角色。

（3）不同人有不同的角色偏好，由于个性特征和智力因素的差异，个体可能更适合某些角色，而不适合其他角色。团队成员正确认识和发展自己的团队角色的知识和能力,能促进团队的有效发展。

二、团队互动

(一) 团队沟通

团队中的沟通是组织沟通的重要组成部分,也是决定团队有效性的关键因素。它是团队内成员间实现心理"对接"和"互联"的基本通道和方式。沟通的质量影响团队绩效。当沟通的质与量提升时,互动效果得到增强,进而提高团队整体效能。对于大多数工作团队来说,对团队运行过程中的各种资源进行有效的调配管理非常重要。团队的失败并不一定是因为个体达不到任务要求,而很可能是因为团队内没能协调好成员的任务或才华。要协调好达到目标的各活动间的相互依赖关系必然需要成员间的有效沟通。沟通可以让团队成员对其他成员的信息有更为准确的理解,有效的沟通对团队学习及交互记忆系统的形成都具有积极的效果。

根据组织沟通理论,团队的沟通包括团队内部沟通和团队外部沟通。团队内部沟通是指领导和团队成员的沟通,以及内部成员之间的沟通。团队外部沟通是指团队成员与客户和其他团队之间的沟通。团队沟通的整体情况可以用团队的沟通风格来解释。从管理学角度看,沟通风格是团队成员在信息沟通活动中表现出的个性风格,体现了团队成员人际关系的基本结构与面貌,且沟通风格可以为内容赋予某种形式和色彩。

(二) 团队冲突

冲突被定义为感知到观点上的分歧或者人与人之间的不相容。常见的冲突包括任务冲突和关系冲突。任务冲突是指团队中有关任务内容方面的争议,包括在观点、想法和意见上的分歧;而关系冲突是指团队成员间存在人际关系不和,包括团队成员间存在的关系紧张、生气、厌恶等。

任务冲突对具有高不确定性以及需要大量信息处理的非常规任务起到促进作用,团队成员讨论不同的观点,加强对问题的认识,进而改进绩效。任务冲突也可以通过增加对决策的备选方案的考虑,从而减少群体思维,帮助确定和发展新的问题解决方案。任务冲突经常与团队决策质量和团队决策的情感接受程度两个正面效应联系在一起。经历了任务冲突的团队更可能做出好的决策,因为任务冲突鼓励成员对所讨论问题进行更深刻的了解。任务冲突有助于团队成员发表对问题的观点,而团队成员自由发表意见的程度,又与对团队决策的情感接受程度相关。

关系冲突对团队结果大多产生负面影响。研究发现，关系冲突通过三个途径对团队的决策质量产生负面影响。第一，关系冲突限制了团队信息处理的能力，因为团队成员把他们的时间和能量都聚集在了个人而不是团队问题上；第二，关系冲突增加了团队成员的压力和焦虑，因而抑制了他们的认知功能；第三，关系冲突促使成员对其他人行为的险恶归因，造成了团队成员间的敌意和冲突升级的倾向。

如果任务冲突多产生正面结果，而关系冲突多产生负面结果，似乎研究者仅仅鼓励去促进任务冲突而抑制关系冲突就足够了。但是，这个建议往往存在无法解决的问题。研究者发现任务冲突和关系冲突之间存在高相关关系，即通常无法把任务冲突和关系冲突区分开来。一旦团队内产生了冲突，冲突各方更加容易将任务冲突归因于关系冲突。因此，任务冲突有可能引起团队成员的负面情绪。

管理者可以通过采用不同的冲突管理策略将团队冲突控制在良性或适当的范围内。良性的冲突能够提高决策质量，激发创造力，引起成员反思。团队可以通过鼓励沟通、引进拥有不同意见和专业知识的外部人员、调整规章制度和安排特定人员扮演批评者的策略，提高团队的冲突水平。当管理者希望解决冲突，避免因冲突导致的沟通受阻、凝聚力下降等恶性结果时，可以采取强调共同目标和利益、扩大稀缺资源的供应（比如晋升机会）、鼓励双方折中妥协、重塑双方的工作和互动模式（比如员工关系培训、岗位调动）等方式进行管理。

东西方文化下的冲突管理有着截然不同的风格。受个人主义文化影响的管理者偏好采用对抗性的、以任务为导向的冲突管理风格。受集体主义文化影响的管理者更加关注维系和谐的人际关系和改善集体的利益，因而偏好采用折中和回避的冲突管理方式。

三、团队领导和决策

（一）团队领导的方式

本书介绍的关于领导的各种概念和理论，完全适用于分析团队的领导。领导是一个团队层面的概念，可以由团队成员共同实现。团队领导和团队成员共同承担领导责任是在团队层面的共享领导行为。为了达到团队的共同目的，团队成员自愿地为其他团队成员提供指导,那么共享领导可以通过增加团队承诺、综合个人和团队资源解决复杂任务、团队成员之间互相支持以及信息共享为组织带来竞争优势。领导权可以在团队领导和团队成员之间共享,当团队成员在某一方面拥有关键知识、技术和能力时,就可以在该方面进行领导,这种工作模式可以促进领导者与下属成员组成的管理团队共同承担责任,并激发下属成员的主动性。这种共享领导权的方式常见于拥有不同专长和知识、能够进行自我管理的跨职能团队中。比如医院的急诊团队需要根据病人的具体病情确定某位医生指挥急救时,医生的专长是决定领导权归属的依据,通常由具有最相关的知识专长的成员担任临时领导。

团队领导的职能理论说明了团队领导要做哪些领导工作,是真正具有团队意义的领导理论。团队领导需要监控团队的环境,在必要情况下,为团队建立以下五个方面的条件:清楚的团队行动方向;有效的团队结构;支持性的环境;获得专家辅导;足够的物质资源。团队的事务可以分为内部事务和外部事务,这些事务是任务性的或社会性的。围绕团队的事务,团队领导的职能是计划、组织、监控和行动。

(二)团队决策模式

团队决策需要营造良好的参与氛围。头脑风暴法通过无限制的自由联想和讨论,可以调动团队成员参与的积极性,产生尽可能多的观点,其基本要求包括:指定专人负责记录团队每个成员的发言;给团队成员1~2分钟思考会议主题;限定每人发言的时间;不要评论他人提出的任何观点;不能用声音(如叹息、笑声)对他人提出的观点做出反应。团队决策还可以借助鱼骨图作为分析问题的工具,鱼头表示要解决的问题,用大骨表示主要原因,用小骨表示与主要原因相关的分原因(见图4-4)。

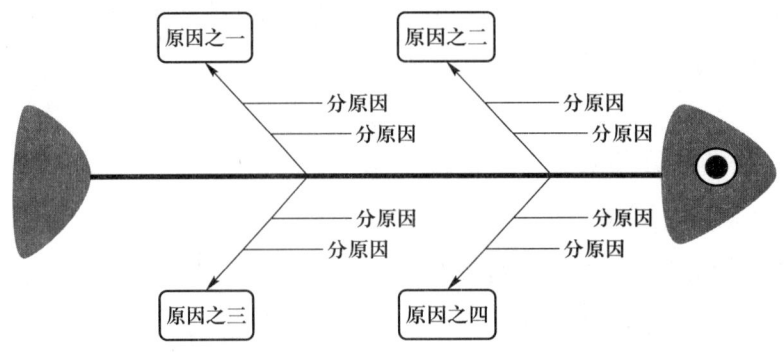

图4-4 用鱼骨图分析问题进行团队决策

鱼骨图的使用步骤是：首先，查找要解决的问题，把问题写在鱼骨的头上；其次，采用头脑风暴法分析产生问题的几个主要原因，在大骨上标出；最后，研究与主要原因相关的分原因，在小骨上标出。团队成员可以根据问题的原因，讨论解决问题的对策。在我国，鱼骨图常用于不良事件管理和安全风险测度等项目管理和生产管理。

衡量团队决策的绩效包括决策质量、决策共识和情感接受三个方面的内容。团队决策的质量可能直接影响团队绩效，是团队产出高低的基础。好的决策如果不能被实施，就等于零，因此，获得共识的决策要比没有获得共识的决策更能促进团队绩效的提升。团队要想获得成功，就需要每项决策都具有高的决策质量和共识，但是要实现上述目标，团队成员需要维持使他们能有效工作的情感关系，即彼此在情感上能相互接受。

四、团队文化

团队文化是团队成员在长期互相协作、完成任务的过程中形成的共同价值观、工作方式、行为准则的一种集合体，团队成员的态度和行为很容易直接受到团队文化的强烈影响。例如，生产研发团队的团队文化以持续创新和探索为特点，而体育运动团队的团队文化则以团结奋进为特点。对团队文化的实践会整体影响成员的行为和态度，从而影响团队绩效。统一的团队文化有利于内部沟通、协调行动、提升凝聚力及团队效能。

团队文化的核心是价值观，任何团队都是在一定的价值观或者理念的指导下形成自己的管理思想和管理方式的。然而，并不是所有的团队文化都能够促进团队绩效的提升。依据不同基础建立的团队文化对绩效会产生不同的影响。基于团队的整体利益的团队文化体现为团队成员为了共同的目标而努力奋斗，但这并不意味着完全忽略个人的利益和价值。一个高效的团队文化必定是团队目标与个人目标相一致的，只有在团队目标得到一致认可的前提下，个人才有可能为了共同的目标团结协作，最终高质量地完成任务。在团队目标为先的文化氛围中，成员间的关系和睦、融洽，成员为了共同的目标而凝聚在一起，互相尊重，彼此信任，即使有冲突，也能够求同存异，使问题得到解决。此外，由团队领导人与成员共同制定目标，共同协商解决执行过程中遇到的困难，不分等级，不分尊卑，团队成员可以毫无顾忌地表达自己的观点和看法。这种文化能够极大地鼓舞成员的积极性，激发成员的创造力，形成一个轻松的、开放式的环境。

第四节 团队效能与评价

一、团队效能

（一）团队效能的概念

团队效能不同于传统的基于个体的绩效，也不同于组织整体绩效，考虑的是团队的协同和构成组织整体绩效的团队价值创造。研究者把团队效能划分为三个维度：团队绩效、员工态度和行为结果。团队绩效指标包括生产效率、生产力、反应时间、产品和服务质量、客户满意和创新。员工态度指标包括团队成员满意感、成员承诺和团队认同、管理信任等。行为结果指标包括缺勤、离职和安全。

（二）团队效能的理论框架

团队效能的框架模型来源于"投入-过程-产出"模型，如图4-5所示。在此框架中，团队效能是环境因素、团队设计因素、团队过程和团队心理特质的函数。

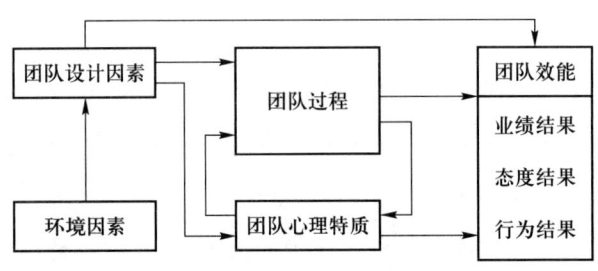

图 4-5 团队效能框架模型

团队效能框架模型中的环境因素是一个组织所处的外部环境特征，如所处产业的特征或产业复杂性。团队设计因素是指可以实行管理控制的团队特征，如任务自主性和相依性、团队规模、团队存续时间、团队人口特征、多样性等，还包括与团队特征相关的组织情境设计变量，如奖励、监控、培训和可用资源。团队过程是指团队成员的互动过程，如团队成员间或团队与外部的冲突与沟通。团队心理特质包括团队共识、信念和情感，如团队规范、内聚力、团队精神和团队影响力。

（三）团队效能的影响因素

根据团队效能的理论框架，环境因素对团队设计因素存在直接的作用，团队设计因素会直接影响团队效能，也会借助团队过程和团队心理特质间接影响团队效能。该框架也显示，团队心理特质是嵌入团队过程的。当然，我们也应注意到团队效能会反过来影响团队过程、团队心理特质，甚至团队设计因素，如当企业经营不理想时，高层管理团队成员很可能发生变动。

团队设计因素是影响团队效能的关键因素，它表明了关键的团队过程既可发生于团队的内部，也可发生于团队的外部。以前许多团队效能框架只关注团队内部过程，近几年，新产品开发项目团队也开始注重团队外部过程的影响。该模型注意到团队是一个社会存在体，团队共通的心理特质会影响团队行为，这包括以前研究所涉及的结构性因素，如团队规范、团队内聚力，而新的结构性因素包括团队精神和团队情感。

二、团队效能的评价方法和应用

团队效能评价能为团队成功提供整合的信息基础，为团队激励和提升团队绩效建立基础。个体绩效评价反映了个体的价值创造，但是，不能反映团队协作的成果。团队效能是组织绩效的基础，仅仅评价组织绩效往往将其他组织成员的逆向行为和风险转嫁给员工。而且，基于组织绩效的激励可能导致员工"吃大锅饭"的行为，不能准确反映不同员工的价值贡献。因此，团队效能的评价兼顾了团队协同的要求和价值评价的要求。

（一）团队效能评价方法

确定团队层面的绩效维度是团队效能评价的关键点。对团队绩效测评维度的确定通常可以采用以下四种方法。

第一种方法是利用客户关系图确定团队绩效测评维度。客户关系图能够显示出团队、提供服务的内外客户的类型，以及客户需要从团队获得的产品和服务。客户就是那些需要团队为其提供产品和服务并帮助他们工作的人，可以是组织内部的同事，也可以是组织外部的顾客。当团队的存在主要是为了满足客户需求时，最理想的方法是客户关系图法。

第二种方法是利用组织绩效目标确定团队绩效测评维度。组织的绩效目标体现在压缩运转周期、降低生产成本、增加销售额、提高客户的忠诚度等方面。通过以下步骤确定能够支持组织目标实现的团队绩效：首先，界定哪些组织绩效目标受到团队的影响。其次，如果团队能够影响这些组织绩效目标，就要回答这样一个问题：团队要做出什么样的绩效才能有助于组织达到其目标？

把这些成果作为考核维度并把它们添加到绩效考核表内。

第三种方法是利用绩效金字塔确定团队绩效测评维度。绩效金字塔的出发点首先是要明确绩效的层次。组织需要选择那些能够把团队和组织目标紧密联系起来的绩效维度。因此，把团队绩效和组织绩效紧密联系起来就能保证团队的成功有利于整个组织。可以回答以下有关工作成果的问题来构筑绩效金字塔：什么是整个组织的宗旨或功能？组织要创建什么样的绩效？这些绩效中的哪几项是团队负责创建的？

第四种方法是利用工作流程图确定团队绩效测评维度。工作流程图是描述工作流程的示意图。工作流程贯穿于各部门，是向客户提供产品或服务的一系列步骤。用工作流程图来计划工作流程，并把它作为确定团队绩效测评维度的工具有几点好处：一是把质量与流程改良计划和绩效管理联系起来；二是能够对团队在工作流程方面的有效性进行评估；三是对工作流程进行简化和重新设计，从而形成更好的工作流程。工作流程图内含有三个测评维度：向客户提供的最终产品；整个团队应负责的重要的工作移交状况；整个团队应负责的重要的工作步骤。

（二）团队效能评价的激励作用

一方面，团队效能比组织绩效更容易将产出与员工的努力联系起来，员工对团队效能（而非组织绩效）能直接影响和控制；另一方面，团队效能评价及基于团队效能的薪酬对员工有更强的激励作用，有利于团队主动提升绩效。团队的效能评价不仅有利于提升绩效，也有利于促进组织协调与团队合作。

团队效能评价的方法与团队类型有关。真正意义的授权团队应自主设计其效能评价系统，高层管理者的作用在于保证团队效能评价系统与组织战略统一，管理者需明确战略目标，同时提供培训，协助团队设计和选择自身的效能评价方法。跨功能团队要对整个价值链和顾客负责，团队效能要反映整个价值链过程的绩效。团队效能评价方法相较于科层组织绩效评价在以下几个方面有差别：首先是绩效指标的依据，团队效能主要根据团队的产出指标进行效能评价，而科层组织主要根据个体的工作投入进行评价；其次是绩效导向，团队要对明确的市场绩效负责，而科层组织主要以任务为导向评价绩效；最后是绩效衡量，团队主要通过市场确认绩效，更容易观察与衡量，而科层组织主要通过管理者评价绩效，不能准确反映组织的贡献。

团队效能评价和团队成员激励的关系可以从两个层次理解。一是基于团队效能对团队进行薪酬激励。由于团队效能比个体绩效更容易衡量，团队激励也比个体激励更有利于促进合作，能减少传统绩效评价的扭曲和激励不公平现象。在团队激励体系下，团队成员共同对团队的产出负责，通过团队合作达到绩效目标。高绩效的团队将获得高薪酬。因此，基于团队效能评价的团队激励有利于提升团队绩效。二是团队成员之间的相互监督。为了提升团队成员的价值贡献，团队动态吸引优秀的成员加入，奖励价值贡献高的成员，通过竞争机制淘汰能力不足的成员。同时，在衡量团队效能的背景下，团队成员之间的相互监督和同伴压力有利于促进成员的自我约束，减少"搭便车"行为，有利于激励团队成员动态提升自己的能力和价值贡献，以共同实现更高的团队效能和薪酬。

（三）团队效能与团队执行力的关系

团队效能与团队执行力密切相关。团队执行力是指团队成员能够按照团队目标要求有效率地完成任务。团队执行力的关键是团队中所有成员都能感觉到个人目标与团队目标的联系，能够发自内心地为团队的目标奋斗。

团队的最重要特征是团队成员在共同目标下协调一致，在组织目标、团队目标和个人目标之间形成联系。团队的管理具有一般性，包括团队成员组成、团队目标建立、团队建设过程、团队效能评价和团队成员激励等。但是，团队的管理也有特殊性和个性化，需要根据团队业务和人员的情况来激发团队成员的动力。

思考题

1. 团队与群体的区别是什么？
2. 团队的作用是什么？
3. 数字技术驱动下的团队有什么特殊性？
4. 团队过程管理的要点是什么？

即测即评

第五章 领　　导

领导活动是领导与领导力存在的逻辑前提。领导活动将领导者、被领导者或追随者、领导环境和领导目标连接起来，这些变量互为因果，或其中某一变量为过程变量来调节其他变量之间的关系，由此决定了领导有效性的影响变量及其彼此之间关系的复杂性。

第一节　经典领导理论

领导者是指在组织中担任领导职务、履行领导职能、行使领导权力、肩负领导责任的个人或集体。领导者对领导目标的确定、校准和实现都具有决定性作用。第一，领导者是领导活动的主体，在领导活动中起主导作用。第二，领导者是领导活动的驱动者。领导者制定领导目标，启动领导活动，并使之朝既定领导目标前进。第三，领导者是领导活动中的统率者。领导者为确保既定领导目标的实现，需要时刻关注组织内外环境的变化，不断优化组织结构，适时调配人员，并在这一过程中主动协调各种关系，积极整合各种内部和外部资源，通过组织化的手段不断提升组织的核心竞争力。

追随者也称被领导者，指在领导活动中执行领导决策，完成领导分配的任务，实现组织目标的人员。追随者因不同的划分标准可分为不同类型：比如根据追随者是否属于领导者所在的组织，分为内部追随者（下属）和外部追随者（联盟者）；根据追随者追随领导者时间的长短分为长期追随者和短期追随者；根据追随者追随领导者的目的分为信仰追随者和利益追随者。此外，还可根据追随者在领导活动中所起的作用分为重要追随者和一般追随者，等等。

领导目标是领导活动所要达到的预期结果，可用组织绩效或领导有效性来界定。领导活动是人类有意识、有目的地改造世界的行为组合。领导者和被领导者是领导活动的两大行为主体，只有他们在价值取向、权力配置、信息的对称性和对信息的敏感性、行使权力的能力和意识等方面充分契合，他们对领导活动对应的组织绩效内涵的理解才有可能同步，这种对领导目标认识上的同一性，是领导有效性提升的前提和关键。

领导环境是指影响领导活动开展的各类自然要素和社会要素的总和。任何领导活动都是在一定的自然和社会环境中展开并受其制约的，领导环境除了可依其内涵划分为与社会要素对应的人文环境和与自然要素对应的自然环境，还可依其对组织绩效产出影响是否具有普适性而划分为政治、经济、文化、教育、科技、思想、道德、制度、传统、习俗等宏观环境，以及组织工作边界、组织内部人际关系、组织的物质条件支持和组织成员素质等微观环境。

构成领导活动的领导者、追随者、领导环境和领导目标四个要素，通过领导过程连接起来，彼此之间或互为因果，或其中某一要素调节其他要素之间的关系，由此决定了领导机制的复杂性和动态性。随着经济社会的发展，人们对领导现象及领导活动规律的认识，总体上呈现从局部到整体、从单一到多重、从静态到动态的发展趋势。与之对应，在领导学百余年的发展史中，特质理论、行为理论、权变理论等经典领导理论，以及变革型、服务型、道德型、本真型等新型领导理论先后被提出。近半个世纪以来，随着华人社会经济体的快速崛起，家长式领导、差序格局等领导理论相继涌现。

人们对领导与领导力的认识，也就是解释领导现象及领导活动规律的领导理论，自领导学诞生以来，一直处在不断丰富和完善之中。迄今为止，人们基于对构成领导活动的各变量的内涵及彼此之间复杂、动态关系的认识，从不同角度提出了诸多领导理论。其中，特质理论、行为理论和权变理论最为经典。

一、特质理论

特质理论也称为"伟人理论"。根据该理论，不管在什么样的情境下，领导者都具有相同的个人品质和特征。早期的学者试图从人格、社交、生理或智力方面，找到那些能够把领导者与非领导者区别开来的个人属性，但这种尝试大多以失败告终。

很显然，特质理论从领导者单一视角来考究影响组织绩效的前因变量，该理论的基本假设建立在被领导者、领导环境、领导目标等变量完全恒定的基础上，这在现实中几乎不存在，所以特质理论的解释力也就极为有限。虽然领导者具备某些特质的确可以提高领导效能，但没有一种特质可以保证领导的有效性。特质理论的研究强调领导者的品质、特性、价值系统和生活方式，并且认为某些特质的高水平就对应着领导的高水平，但并没有雄辩的证据表明两者之间具有可验证的因果关系。斯托格蒂尔在回顾了120余项特质研究后指出，特质本身并不能决定领导力，试图发掘出一个可靠而统一的领导模式是徒劳无益的。

尽管如此，特质理论并非一无是处，一些研究表明个人特质与领导有效性之间确实存在着一些相互联系。例如领导者的才智、广泛的社会兴趣、强烈的成就动机及对员工的关心和尊重，确实在一定程度上决定了领导的有效性。根据有关研究，目前可以形成这样的结论：个人特质并不能预测领导有效或无效，而是可以较好地预测具备哪些特征的人更可能成为领导者。成为领导者并不必然意味着该领导者能够带领自己的下属实现预期的目标。这些结论可用于指导对领导者的选拔、培养和评价。

二、行为理论

行为理论发端于勒温提出的领导风格理论。行为理论较特质理论的主要区别在于：它对领导者和被领导者的可变性给予了相当的关注，并试图对其进行分类。很显然，行为理论依然试图用机械的理论体系去诠释有机且灵动的领导活动，为新的理论体系所取代只是时间的问题。

（一）领导风格理论

勒温以权力定位为分析视角，通过各种实证检验，把领导者在领导过程中表现出来的工作作风分为专制、民主、放任自流三种基本类型。

1. 专制的领导作风

专制的领导作风是指靠权力和强制命令让人服从的领导作风，它把权力定位于领导者个人，其主要行为特点为：

（1）独断专横，从不考虑别人的意见，决策皆由己出。

（2）亲自设计工作计划，确定工作内容并进行人事安排，从不把任何信息告诉下属。

（3）主要靠行政命令、纪律约束、训斥和惩罚来管理，奖励只是偶尔为之。

（4）很少参加集体活动，与下属没有感情交流，刻意与下属保持一定的心理距离。

2. 民主的领导作风

民主的领导作风是指以理服人、以身作则的领导作风，它把权力定位于集体，其主要行为特点为：

（1）所有的决策都在领导者的鼓励和引导下由集体讨论做出。

（2）分配工作时尽量照顾到组织成员的能力和兴趣，对下属的工作安排并不面面俱到，下属有较大的自主性和灵活性。

（3）主要以非正式的权力和权威而不是靠职位权力和命令使人服从，谈话时多使用商量、建议和请求的语气。

（4）积极参与集体活动，与下属打成一片，几无心理距离。

3. 放任自流的领导作风

放任自流的领导作风是指工作上事前无布置，事后无检查，权力定位于组织中的每一个成员，一切悉听尊便的领导作风。

放任自流型领导工作效率最低，能达到社交目标但很难实现工作目标；专制型领导虽然通过严格的管理能达到工作目标，但追随者没有责任感，情绪消极、士气低落、争吵较多；民主型领导工作效率最高，不但能完成工作目标，而且组织成员之间关系融洽，工作积极主动，有创造性。因此，最佳的领导行为风格是民主型领导。

很显然，专制型领导强调领导者的意志和权威，它与特质论者所持的领导风格一脉相承，即使实现了组织目标，被领导者的满意度也不高，这种领导风格往往声名不佳。民主型领导同时强调领导者和被领导者的意愿和实际行为的可能性，在诸多场景下颇受好评。放任自流型领导有些生不逢时，在勒温所处的时代，工作群体的自主性、创新性对组织绩效的贡献还不是主导因素，因此这种领导风格也颇受诟病。

（二）结构-关怀两维理论

20世纪40—50年代，斯托格蒂尔等人试图澄清并建构领导行为的不同维度，他们从1 000多个维度中，总结提炼出领导行为的两个基本维度：结构维度和关怀维度。结构维度是指领导者为了实现组织目标而对自己与下属的角色、工作内容、工作关系和工作目标进行界定和建构的程度。"向下属分配具体工作""期望达到明确的绩效标准""强调工作的最后期限"常被视为高结构维度领导者的典型行为。关怀维度是指领导者尊重和关心下属的观点和情感、建立相互信任的工作关系的程度。高关怀的领导者关心下属的生活、幸福、地位、满意度等问题。这两个维度构成了四种类型的领导行为，如图5-1所示，这就是领导行为的四分理论。众多研究表明，高结构-高关怀的领导者，通常情况下比其他三种类型的领导更有效，下属的满意度更高。

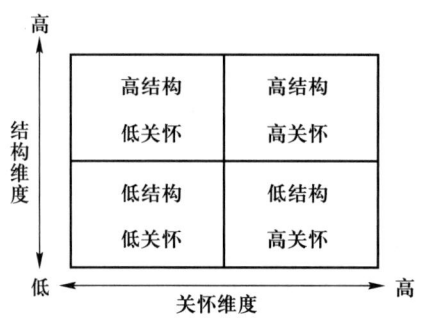

图 5-1 领导行为的四分理论

很显然，领导行为的四分理论中的结构维度重在回答被领导者做什么、如何做、做到什么程度的问题，属于"理"层面的问题；而关怀维度重在回答从领导者角度来看，哪些因素会影响被领导者工作的积极性、主动性和创造性，继而影响组织绩效和组织目标的实现，属于"情"层面的问题。由此看来，该研究中对被领导者的情感需求已经给予了相当的重视，与同时期心理学中占据主流的人际关系学派和行为学派的内涵和精髓交相辉映。

（三）员工-生产两维理论

密歇根大学的研究小组从领导有效性角度将领导行为划分成重视人际关系、考虑下属的个人兴趣、承认个体差异的"员工导向"和强调工作的技术或任务的完成情况、将员工视为达到目标的手段的"生产导向"两个维度。密歇根大学的研究者认为员工导向的领导比生产导向的领导更有效，其下属的生产率和工作满意度更高。

（四）管理方格理论

在上述研究的基础上，得克萨斯大学的学者从领导有效性角度将领导者"关心人"和"关心生产"的维度进行扩展，这就是管理方格理论。如图 5-2 所示，横轴表示领导者对生产的关心，纵轴表示领导者对人的关心，每个坐标轴划分出 9 个等级，从而得出 81 种领导类型的细分位置。

在"9×9"方格表中，方格的四个角（1.1、1.9、9.1、9.9）和方格的中心（5.5）对应的领导行为最为典型：一是对员工和生产都不关心的贫乏型领导（1.1），这种类型的领导者信奉的原则是不扰人、不强迫、视而不见、不闻不问、放任自流；二是关心员工但不关心生产的俱乐部型领导（1.9），这种类型的领导者认为员工的心理需求满足重于工作任务的完成；三是关心生产但不关心员工的任务型领导（9.1），这种类型的领导者认为"生产不存，人将焉

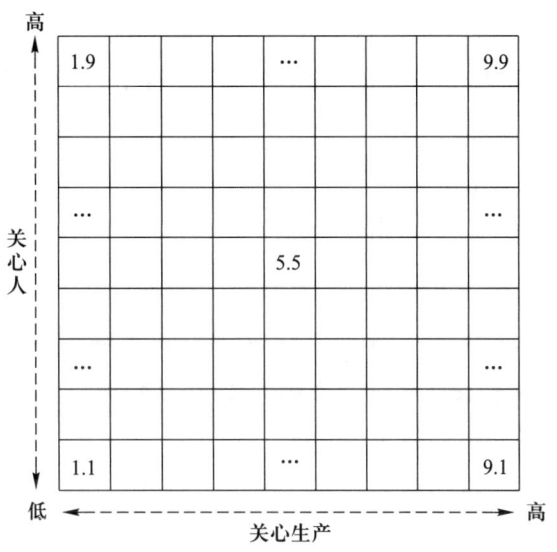

图 5-2　管理方格理论

附",个人心理需求应该服务并服从于生产的需求;四是既关心员工又关心生产的团队型领导(9.9),这样的领导者信奉"生产为人,人为生产"的基本信条,力求两者之间的和谐共赢;五是中间型领导(5.5),这种类型的领导者奉行折中主义,认为走极端就会激起矛盾,欲速则不达。

行为理论试图从领导行为风格角度来诠释领导有效性,但这些理论在实证上得到的支持并不乐观。在特质理论与行为理论盛行的时代,研究人员一直试图寻找"最佳"的领导风格。但事实上,并没有哪种领导风格普适于所有情境,强调因情境而变的权变理论应运而生。

三、权变理论

随着领导行为理论研究的逐步深入,越来越多的研究人员发现具体的领导风格多不具有普适性。直觉、经验和有关的研究结果也表明:在不同的环境中,相同的领导行为甚至对应截然不同的领导绩效。有效的领导行为应当随着被领导者的特点和环境的变化而变化,即

$$E = f(LFS)$$

其中:E——领导有效性;

L——领导者;

F——被领导者;

S——环境。

于是，从 20 世纪 60 年代起，强调在不同环境条件下采取不同领导行为模式的领导权变理论应运而生。

（一）费德勒的权变模型

为什么在特定的情境中，具有相同领导风格的不同领导者的领导有效性不同？为什么秉持特定领导风格的领导者在某些领导情境中有效而在其他情境中却无效？为了深入探究这些问题，费德勒提出领导权变模型（Fiedler contingency model），认为领导有效性取决于领导风格与领导者所处情境的匹配，他将领导风格二分为关系导向型和任务导向型。

为测度不同领导风格，费德勒专门设计了最难共事者问卷（least preferred coworker questionnaire，LPC 问卷）。LPC 问卷由 16 组对照形容词（如快乐-不快乐、高效-低效、开放-防备、助人-敌意等）构成。费德勒让作答者回想自己共事过的同事，找出一个最难共事者，在 16 组形容词中按 1~8 的等级对他进行评估。关系导向型的领导者（也被称为高 LPC 领导者）会用相对积极的词汇描述最难共事者，对他们的品质有肯定倾向。相反，任务导向型的领导者（也被称为低 LPC 领导者）会用相对消极的词汇描述最难共事者，他们对工作效率更关心，对最难共事者品质的评价兴趣不大。

费德勒认为个体的领导风格是稳定不变的，因此，提高领导有效性的途径只有两条：替换领导者，以适应领导情境；改变领导情境，以适应领导者。费德勒将领导情境界定为领导者-被领导者关系的疏密度（领导者得到被领导者拥护和支持的程度，即领导者是否受下属的喜爱、尊敬和信任，是否能吸引并使下属愿意追随他）、任务结构的清晰度（下属所从事的工作或任务的明确性）以及职位权力的强弱度（组织赋予领导者职权的大小）。费德勒将这三个环境变量组合成 8 种典型的领导情境，对 1 200 个团队进行了考察，收集了领导风格与工作环境之间的数据，得出了在各种不同情境下的有效领导方式。

费德勒的研究结果表明：根据领导情境，采取适宜的领导方式可以提高组织绩效。当情境非常有利或非常不利时，采取任务导向的领导风格更为合适；但在情境有利程度居中时，关系导向的领导风格更为有效。

为什么任务导向的领导风格在非常有利或非常不利的领导情境中更有效，而关系导向的领导风格在中等有利的领导情境中更有效呢？因为任务导向的领导者首先关注的是工作任务的完成，其次是与下属搞好关系。费德勒指出，无论是领导者还是被领导者，通常在面对压力的时候，都专注于首要任务。在非常不利的情境下，任务导向的领导者会将组织任务的完成作为首要任务，因而更为有效。在非常有利的情境中，领导者不需要花更多的时间和精力进行人际关系的维护，因为领导者与下属关系本身就很好，职位权力又足够，没有必要过多关注人际关系，因此更专注于工作任务完成，绩效也更高。在中等有利的情境中，关系导向的领导者更可能既关注人际关系又关注任务的完成，因此更有效。

（二）豪斯的路径-目标模型

豪斯提出路径-目标模型（path-goal model），认为有效的领导者要澄清下属的工作期望并用他们所期望的东西去激励他们，使之与组织目标保持动态的一致性。与之对应，豪斯提出了四种领导类型：一是指示型领导，该类型的领导者明确下属任务并给予具体指导，明确每个下属的绩效目标和所扮演的角色；二是支持型领导，该类型的领导者关注下属的需求、想法和建议，并给予实质性的支持；三是参与型领导，该类型的领导者在决策前征求下属的意见和建议，鼓励下属积极参与决策；四是成就导向型领导，该类型的领导者为下属设定有挑战性的目标，信任下属，并帮助下属发挥最佳水平。

与费德勒的权变观点不同，豪斯认为领导者是灵活的，领导者可以根据不同的领导情境调整自己的领导风格。领导者采用何种领导风格，因环境因素和下属特征不同而有所不同，如图5-3所示。

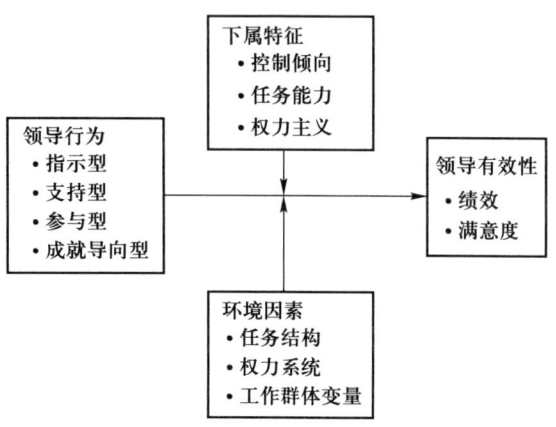

图5-3 路径-目标理论

（三）格里奥的领导-成员交换理论

格里奥提出了领导-成员交换理论（leader-member exchange theory），认为

领导者和下属之间存在两种不同的关系：一种是领导者与下属中少部分人建立的特殊关系，这少部分人称为圈内人士，他们彼此信任，享有特权。另一种是这少部分人之外的其他成员，称为圈外人士，他们与领导者的关系建立在正式的组织结构之中，几无特权，很少受到关照。

领导-成员交换理论表明，领导者在与下属互动的初期，就将不同下属暗自划入圈内或圈外，并且这种关系不会随时间的推移而有本质变化。跨文化的实证研究表明，领导者将某人划入圈内或圈外会由于文化背景和价值取向的不同而有所不同，但到目前为止，少有定论。已有研究表明，与圈外人士相比，圈内人士表现出更低的离职率和更高的工作满意度。该理论警醒领导者应该具有"博爱"精神，要尽可能多地与下属建立良好的关系，尽量增加圈内人士、减少圈外人士。

（四）赫塞和布兰查德的情境领导理论

赫塞和布兰查德提出了情境领导理论（situational leadership theory），认为领导的有效性有赖于领导者根据下属的成熟度所选择的合适的领导方式。成熟度可分为下属完成特定工作对应的知识、技能和经验的任务成熟度和不需外部激励就能自动地去完成特定工作的心理成熟度。

领导的有效性通过下属的活动得以体现。情境领导理论表明，随着下属从不成熟走向成熟，领导者对领导活动的控制和对下属的帮助要减少，这种关系好似家长作为监护人与自己孩子的关系一样：当孩子越来越成熟并能独自承担责任时，家长需要逐渐放松管制，因此，该理论也被称为领导生命周期理论。

就下属成熟度方面，赫塞和布兰查德将其划分为四个等级。一是不成熟：无能力、无意愿——M1，下属对工作任务缺乏接受的意愿和承担的能力，既不胜任工作又不被信任。二是初步成熟：无能力、有意愿——M2，下属愿意承担工作任务，但缺乏足够的能力；有积极性，却没有完成任务所需要的技能。三是比较成熟：有能力、无意愿——M3，下属有能力完成工作任务，但动机不足，主动性不高。四是成熟：有能力、有意愿——M4，下属既有能力，又愿意去完成领导者分配给自己的任务。

依照下属成熟度及对应的所需领导者对下属任务行为的指导程度，赫塞和布兰查德将领导方式划分为四类。一是高任务、低关系的命令式——S1，领导者定义角色，告诉下属做什么、怎么做及何时何地去做，强调领导者对下属的直接指挥。二是高任务、高关系的说服式——S2，领导者同时提供指导性行为与支持性行为。三是低任务、高关系的参与式——S3，领导者与下属共同决策，领导者的主要角色是提供便利条件与沟通。四是低任务、低关系的授权式——S4，领导者提供极少的指导或支持。以上四种不同情境对应的领导类型，如图5-4所示。

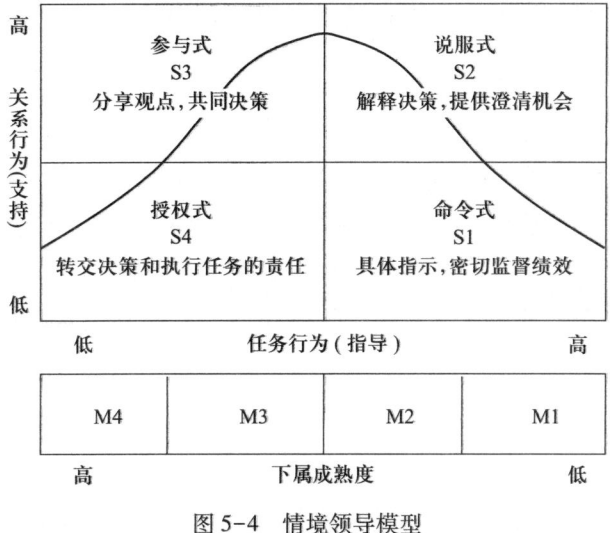

图 5-4 情境领导模型

情境领导理论在直觉上很有感染力，但实证检验的结果并不乐观，原因可能是该模型的模糊性以及理论的检验方法与理论建构假设的契合性不足等。

从特质理论到多种取向的行为理论，再到纷繁的权变理论，对领导者、被领导者、领导目标和领导环境内涵的逻辑假设总体上呈现从静态向动态、从简单到复杂的演进趋势，与之对应的影响组织绩效产出的变量，也呈现由单一向多元、由局部向全局演进的趋势，但这些理论对领导者和追随者的动机、人格等个性特质的形成和发展，以及彼此之间存在的差异及其与领导目标、领导环境之间的交互作用对组织绩效的影响都没有给予应有的关注，所以这些理论对近几十年来出现的各种新的领导现象，如美国安然公司的轰然倒塌、中国华为公司的快速崛起，就缺乏雄辩的解释力。于是，领导学研究就出现了强调领导者和追随者个性特质差异的形成和发展及其与其他环境变量之间的交互作用对组织绩效的影响的新型领导理论。

第二节 新型领导理论

20世纪80年代以来，随着经济全球化、员工多样性、沟通信息化的浪潮向社会各个领域的深入渗透，领导者与组织绩效之间最重要的两个调节或中介变量——领导环境和追随者都发生了重大变化，领导理论迈入了丛林时代，其中变革型、服务型、道德型、本真型等在国内影响较大，发表的文章较多，在此做重点介绍。

一、变革型领导

伯恩斯将变革型领导（transformational leadership）定义为领导者通过让下属意识到所承担任务的重要意义和责任，激发下属的高层次需要或扩展下属的需要和愿望，使下属超越个人利益，为了团队、组织等更宏阔的目标而努力工作。变革型领导可以概括为四个方面：一是影响力，指能使他人产生信任、崇拜和跟随的一些行为，包括领导者成为下属行为的典范，得到下属的认同、尊重和信任；二是鼓舞性激励，指领导者向下属表达对他们的高期望值，激励他们加入团队，共筑团队梦想；三是智力激发，指鼓励下属创新，挑战自我，包括向下属灌输新观念，启发下属发表新见解，鼓励下属用新手段、新方法解决工作中遇到的问题；四是个性化关怀，指关心每一个下属，重视个人需要、能力和愿望，耐心倾听，以及根据每一个下属的不同情况和需求区别地进行培养和指导。随后，巴斯对伯恩斯的变革型领导理论进行了修正，他认为，变革型领导者能够把追随者从自我中心的个体变成忠于群体的成员，激励追随者取得超出预期的绩效。

变革型领导因为迎合了时代发展的需求而成为当前领导学研究的热点。马斯洛所提出的需要层次论，对诸多领域都产生了深远的影响。近年来，随着全世界物质财富的迅速增加，生理等低层次需要已不再是劳动力群体的主导需要，高层次的自我实现需要得到了认可和公开的推崇，人的社会属性得到强化，人的自然属性在管理和领导活动中的重要性明显减弱。变革型领导强调员工的自我实现，注重发挥他们的主观能动性，相信他们很有潜能。所以说，变革型领导诞生于经济比较发达、劳动力人口文化素质比较高的背景下绝非偶然，是顺应历史之必然。此外，变革型领导更加强调领导者的个人影响力而非职位影响力，因为后者的影响作用缺乏内生的可持续性，也不能对下属产生深远影响，而前者恰能弥补这些不足。

二、服务型领导

伴随着全球经济的转型和升级，人力资本日渐成为组织最重要的资产。因此，组织存续和发展越来越依赖于人力资本的创造、培育及其效用最大化。于是，服务理论开始进入人们的视野。在强调客户就是上帝的商业社会，领导者的内部客户就是下属。水能载舟，亦能覆舟。一个领导者，只有全心全意为追随者服务，才能更好地为客户和股东服务。因此，强调每一个人都需要服务和引导的服务理论应运而生。

服务型领导（servant leadership，也翻译成公仆型领导或仆从型领导）由格林利夫提出。我国学者进一步总结为：服务型领导是一种超越领导者个人利益的领导行为或领导方式，这种领导类型尊重追随者个体的尊严和价值，并把服务他人作为第一要务，以满足追随者的生理、心理和情感的需要。①

斯皮尔斯基于前人研究，归纳总结了服务型领导的特征：倾听（感同身受地全面了解并澄清下属愿望）、移情（换位思考）、愈合（寻找期望与现实之间的桥梁）、觉醒（唤醒下属在适度压力下的最佳工作状态）、劝导（使下属自动地跟随）、构想（使下属的行动和思想都能大处着眼、小处着手）、远见（立足现实、面向未来）、管家（以主人之心、仆人之责，全心全意为主人服务）、员工成长承诺（员工价值成长是组织发展的第一要务）和建立社群（组织化建设以更好地促进多维目标的实现）。

显而易见，服务型领导重视组织成员自身主观能动性的发挥，有助于个体潜能的激发和组织的变革，因此它与同样重视组织成员上下级之间互动的变革型领导多有相似之处。有所不同的是，在对被领导者的关心上，服务型领导更凸显其服务特性，而变革型领导更强调被领导者服务于组织目标的自发性。

三、道德型领导

道德型领导（ethical leadership，也翻译成伦理型领导）是指领导者通过自身行为和人际互动向下属表明在组织中什么是规范和恰当的行为，并通过双向沟通、强化和制定决策的方式激发下属表现这类行为。早在 2003 年，进行质化研究的学者就发现：道德型领导者既是有道德的人，也是道德的管理者。一方

---

① 孙健敏、王碧英：《公仆型领导：概念的界定与量表的修订》，《商业经济与管理》2010 年第 5 期，第 24 页。

面，道德型领导者正直诚实，把员工的利益放在首位，尊重他人，善于听取他人意见；另一方面，他们设立高标准的道德要求并通过双向沟通、奖惩、强制等方式要求员工执行。有学者将道德型领导分为六个维度：正直、社区/人本导向、激励、鼓励/授权、道德觉知、道德责任意识，其中社区/人本导向、激励、鼓励/授权等维度反映了变革型特征。也有学者将道德型领导划分为角色澄清、道德和正直、权力分享三个维度，其中后两个维度与变革型领导的一些管理方式也颇为相似。

四、本真型领导

本真型领导（authentic leadership，也翻译成真诚领导或真实型领导）着眼于领导者积极心理状态与快速发展的组织情境之间的交互作用。本真型领导对领导者和下属的自我意识及自我管理具有正面的影响，并能激励和促进积极的个人成长和自我发展。本真型领导者知道自己是谁，知道自己的信念和价值观，能够坦率地按照自己的信念和价值观行事，他们的下属会认为他们是有道德的人。本真型领导者主要具有以下四个方面的特征：一是不伪装自己；二是承担领导之责或从事领导活动不是为了金钱、地位或其他形式的个人回报和荣誉，而是出于一种信念；三是原创者，而非拷贝者；四是其行为是以自己的价值观和信念为基础的。

以往的领导理论一般只关注认知变量的作用，或在认知框架中强调态度的作用，对情绪等非认知变量的考察和探讨并不多见。而本真型领导理论则特别重视自信、积极情绪、信任等非认知变量和积极心理状态在领导过程中的作用及机制，主张发掘和培养领导者及其下属的积极心理能力。当然，尽管本真型领导理论以大量的现象观察为基础，但作为一种全新的理论，它仍处于发展阶段，还不够成熟。目前学界对本真型领导的特征、维度及测量方法、影响因素和影响效果等方面的研究多处在思辨阶段，尚待实证研究进一步修正和完善。

五、其他新型领导

在领导理论丛林时代，除了如上已介绍的，还有共享型领导、魅力型领导、破坏型领导、平台型领导等多种领导类型，也颇受学界关注，在此略做介绍。

(一) 共享型领导

随着科学技术的发展和社会分工的日益精细化,个人之力难以胜任日渐复杂和多变的工作任务需求,于是"聚智增慧"的团队模式作为一种任务驱动的组织形式日渐普及。与之对应,"因需而异,协同增益"的强调领导权因事、因时而在不同团队成员之间流动的共享型领导应运而生。已有研究表明,共享型领导在高层管理团队、自我管理团队、跨功能团队、研发团队中有其独特的价值,它通过领导权的适时分享,有助于组织能力的提高和工作任务的完成。

共享型领导萌芽于20世纪20年代,福利特在《创造性经验》一书中指出,在特定组织中,组织成员更愿意服从和拥护那些对组织情境更为理解的领导,这个人可能不是正式领导,而是一个对情境更为熟知的团队成员。这种非职位所对应的领导的产生,可以分担正式领导的职能和责任,有利于组织的良性发展。显而易见,共享型领导的有效性取决于团队成员间能否相互尊重、倾听,分享各自独有的知识和工作技能,并愿意为组织决策贡献自己的智慧,这种领导模式需要建立在责任共担、目标统一的基础之上,团队成员需具有主动参与工作、坦诚分享专长的意愿和实际行为。[1]

(二) 魅力型领导

具有领袖魅力的领导者有何共同特征?豪斯于1977年提出魅力型领导理论,认为当下属观察到某些特定的行为时,会把它们归因于英雄主义的或者超乎寻常的领导能力。魅力型领导理论是特质论的延伸,魅力是一个人所特有的品质、气质、知识和能力在社会和群体中释放出来的感召力、吸引力和凝聚力。有人将魅力形象地比喻为点燃追随者的"一把火"。

很多研究都在寻找魅力型领导者的个人特质,豪斯用支配性的、富有感染力的、充满自信的、具有强烈的个人道德观来定义魅力型领导。魅力型领导具有五大特点:一是能够清晰阐述愿景、激励下属;二是自信、意志坚定,为了实现愿景敢于冒险甚至自我牺牲;三是对环境和下属的需要十分敏感,能对环境的约束和变革的机会做出客观的评价;四是对他人的能力有深刻的见解,并对他人的需要和情感做出及时回应;五是行为上反传统,工作作风新奇。由此

---

[1] 边慧敏、彭天宇、任旭林:《共享领导:知识团队中领导模式的新发展》,《中国行政管理》2010年第5期,第38—39页。

可见，魅力型领导影响下属的权力主要源自个人特质和魅力。

(三) 破坏型领导

破坏型领导研究最早起源于豪斯等人对魅力型领导阴面和阳面的分析。他们将魅力型领导划分为社会化领导和个人化领导两类，认为破坏性行为，如暴力及其他攻击性行为，源自个人化领导。其他有关魅力型领导阴面的研究也得出了类似的结论。例如，一些魅力型领导者"会对个人结果更感兴趣"；应综合组织和下属两个方面来界定破坏型领导；等等。他们将破坏型领导定义为：领导者（包括主管与经理）反复表现出来的侵犯组织合法权益的系统化行为，这些行为破坏了组织的目标和任务，损毁了组织资源，侵蚀了下属的福祉、工作动机、工作效果和工作满意度。

近年来，国内学者从定性角度对破坏型领导的研究缘起、概念界定及维度划分与测量进行了引介性的探讨，并从实证角度探讨了破坏型领导与强制性公民行为、员工工作场所越轨行为、下属工作绩效、离职意愿、员工沉默行为等变量之间的关系及其影响变量，并进行对比和分析。可以预见，随着社会转型的深入和信息沟通媒介的日渐便捷，破坏型领导的作用机制及其有效管理策略将是领导学研究中值得探究的一个新兴领域。

(四) 平台型领导

在组织环境动态化及知识型员工崛起的背景下，组织中原有的层级意识和等级观念逐步弱化，"去中心化"和"去领导化"已然成为普遍之势，这就要求领导者既要以自下而上的方式激发员工潜能，又要持续关注组织发展，将组织打造成各方资源汇总整合、实现价值的平台。同时，平台还需要适时优化并不断提升以顺应组织环境的动态变化，确保组织、领导者、被领导者三方的共同成长，获取或催生更多优质资源，循环往复、螺旋上升。平台型领导应运而生。

平台型领导由国内学者郝旭光等人率先提出，意为领导者重视自身和下属的共同事业发展，激发彼此潜能，调动彼此积极性，共同把平台（事业）做大的一种领导模式。显而易见，平台型领导特别强调平台塑造和共同成长的良性互动。因此，平台型领导与传统领导模式的区别主要表现在三个方面：一是强调领导者与下属互相成全，一起成长，共同提高；二是强调领导者、下属借助平台不断自我成长，促进平台持续做大，进而形成一个良性互动的过程；三是平台大小尽我所能，领导者可以通过提高自身和下属的能力和素质，积小胜为大胜来不断做大做强平台。①

近年来学界对平台型领导的关注快速升温,如围绕以动态环境为基本情境、以知识型员工为主要对象、以适应环境变化为核心目标,对平台型领导进行界定、维度划分及测评量表开发;从平台价值共毁的结构性治理视角澄清责任性平台型领导的内涵及培育和实现方式;探究平台型领导如何推动商业模式创新、赋能知识型员工"适时应务",等等。可以预见,随着学界对平台型领导研究的更加深入和全面,平台型领导理论将为平台经济的健康发展提供更有价值的指导。

第三节 中国的领导理论研究与实践

近半个世纪以来,随着经济全球化的深入发展,尤其是伴随着中国等新兴市场国家的迅速崛起,很多学者发现,以西方人群为建构样本的各种领导理论,对来自中国等新兴市场国家的领导现象无法解释或解释不力。于是,主要以中国等新兴市场国家人群和本土企业为研究对象的本土领导研究应运而生,并日渐成为领导学研究的新热点。

显而易见,本土领导研究的主要使命在于建构新理论,或通过对现有理论进行修正来解释既有领导理论不能解释或解释不力、内隐于新兴市场国家人群的本土独特现象的形成和发展机制,其目的不是要去否定,而是丰富和完善既有领导理论。因此,本土领导研究的价值不仅在于建构本土领导理论来深入解析中国等新兴市场国家本土组织的成功之道,以更有效地指导这些国家本土组织的领导实践,还在于为丰富和完善全球领导知识体系做出应有的贡献。

中国的领导实践作为本土领导知识体系的重要组成部分,在全球领导知识体系中,从一棵小树成长为今天的参天大树,主要得益于中国经济的迅速崛起和综合国力的快速提升。为此,中国学者需要从单向引进西方领导理论和方法或修正西方领导理论转而进行自主创新,提出中国的领导理论并通过与西方学

---

① 郝旭光、张嘉祺、雷卓群等:《平台型领导:多维度结构、测量与创新行为影响验证》,《管理世界》2021年第1期,第186—187页。

术界的对话和交流将其"出口"给全球领导学界,为全球领导知识的创造和社会的发展做出贡献。

文化是一个国家和民族的灵魂,文化自信是道路自信、理论自信和制度自信的基础。人文社会科学研究如何在经济发展过程中坚守、传承、弘扬中华优秀传统文化以及民族精神的智慧、思辨、立场和审美是构建本土理论、不断铸就理论自信和文化新辉煌的重要议题。[①] 改革开放40多年来,伴随着中国企业的迅速崛起,中国从一个经济欠发达国家崛起成为世界第二大经济体,中国的领导学研究正快速转向以中国企业组织和人群为研究对象。关于中国企业领导者行为、模式和实践的讨论和研究日益增多,成果不断涌现。

中国学者逐渐融入国际管理学研究主流并取得丰富成果,但在推动中华优秀传统文化的创造性转化、创新性发展,继承革命文化,发展社会主义先进文化,不忘本来、吸收外来、面向未来,更好构筑中国精神、中国价值、中国力量,为人类提供精神指引上,还需要进一步加强提炼、加快传播。

一、中国的本土领导构念

(一) 家长式领导

自20世纪60年代以来,伴随着中国台湾、香港地区及东南亚等地的华人社群在经济上的崛起和腾飞,越来越多的研究者开始关注、研究华人社群与组织,探求其异于西方的文化因素在经济腾飞中的作用。经过30余年的理论思辨和实证检验不断交互的积累和发展,由郑伯埙等人提出的家长式领导三元理论最有解释力,影响也最为广泛和深远。

1. 家长式领导研究的缘起与演进

郑伯埙等人的研究始于20世纪80年代,他们以个案研究为切入点,通过长期深入的观察、访谈,探讨并验证了中国台湾私营企业主的领导模式和管理方式,随后通过对18位台湾家族企业主和24位一级主管的访谈,进一步证明了家长式领导在台湾企业主中的普遍性。在这些研究的基础上,郑伯埙于1995年提出了家长式领导二元理论,即家长式领导包含两方面的行为类型:立威与施恩。

随着研究对象的不断扩大和研究的不断深入,郑伯埙等人发现,家长式领

---

① 孙秀丽、王辉、赵曙明:《基于文化视角的中国领导学研究路径评述》,《管理学报》2020年第8期,第1254页。

导除了立威与施恩两个维度外还应该包括德行维度，于是家长式领导从二元理论完善成了三元理论。即家长式领导包含威权领导、仁慈领导和德行领导三个维度，是一种在人治的氛围下，显现出严明的纪律与威权、父亲般的仁慈及道德的廉洁性的领导方式。家长式领导三元理论中的威权领导与仁慈领导和二元理论中的立威、施恩基本一致，德行领导则是一个新的维度。

家长式领导作为一种将父亲般的仁慈和森严的纪律与威权融合在一起的领导风格，要求领导者关注下属的工作和工作以外的生活，力图提升下属的福利待遇；领导者要把保护下属作为自己的义务和责任，以此来赢得他们的忠诚和追随。因此，家长式领导在对待下属的过程中应如同家长那样一方面给予其业务上的指导，另一方面在生活上给予其关心和爱护。研究表明，家长式领导在华人组织中能够发挥节约成本、增强战略柔性、降低离职率和提高员工的组织认同度与忠诚度等积极作用。

2. 家长式领导的普适性与新近发展

家长式领导的文化根基是以"家"为核心的中华文化，所以，家长式领导源于华人组织自是情理之中的事。但有趣的是，家长式领导不只存在于华人社会，有证据表明在一些具有集体主义和高权力距离文化特征的国家和地区也存在家长式领导。在印度，无论是公有企业还是私有企业，都有员工非常认同家长式领导风格。在墨西哥企业中也发现了存在家长式领导的证据。在土耳其，企业解雇员工时会根据其工作年资发放一笔赔偿金，女性员工如果因为结婚或者生育而辞职，也会得到类似的一笔赔偿金，员工与雇主之间是一种温馨的类似于家庭成员关系的人际关系。

除了来自亚太、中东和拉丁美洲等地区的证据表明家长式领导存在普遍性，一项对 10 个国家企业员工的调查也显示，美国员工对家长作风的认同程度远高于加拿大、德国和以色列。在美国，家族主义和家长式领导风格对于提高企业员工的组织认同度具有促进作用。问题的关键不在于领导方式是否与地理区域相匹配，而在于领导者的风格是否与下属需求相契合。美国企业也有认同家长作风的员工，并且在家长式领导方式下更能发挥其主观能动性。[①]

[①] 曾楚宏、李青、朱仁宏：《家长式领导研究述评》，《外国经济与管理》2009 年第 5 期，第 39 页。

随着社会现代化进程的发展和西方管理思想的广泛传播，华人社会的文化价值观逐渐发生着变化，年轻一代已经不再自然地认同不容挑战的等级威权。家长式领导的有效性，有赖于下属的价值取向。经济和社会的持续发展，正改变着支撑家长式领导的文化背景。杨斌、丁大巍等人发现，当代华人企业家身上流露出有别于"家长制"的"兄长式"领导风格，并对此进行了总结提炼。①

相对于家长式领导风格，诸多当代中国企业家更注重在平等的交流沟通过程中，依靠宏伟的愿景，激发组织成员的共鸣并为之共同奋斗，同时凭借出色的才能及平易近人的作风，令下属心悦诚服。"财散人聚"的做法更像是一种利益的共享，而不是像家长式领导所描述的施予恩惠。上述这些特点对兄长式领导模式进行了粗线条的描绘，而如果要系统地构建科学规范的兄长式领导模型，还需要结合当前中国企业实践进行深入的探究。

（二）差序格局

差序格局最早由费孝通提出。他认为，与西方的团体格局不同，中国社会往往呈现一种以自我为中心向外部扩散的差序格局。在差序格局中，每个人以自我或家庭为中心，以血缘或地缘为纽带，形成了一定的关系圈。关系圈的大小取决于处于中心的人的影响力和地位，越靠近中心，关系越紧密，形成了以"中心"为原点的亲疏有别的差序格局。② 在差序格局下，正式的组织会产生"非正式性"，会产生"圈内人"和"圈外人"，会重视"人情"和"面子"，这是儒家深层文化下的一种社会结构，也是一个重要的本土领导构念。

（三）中国人传统性

中国人传统性由杨国枢等人提出，指员工对依据儒家五伦思想所定义的等级角色关系的认可程度，往往表现为传统社会所普遍强调的角色关系与义务。许多本土领导相关的实证研究都将中国人传统性纳入研究范畴，如彭正龙等人通过调查发现，领导-成员交换与知识员工反生产行为显著负相关，而中国人的传统性在其中起到调节作用；③ 汪林等人通过实证研究发现，领导-成员交换

---

① 杨斌、丁大巍：《"兄长式"而非"家长制"：基于文化视角的当代中国企业领导模式研究》，《清华大学学报（哲学社会科学版）》2012年第2期，第153—155页。
② 林英晖、程垦：《领导-部属交换与员工亲组织非伦理行为：差序格局视角》，《管理科学》2016年第5期，第58页。
③ 彭正龙、赵红丹、梁东：《中国情境下领导-部属交换与反生产行为的作用机制研究》，《管理工程学报》2011年第2期，第30页。

与员工的组织公民行为显著正相关，内部人身份认知在两者间起完全中介作用，而中国人传统性对领导-成员交换与内部人身份认知之间的关系具有显著的调节作用，即对于低传统性员工而言，领导-成员交换与内部人身份认知之间呈显著的相关关系。而对于高传统性员工而言，两者之间相关关系并不显著。[1]

（四）CPM 领导理论

领导力既是领导者所代表的组织机能的表现，又是领导者个人品德的外在表现，两者相互交融、密不可分。

自古以来，中国人在领导实践中就强调领导者的模范表率作用，提倡以德治家、以德治企、以德治国。所以中国人一直对刚正不阿、公私分明、德高望重的组织领导者倍加称颂，把组织的未来寄托在开明的领导者身上，期望那些能以身作则、率先垂范的德高望重之人来做领导。中国人这种自古就有的道德伦理观至今仍深深地影响着现代人的思想和对领导者的评价标准。

李明、凌文辁结合中国文化特征，将领导者的"个人品德"作为文化特异性因素与领导行为理论"工作取向"和"人员取向"的二维结构模型融合起来，提出了具有中国文化特征的 CPM 领导理论。该理论中的 C 因素（character and morals，个人品德）是领导者的间接影响力，针对的是自己；P 因素（performance，绩效达成）和 M 因素（maintenance，团体维系）都是领导者执行领导职能过程的直接影响力。有所不同的是，P 因素针对的是工作，而 M 因素针对的是他人。CPM 领导理论表明，一个领导只有正确地处理好对工作、对他人、对自己的关系，才能最大限度地发挥增幅放大的领导作用。[2]

（五）中国的本土领导实践新进展

中国共产党人的初心和使命，就是为中国人民谋幸福，为中华民族谋复兴。这个初心和使命是激励中国共产党人不断前进的根本动力。中华人民共和国从站起来到富起来，从富起来到强起来，始终离不开中国共产党的政治领导力、思想引领力、群众组织力、社会号召力。所以中国的本土领导实践的理论提升，中国共产党的自身建设是一个核心和关键课题。这方面的研究正在不断

---

[1] 汪林、储小平、倪婧：《领导-部属交换、内部人身份认知与组织公民行为——基于本土家族企业视角的经验研究》，《管理世界》2009 年第 1 期，第 97 页。

[2] 李明、凌文辁：《领导力研究的中国化：CPM 领导理论的探索与启示》，《心理研究》2023 年第 5 期，第 449 页。

深入和升华,在此简要介绍几项研究成果。

徐立国等人通过海尔张瑞敏的个案研究,发现中国本土领导者在企业发展中至少承担三种角色,即设计师、市场政治家及形象代言人。① 乐国林等人通过对"鞍钢宪法"和"华为基本法"进行分析,提炼了三个主要的中国本土管理元素,即整体平衡的管理哲学、"集体主义"的组织行为和英雄领袖的魅力型领导者。郭毅则通过中国共产党的成功案例发现了四个可以构成中国共产党能力的维度,分别为生存理性、组织结构、组织文化,以及领导与管理形式。韩巍、席酉民结合现实经验与理论思考,提出了一个由"文化、社会化、组织情境和互动"四个维度构成的中国本土领导分析框架,并据此归纳了四种领导类型:常态型领导、机会型领导、理想型领导和幻觉型领导。② 此类研究的研究内容反映出国内学者在领导理论研究中所做出的积极尝试和努力。

二、对西方领导理论的研究

当前对西方领导理论研究中,相关研究成果或思辨,或实证,或两者兼而有之,已有大量文献,在此对其中两种略做介绍。

(一) 变革型领导的研究

陈永霞、贾良定等人通过问卷对972位企业管理人员的调查发现,变革型领导与组织承诺之间正相关,且心理授权在两者之间起到完全中介作用。李浩澜、宋继文、周文杰通过使用李超平和时勘开发的本土变革型领导测量问卷和周文杰等人开发的本土追随力量表对706名本土员工进行调查,发现变革型领导对员工追随力有显著的正向影响,员工心理授权在变革型领导与追随力之间起部分中介作用,权力距离在变革型领导与员工心理授权之间、变革型领导与员工追随力之间起到负向调节作用。卫海英、骆紫薇梳理了中国式顾客关系的核心变量,同时构建了经由企业互动导向、变革型领导和员工互动响应对中国式顾客关系、企业互动和社会互动共同作用的双驱动模型,为服务企业如何与顾客建立长期关系提供了思路。

(二) 领导-成员交换的研究

有关领导-成员交换的研究相比于其他的研究,受到更多的关注。相关的

---

① 徐立国、葛京、席酉民等:《企业发展过程中的本土领导角色及行为》,《管理学报》2013年第11期,第1567页。
② 韩巍、席酉民:《机会型领导、幻觉型领导:两个中国本土领导研究的关键构念》,《管理学报》2012年第12期,第1728—1729页。

实证研究主要涉及领导-成员交换与组织公民行为、亲组织非伦理行为、员工沉默、反生产行为、谏言行为、员工创造力，等等。韩巍、席酉民通过自身的成长经历、组织经验和社会观察，构建了一个阐释领导者与下属互动机制的模型。另外也有学者通过理论研究的方式论述了领导-成员交换的相关内容，例如郭晓薇对中国的上下级关系进行了述评，探讨了领导-成员交换理论的本土贴切性以及在中国的上下级关系与领导-成员交换在关系形态和交换原则上的差异。

在当今竞争全球化和共享经济不断推进的时代背景下，组织日益扁平化，远程工作也愈发普及，人际信任对组织管理的重要性更加凸显。组织中如何促进成员之间的人际信任，尤其是提升组织成员对领导的信任水平成为我国企业管理者关注的重要问题，而领导-成员交换正是揭示组织成员之间信任形成和发展机制及其影响因素的极佳视角，也是近年来领导-成员交换理论的研究热点。如王雁飞等人基于社会交换理论，探讨了下属对领导者的认知信任和情感信任在领导-下属关系图式一致性与下属行为绩效关系中的中介作用。这一研究从理论上厘清了上下级关系图式一致性对下属不同类型信任的影响机制，丰富了人际信任的理论研究并推动了国内外领导行为研究范式的多元化。同时这一研究在实践上也为企业通过提升下属对领导者的信任来促进员工任务绩效和创新行为提供了经验。①

在中国的领导理论研究过程中，学界对西方领导理论研究中存在的问题的认识越来越客观。中国学者对领导理论的研究注重将古今中外管理思想进行融合，凭此发现领导实践的真正规律，力图为丰富和完善全球领导知识体系做出应有的贡献。这不仅是中国崛起的必然，也是推动世界和平发展的力量。可以肯定，中国领导力本土研究的高潮正在到来！

思考题

1. 简述新型领导理论的特点。
2. 简要介绍你最感兴趣的领导类型产生的背景、主要内涵与适用情境。
3. 以你身边的同学或家人为案例，简要分析他们的领导风格。

---

① 王雁飞、郑立勋、郭子生等：《领导-下属关系图式一致性、信任与行为绩效——基于中国情境的实证研究》，《管理世界》2021年第7期，第162页。

4. 精读一部领导者传记，结合相关主题研究文献，解析传主的领导风格。

第六章 沟　　通

美国学者约翰·奈斯比特曾指出，未来竞争是管理的竞争，竞争的焦点在于每个社会组织内部成员之间及其与外部组织的有效沟通。

第一节　沟通概述

一、沟通的定义

对于沟通，可以说是"仁者见仁，智者见智"。据统计，有关沟通的定义有 100 多种。

《现代汉语词典》的定义为，使两方能通连。

《韦氏词典》的定义为，文字、文句或消息之交流，思想或意见之交换。

美国学者罗宾斯认为，沟通就是意义的传递和理解。

从一般意义上讲，沟通就是为了实现设定的目标，在互动过程中，发送者通过一定媒介或通道，以语言、文字、符号等表现形式为载体，与接收者进行信息（包括知识和情报）、思想和情感等交流、传递和交换，并寻求反馈以达到相互理解的过程。

理解沟通的定义需要把握以下几个方面。

（1）沟通是意义的传递。如果信息和想法没有被传递到，则意味着沟通没有发生。也就是说，说话者没有听众或写作者没有读者都不能构成沟通。

（2）沟通中传递的信息包罗万象，既可以是单纯的信息交流，也可以是思想、情感、态度和价值观的综合交流。

（3）沟通的目的是达到双方相互理解，而非意见一致。良好的沟通应是准确理解信息的意义，而不是沟通双方达成一致协议。

（4）沟通是一个双向的、互动的反馈和理解过程。如果预料的结果并未出现，接收者并未对发送者发出的信息做出反馈，那就没有达成沟通，需要反思沟通的方式与方法。

二、沟通的重要意义

组织中的沟通是管理活动中不可缺少的组成部分，也是管理者最重要的职责之一，无论对个人还是对组织都有重要的意义。

（一）沟通对个人的意义

（1）从马斯洛的需要层次论考察，无论是生理需要、安全需要，还是社交需要、尊重需要和自我实现需要，都需要在沟通过程中获得满足。因为不通过一定的沟通形式与他人产生联系，就无法体现个人在固有的社会网络中的交流范围、受尊重的程度与自我实现的程度。沟通能够调节情绪与促进感情交流，减少人际的内部冲突，促进相互理解。

（2）沟通能力在一定程度上对个人的职业发展有很大影响。例如，某咨询公司对世界500强企业管理者的一项调查显示，在谈到成功因素时，接受调查的300位企业管理者中有85%的人认为，他们之所以成功是因为沟通和人际关系的能力胜人一筹。

（二）沟通对组织的意义

（1）沟通是组织与外部环境之间建立联系的桥梁。任何组织在生产经营活动中都要与政府行政管理部门、供应商、债权人、投资者、竞争者、顾客等发生各种各样的关系。组织必须了解他们的需要和要求，然后才能采取措施予以满足，而这只有通过沟通才能实现。

（2）沟通是组织协调各方面活动、实现科学管理的手段。要实现科学管理，管理者必须了解组织内部的信息，即管理对象的各个方面或管理对象在管理过程中的活动特点及其变化的各种信息、情报和资料。通过这些信息，管理者可以了解员工的态度与意见，了解各部门之间的关系和工作效果，借此进行有效控制，指挥整个组织的活动，协调各环节的关系。

（3）沟通是满足员工的心理需要、实现领导者激励下属的基本途径。领导者运用领导艺术，采取各种符合员工心理和行为规律的激励措施调动其积极性。而这一切行之有效的前提是：一方面，领导者要了解下属的需要；另一方面，下属也要了解领导者的意图和想法，这就需要通过沟通来实现。

（4）沟通是成功变革的关键。变革是组织发展过程中所面临的重大机遇和挑战，而变革过程必然会遇到各种阻力和障碍，管理中沟通的目的在于消除这些障碍，甚至把不利因素转化为有利因素，实现变革。

三、沟通的过程

沟通是一个复杂的过程，如图6-1所示，涉及发送者（信息源）、接收者

（听众）、编码和解码、目标（目的）、背景或环境、信息、通道或媒介、反馈、噪声等要素。沟通过程还涉及两个黑箱操作过程：一个是发送者对信息的编码过程，另一个是接收者对信息的解码过程。这两个子过程之所以被称为黑箱操作过程是因为我们无法检测而且也难以控制这两个过程，这是人脑的思维和理解过程。前者是反映事实、事件的数据和信息如何经过发送者的大脑处理、理解并加工成双方共知的语言的过程，而后者是接收方如何就接收到的数据和信息，经过搜索大脑中已有的知识并与之相匹配，从而将其理解、还原成事实、事件等的过程。

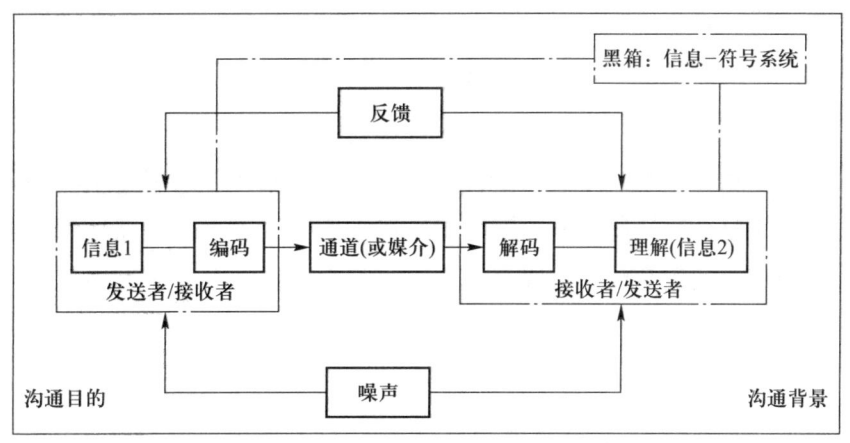

图 6-1　沟通过程模式

（一）发送者

发送者（source）是拥有信息并试图进行沟通的人。他们引发沟通过程，决定以谁为沟通对象，并决定沟通的目的。发送者的动机、态度、技能、情绪状态等都可能影响沟通的效果。

（二）接收者

接收者（receiver）是指接收发送者发出的信息的人。对这一要素要考虑的问题包括：是什么促使他们接收信息？他们对发送者的建议是积极的还是消极的？有一个还是多个接收者？哪些接收者是关键的，哪些是次要的，哪些是还没有考虑到的？接收者个人的知识、经验、心态、倾听技巧、身份等，对于所接收的信息具有筛选、过滤和加工的作用。

（三）编码和解码

编码（encoding）是发送者把自己的思想、观点与情感等信息根据一定的语言、语义规则翻译成可以传递的符号形式的过程，发送者的词汇和知识在这里起着重要的作用。解码（decoding）是接收者的思维过程，是接收者根据自己已有的经验和参考框架对所接收的符号进行翻译、解释的过程。接收者得到的信息与发送者的本意可能相似也可能不同。发送者应明白，不管自己的期望如何，在接收者头脑中所进行的解码只反映了接收者自己的情况。

（四）目标

目标（goal）是指沟通想寻求的结果是什么，分析整个沟通过程所要解决的最终问题。在沟通之前我们要对目标及其实现的成本进行比较。然后思考：目标有价值吗？它和同等重要或更重要的目标相冲突吗？沟通双方将怎样评价其风险和成果？简言之，要回答"怎样才算沟通成功"的问题。

（五）背景或环境

背景（setting）或环境是指沟通发生的情境。它影响沟通的每一个因素，同时也是影响整个沟通过程的关键因素。在沟通过程中，许多意义是由背景提供的，甚至语词的意义也会随背景而改变。因此，在制定沟通战略之前，要确保了解这些背景。

（六）信息

信息（message）是指沟通主体（发送者和接收者）要分享的思想感情。信息事实上是经过发送者编码的物理产品。当我们说的时候，说出的话是信息；写的时候，写出的内容是信息；绘画的时候，图画是信息；做手势的时候，手的动作、面部的表情是信息。信息受到三个因素的影响：用于传递意义的编码或信号群、信息本身的内容，以及对编码和内容的选择与安排。

（七）通道或媒介

通道（channel）或媒介是指沟通信息的传达方式。这是发送者把信息传递到接收者那里所借助的手段，如面谈、信函、电话、会议、计算机网络等。哪种媒介能把信息最有效地传递给每个重要听众？实际上"媒介本身就是信息"，你在做出媒介选择时就已经在传递相应的信息。例如，你送给办公室同事一份备忘录，可能表示你不愿与他面对面交谈。

心理学家的研究发现，在各种方式的沟通中，影响力最大的，仍是面对面的沟通。因为除了语词本身的信息，还有发送者整体心理状态的信息，这些信息使得发送者与接收者可以发生情绪的相互感染。此外，在面对面沟通的过程中，发送者还可以根据接收者的反馈，及时调整自己的沟通过程，使其变得更加适合接收者。

（八）反馈

反馈（feedback）是指接收者对发送者传来的信息所做出的反应。如果接收者能充分解码，并使信息真正融入信息交流过程中，则会产生反馈。通过反馈，个人之间的信息交流变成一种双向或多向的动态过程。

反馈的作用是使沟通成为一个交互过程。在沟通过程中，沟通的每一方都在不断地将信息回馈给另一方，这种回馈过程就称作反馈。反馈可以告诉信息发送者，接收者接收和理解每一条信息的状态。如果反馈显示，接收者接收并理解了信息，这种反馈称为正反馈。如果反馈显示，发送者的信息没有被接收和理解，则称为负反馈。如果显示接收者对于信息源的信息反应为不确定状态的信息，则称为模糊反馈。

反馈不一定来自对方，人们也可以从自己发送信息的过程或已发出的信息获得反馈。当人们发现所说的话不够明确，或写出的句子难以理解时，自己就可以做出调整。与外来反馈相对应，这种反馈称为自我反馈。

（九）噪声

噪声（noise）是指沟通过程中的干扰因素，即影响接收和准确理解信息的任何障碍因素。噪声作为一种干扰源，其本质也是一种信息。只不过这种信息通过增加信息编码和解码中的不确定性，导致信息传递和接收时的模糊和失真，并将进一步干扰沟通主体之间的信息交流。

四、人际沟通与组织沟通

（一）人际沟通

人际沟通是指两个或两个以上的人之间的沟通。人际沟通是组织沟通的基础。个人的动因和行为对人际沟通具有重要影响。研究表明，人的社会属性主要来自沟通，人与人之间的沟通所提供的社会信息对于人的行为和思想具有重要意义。

关于人际沟通需要注意以下几个特点：首先，人际沟通主要是通过语言（或语言的文字形式）来进行的。其次，人际沟通不仅是信息的交流，而且包括情感、思想、态度、观点的交流。再次，在人际沟通过程中，心理因素有着重要的意义。最后，在人际沟通过程中，会出现特殊的沟通障碍。这种障碍可能因人们所特有的心理障碍而产生。如由于人的知识、经历、职业、政治见解的差异，对同一信息可能有不同的体会和解释。因此，在研究人与人之间的沟通时，需要了解和研究它的特殊规律。

（二）组织沟通

组织沟通是指组织内部人与人、部门与部门之间，以及组织内部与外部之间进行的信息交流或传递活动。在一个组织内部，既存在着人与人之间的沟通，也存在着部门之间的沟通。良好的人际沟通是进行组织中部门之间沟通的前提，有效的部门之间的沟通又是管理者组织协调各部门之间关系的重要条件。影响组织沟通的因素除了人际沟通中的因素，还有影响组织生存的各种环境因素。在管理活动中，各种沟通方式和方法的效果与检验都应置于组织中。

在组织内，成员间所进行的沟通包括正式沟通、上行与下行沟通、平行沟通等各种形式。组织沟通与人际沟通最大的差别是人际沟通主要体现为一种平等关系，而组织沟通更多地体现为上下层级之间的关系。

五、电子化信息沟通

随着信息技术的发展和经济全球化的进展，人与人之间的信息沟通早已不局限于传统的、低技术含量的简单的口头沟通或书信沟通了，而是更多地使用电子化的信息沟通。

（一）电子化信息沟通的主要方式

1. 同步通信

同步通信是指沟通双方可以同时发送和接收信息，传统的电话沟通就属于这种形式，以下几种电子化信息沟通也属于同步通信。

（1）视频会议。不同于过去的会议，视频会议的参与者不需要出现在同一个地点，大家可以在世界的任何地方，只要同一个时间通过电子通信软件和网络技术，就可以交流信息，实现沟通。

（2）即时信息。通过使用即时通信软件，人们可以立即读到对方的信息并且进行回复。目前我国使用人数最多的为 QQ 和微信，这都是在网络使用者之间实现互动的实时沟通方式。此类新型的社交网络正在改变人们的日常生活和沟通方式。

（3）聊天室。聊天室可以建立在一些即时通信软件的基础上，允许多人同时进行信息的共享。每个人都可以发送和接收信息。

2. 异步通信

异步通信是指沟通的参与者需要轮流发送和接收消息,也就是说发送者的信息和接收者的信息不是同步的。

(1) 电子邮件。电子邮件是指通过互联网发送信息,它既可以用于一对一通信,也可以用于一对多通信。电子邮件之所以快速地成为世界通用的沟通工具,不仅是因为它方便快捷,还因为它能组织和存储信息,以及附加了转发邮件、建立通讯录、订阅电子刊物等功能。

(2) 微博。微博由简短且经常更新的帖子构成,这些帖子一般按照时间线倒序排列。作者通过微博分享个人观点、生活片段等,而读者可以通过评论、转发等方式与作者互动。

(3) 社交网络。社交网络的出现给沟通带来了更大的便捷。它允许人们在自己的页面上发布照片、日志、状态等,朋友之间可以通过对对方的照片、日志、状态进行评论来沟通。现在,大部分的社交网络还融合了即时信息的功能,实现了同步通信和异步通信的结合。

(二) 电子化信息沟通的作用

1. 积极作用

(1) 电子化信息沟通最显著的优点就是速度快。无论距离多么遥远,通过互联网技术和电子设备,信息都在以秒为单位的时间内被发送。

(2) 快速的沟通大大提高了工作的效率。

(3) 低廉的成本是传统的电报、信件以及电话所无法相比的,更重要的是,减少了出差的人员和费用,大大降低了企业的沟通成本。

(4) 组织成员之间的沟通变得更自由化,合作也变得更密切和容易。

2. 消极作用

(1) 由于信息流速增快导致的信息泛滥是电子化信息沟通的一大弊病。组织中个体接收到的信息数量远远超出其所能处理的能力,大量的信息淹没了重要信息和需要优先处理的信息。

(2) 口头沟通受到极大的限制。人们青睐电子化信息沟通的快捷,所以减少了面对面的会议和交谈,然而面对面的沟通不仅能告知事实,也有传递感情的作用。电子化信息沟通使人与人之间的交流减少,从而也弱化了人与人之间的了解与信任。

(3) 信息容易丢失或被破坏。电子设备中的信息很容易随着电子设备的损坏或丢失而消失，由此给组织带来的损失可能是巨大的。所以应有备用设备，并将重要信息储存于备用设备中。

（4）隐私遭到侵犯。尽管社会规范阻止人们偷听他人讲话，偷看他人信件，但科技的发展使偷听和偷看变得越来越隐秘和容易。除了个人行为，一些企业也在互联网上监测员工的行为，大多数员工不喜欢这样的做法，感觉自己的隐私遭到了侵犯。

第二节 组织沟通的种类

许多学者从不同的角度对组织沟通进行了划分。根据国内外研究成果，组织沟通主要划分为以下几种类型。此外，信息技术的发展也对沟通产生了重要影响。

一、根据沟通渠道划分

（一）正式沟通

正式沟通是指在组织内，根据组织的明确规定进行信息的传递和反馈，包括正式会议、定期汇报、书面沟通，如公函、文件等。正式沟通的优点是沟通效果好，有较强的约束力；缺点是沟通速度慢。

1. 沟通网络

管理心理学者莱维特对组织中的正式沟通进行了深入研究，他认为组织中的正式沟通，有五种典型的沟通网络：链式、Y式、轮式、环式和全通道式，如图6-2所示。

（1）链式沟通。在链式沟通中，网络层次清晰，信息只能单方向传递，信息的发送者与接收者是单线联系，沟通自由度小，并且信息经过层层传递，容易失真，但有利于加快沟通速度，进行信息保密，维护上下级之间的控制关系。

（2）Y式沟通。在Y式沟通中，团队的领导者处于不同的位置，需要向他们传达信息，只有一个成员位于中心，是沟通的媒介。在这一网络中，集中化程度高，信息传递迅速，但下属成员平均满意度低。比较适用于领导者工作繁重，需要专人负责信息筛选以节约时间的情形，但沟通的效果更多地依赖作为

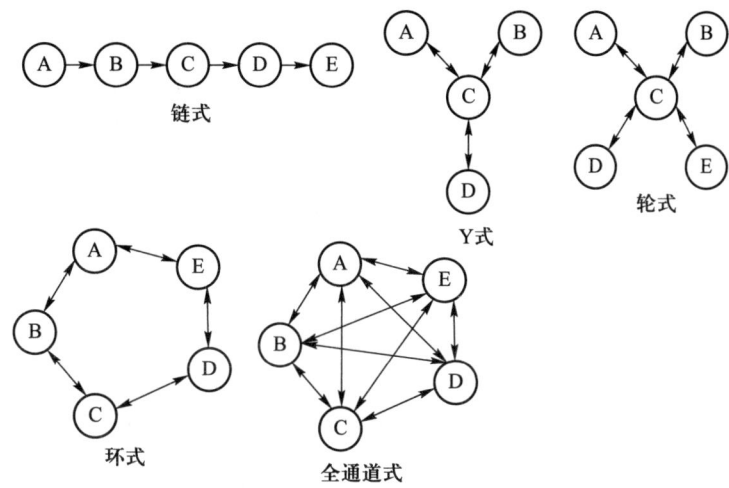

图 6-2　五种沟通网络

沟通媒介的组织成员。

（3）轮式沟通。在轮式沟通中，有一个成员处于核心地位分别与其他人进行沟通，他是各种信息的传递中心，通常是组织的领导者。其特点是领导者可同时与多位团队成员进行沟通，团队成员之间并无沟通，这样容易形成领导者了解全面情况、成员之间信息闭塞的局面，利于领导者控制成员，但成员之间满意度较低。若面临需要加强控制、提高效率的情境，可以采用这种网络。

（4）环式沟通。在环式结构的沟通中，成员之间形成了一个封闭的环，每一位成员都可以同时与两侧的成员进行沟通，但不能与更远的成员沟通，这样降低了沟通的效率，但每位成员在沟通中的地位是平等的，会提高成员的整体满意度。

（5）全通道式沟通。全通道式沟通是一个开放式的网络系统，其中每个成员之间都有联系，彼此了解。所有成员可以充分参与信息沟通，成员地位平等，因此成员的整体满意度较高，适合解决复杂的问题，但由于沟通渠道多，沟通占用较多时间，效率低下。

这五种沟通网络各有特点，适用于不同的情境，在组织沟通中，管理者需要选择不同的沟通网络，扬长避短，做到有效沟通。

2. 信息流向

正式沟通根据信息传递的流向可细分为上行沟通、下行沟通、平行沟通、斜向沟通等几种形式，如图 6-3 所示。

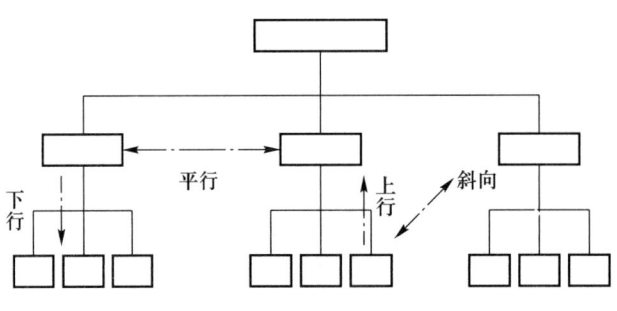

图 6-3 几种沟通形式

（1）上行沟通。上行沟通是指在组织中，下级向上级进行的沟通，即自下而上的沟通。例如工作汇报、问题反映、请求指导等。这种自下而上的沟通可以让管理者了解到员工的意见和想法，为员工提供参与管理的机会，利于营造良好的上下级关系。但是这种上行沟通可能会受到上行渠道中诸多中间环节上的信息传递角色即主管人员的阻碍，不把所有的信息真实地传递上去，尤其是不把对自己不利的信息传递上去，于是上行信息在他们那儿被加工、删除或组合，最终传递上去的可能是完全失真的信息。

（2）下行沟通。下行沟通是指在组织中信息是由组织层次的较高处传递到较低处，即自上而下的沟通。比如宣布政策、下达命令、布置任务等，通常是为了控制、指示、激励及评估。实际上，有效的下行沟通并不只是传送命令而已，而是应该让员工了解组织的政策、计划的内容，并获得员工的信赖、支持，同时有助于组织决策和计划的控制，达到组织目标。但是，在运用下行沟通时，信息在传递过程中有被遗漏或曲解的可能。

（3）平行沟通。平行沟通是指在组织中具有相对同等职权地位的人之间的沟通，例如部门之间的工作协调、专题报告、例行培训等。由于是平行关系，沟通比较容易。但由于平行沟通的成员都是站在各自的立场，可能存在本位主义和短视、偏见等现象，加之沟通的权威性不足，有产生相互推诿、矛盾和冲突的可能。

（4）斜向沟通。斜向沟通是指与其他部门中不同地位即职权等级不同的成员之间的沟通。例如，当负有职能权限的或有咨询权限的参谋人员与不同部门的业务主管交往时，其信息的沟通就超越了组织规定的渠道路线。一些学者认为，斜向沟通会破坏统一指挥，但它有助于提高效率，跨组织层次交流可以比正式途径更快地提供和获得信息。

(二)非正式沟通

非正式沟通是指正式沟通渠道以外的信息交流和传达方式。非正式沟通和正式沟通不同,因为它的沟通对象、时间及内容等各方面,都是未经计划和难以辨别的,其沟通途径是组织内的各种社会关系,这种社会关系超越了部门和层次。

1. 非正式沟通产生的原因

通过非正式沟通途径来交换或传递信息,常常可以满足个人的某些需要。例如,朋友之间交换信息,意味着相互的关心和友谊的增进,借此更可以获得社会需要的满足。这种信息对于组织成员来说,往往是他们最感兴趣可又最缺乏的。组织中有一些人热衷于传播小道消息,虽然有本人的原因,但也与组织正式沟通渠道的不畅有关。

以下五个因素是小道消息传播的重要原因。

(1) 如果人们缺少有关某一事态的信息,就会千方百计地通过非正式渠道来填补这一空白。有时这些活动甚至会导致歪曲事实或编造谣言。

(2) 当人们感到在某一态势中不安全,也会积极参与小道消息的传播,例如公司准备裁员,大家猜测的裁员名单会经小道消息传播。

(3) 如果人们同某件事有利害关系,就可能导致小道消息传播。例如,某人和上司就某项工作发生争执,那他的朋友很可能是小道消息的传播者。

(4) 当人们得到的是最新信息,而不是旧闻陈迹时,他们就更加热衷于小道消息传播。

(5) 有时一些正式信息不便于在正式渠道中传递,组织成员就有可能利用非正式渠道来传递这些信息,使之起到正式渠道起不到的作用。

2. 非正式沟通的利与弊

同正式沟通相比,非正式沟通的优点是:沟通形式灵活,直接明了,速度快,省略许多烦琐的程序,容易及时了解到正式沟通难以提供的信息,真实地反映员工的思想、态度和动机。但是,过分依赖这种非正式沟通途径,也有很大危险,因为这种信息遭受歪曲或发生错误的可能性相当大,而且无从查证。尤其与员工个人关系较密切的问题,如晋升、待遇、改组之类,常常出现所谓"谣言"(rumors)。这种不实消息的散布,往往对组织造成较大的困扰。非正式沟通的缺点主要表现在:非正式沟通难以控制,传递的信息不确切,容易失真、被曲解,并且它可能促进小集团、小圈子的建立,影响员工关系的稳定和团体的凝聚力。

3. 非正式沟通的方式

在相当程度上，非正式沟通也是获取信息的一种途径。这种途径较正式途径具有较大的弹性，它可以是横向流向，也可以是斜向流向，途径繁多且不定型。例如，同事之间的任意交谈，甚至通过家人之间传话等，都是非正式沟通。

非正式沟通的常见方式为：

（1）集群传递。在沟通过程中，可能有几个中心人物，由中心人物转告若干人，而且有某种程度的弹性。

（2）密语传递。由一人告知所有其他人，犹如其独家新闻。

（3）随机传递。碰到什么人就转告什么人，并无一定中心人物或选择性。

（4）单线传递。由一人转告另一人，他也只再转告一个人，这种情况最为少见。

二、根据媒介形式划分

（一）语言沟通

语言沟通是指以词语符号为载体实现的沟通，主要包括口头沟通、书面沟通和电子媒介沟通。

（1）口头沟通，也就是交谈，是人与人之间最常见的交流方式。常见的口头沟通包括演讲、正式的一对一讨论或小组讨论、非正式的讨论以及传闻或小道消息传播等。口头沟通是所有沟通形式中最直接的方式。它的优点是快速传递和即时反馈。通过这种方式，信息可以在最短时间内被传送，并在最短时间内得到对方回复。如果接收者对信息有疑问，迅速的反馈可使发送者及时检查其中不够明确的地方并进行改正。口头沟通的缺点在于信息传递过程中存在着巨大的失真的可能性。每个人都以自己的偏好来增删信息，以自己的方式诠释信息，当信息到达接收者时，其内容往往与最初的含义存在偏差。

（2）书面沟通，指借助文字进行的信息传递与交流，如通知、报告、请示等。书面沟通的优势在于：首先，沟通的信息可以长期保存下去。如果对信息的内容有疑问，过后的查询是完全可能的。对于复杂或长期的沟通来说，这尤为重要。其次，书面沟通更加周密，逻辑性强，条理清楚。发送者所欲表达的信息能被充分、完整地表达出来，减少了情绪、他人观点等因素对信息传达的影响。最后，书面沟通的内容易于复制、传播，这对于大规模传播来说，是一个十分重要的条件。但是，相对口头沟通而言，书面沟通耗费时间较长。同等时间的交流，口头沟通比书面沟通所传达的信息要多得多。此外，书面沟通缺乏内在的反馈机制，其结果是无法确保所发出的信息能被接收到，即使被接收到，也无法确保接收者对信息的理解正好是发送者的本意。发送者往往要花费很长的时间来了解信息是否已被接收并被准确地理解。

（3）电子媒介沟通，是以计算机技术与电子通信技术结合而产生的信息交流技术为基础的沟通，如传真、电子邮件等。电子媒介沟通的优点是信息容量大、速度快捷、成本低，可以跨时间、跨地域进行；缺点是缺乏情感和丰富体态语言的表达等。

（二）非语言沟通

非语言沟通是相对于语言沟通而言的，是指通过身体动作、体态、语气语调等方式交流信息、进行沟通的过程。在沟通中，信息的内容部分往往通过语言来表达，而非语言行为则作为解释内容的框架来表达信息的相关部分。因此非语言沟通常被错误地认为是辅助性或支持性角色。实际上，在人类的沟通中互动双方所获得的信息有很大一部分来自非语言行为。

非语言沟通主要通过以下三种方式表现。

（1）身体语言沟通，包括动态的身体语言沟通和静态的身体语言沟通。动态的身体语言沟通是指通过动态的表情、动作、手势和身体运动等实现沟通，人们可以通过面部表情、手部动作等传达诸如攻击、恐惧、腼腆、傲慢、愉快、愤怒等意图或情绪。静态的身体语言沟通是指通过衣着打扮等实现沟通。

（2）副语言沟通，是通过非语词的声音，如重音、声调的变化、哭、笑、停顿等来实现的。心理学家称非语词的声音信号为副语言。语言表达方式的变化，尤其是语调的变化，可以使字面相同的一句话具有完全不同的含义。比如一句简单的口头语"真棒"，当音调较低、语气肯定时，表示由衷的赞赏；当音调升高、语气抑扬时，则有可能变成了刻薄的讥讽和幸灾乐祸。

（3）物体操纵，包括环境的布置、辅助仪器与设备等物料的使用。例如，一位车间主任在和工长讲话的时候，心不在焉地拾起一小块碎料。他刚一离开，工长就命令全体员工加班半小时，清理车间垃圾。实际上车间主任并未提到关于清理垃圾的一个字。

三、根据信息反馈划分

（一）单向沟通

单向沟通是指在沟通过程中，信息发送者与接收者之间的地位不变，一方主动发送信息，另一方只被动地接收信息，没有反馈发生。这种沟通方式速度快，发送者不受接收者的挑战，能保持和维护尊严。因此，当工作性质简单而又急需完成，或遇到紧急情况不需要甚至根本不允许商讨时，采用单向沟通方式效果很好。但由于接收者对信息内容的理解没有机会表达，单向沟通有时准确性较差。

（二）双向沟通

双向沟通是指在沟通过程中，发送者和接收者的地位不断变换，信息在双方之间反复流动，直到双方对信息的理解一致。这是有信息反馈的沟通。在双向沟通中，发送者可以检验接收者是如何理解信息的，也可以使接收者明白其所理解的信息是否正确，并可进一步传递信息。其优点是沟通信息的准确性高，接收者有反馈意见的机会，双方可以反复交流磋商，增进彼此的了解，加深感情，建立良好的人际关系。缺点是沟通过程中接收者要反馈意见，有时使沟通受到干扰，影响信息的传递速度。

第三节　组织沟通的障碍与克服

彼得·德鲁克认为，沟通应该解决四个基本问题，即让听众感知到沟通的信息内涵、满足听众期望、激发听众的需要、提供有价值的信息。然而在现实的沟通活动中，由于种种原因，信息在传递过程中往往被丢失或发生曲解，这降低了沟通的效果，使沟通的预期目标没有达到，阻碍了有效沟通的实现。因此，认识、防止、克服沟通障碍，不断提高沟通技巧，加强组织沟通的管理，尤其重要。

一、组织沟通的障碍

（一）来源于组织结构因素的沟通障碍

1. 职位差别

组织成员因职位不同而产生的心理隔阂，被称为位差效应。职位不同会使员工形成上位心理和下位心理。具有上位心理的人因为处在比别人高的层次而有某种优越感，具有下位心理的人因处在比别人低的层次而有某种自卑感。有关研究也表明，职位的高低对沟通的方向和沟通频率有很大影响。

职位的差别可能导致信息过滤的现象。过滤是指发送者有意操纵信息，以使信息显得对接收者更为有利。例如，如果一名管理者告诉上级的信息都是上级想听到的东西，这名管理者就是在过滤信息。过滤的主要决定因素是组织结构中的层级数目。组织纵向层级的数目越多，过滤的机会就越多。

2. 信息传递链

在直线型的职能组织中，信息的流动是单向的，每一层只对上一层人员负责，沟通中就可能出现放大和缩小效应，导致信息失真。

3. 团体规模

当工作团体规模较大时，人与人之间的沟通也相应变得困难。这是由于人数的增长对沟通数量的增长具有乘数效应，沟通数量的增长速度大大超过人数的增长速度。然而，个人的精力和时间都是有限的，沟通人数太多会影响沟通的效果。

（二）来源于个人特征因素的沟通障碍

1. 能力因素障碍

能力因素障碍主要表现为三个方面：第一，目的不明确。如果信息发送者对自己将要传递的信息内容、交流的目的不明确，将导致沟通无法正常进行。第二，表达能力不佳。如果信息发送者用词不当、口齿不清或字体难辨、逻辑混乱、模棱两可，都会产生噪声并造成传递失真，使接收者无法了解其所要传递的真实信息。第三，忽略非语言因素的运用。如果信息发送者不懂得运用非语言沟通的技巧，忽视非语言沟通，或者非语言的暗示与实际要表达的意思不一致，会导致信息接收者产生困惑。例如领导者表扬下属时面部表情很严肃甚至皱眉头，会让下属迷惑。

2. 沟通者的知觉偏差

认知或者知觉过程，是人们依赖自己的知识和经验，对所获得的信息进行选择、解释和评价的心理过程。人们在沟通过程中，会把信息转换成对他人有意义、能理解的符号或文字。在转换过程中，会将过去发生的事件、经验，现在的动机和对未来的预期等作为参考，而接收者也会依赖自己的一个特别的参考框架来解读这些信息。在沟通过程中，常常出现先入为主、刻板效应、晕轮效应等，导致误解在沟通中出现，因此知觉偏差是有效沟通的主要障碍之一。

3. 心理因素障碍

（1）沟通恐惧。尽管很多人都害怕在人群面前讲话，但沟通恐惧所产生的问题比这严重得多，它会影响到沟通技巧的运用。

（2）自我中心。一些人习惯于关注自我，总认为自己才是对的。在倾听过程中，过于注意自己的观点，喜欢听与自己观点一致的意见，对不同的意见往往置若罔闻，这样会错过聆听他人观点的机会。

（3）拒绝倾听。拒绝倾听表现在一些沟通者漫不经心，自高自大，拒绝倾听上级和下级的意见，这或者源于"我知道所有事情"的优越情绪，或者源于"我一无是处"的自卑情绪。

（4）不信任。信息发送者与接收者双方如果相互猜疑，会增加抵触情绪，影响交流。当沟通的一方认为信息给自己带来危害时，他就会对这些信息做一些有利于自己的加工，这样就会造成信息失真，另一方将收到不完整甚至错误的信息。

（5）情绪因素。不同的情绪感受会使个体对同一信息的解释完全不同。任何极端的情绪体验，都可能阻碍有效沟通。当人们处于狂喜或盛怒的状态时，由于不能进行客观、理性的思维活动，而代之以情绪性的判断，就会阻碍有效沟通。

（三）信息传递中的沟通障碍

1. 时机不当

信息传递的时机会增加或减少信息沟通的价值，发送者不合时宜地发送信息，对于接收者将是一个难以克服的理解障碍。

2. 媒介障碍

沟通需要良好的沟通媒介，实际上，媒介本身就是信息，选择媒介就是在传递相应的信息。缺乏良好的沟通媒介，或是选择了不适当的媒介，都会对沟通效果产生严重影响。

二、克服组织沟通障碍的有效途径

（一）健全组织的沟通渠道，提高沟通效率

组织应设法缩短信息传递链，拓宽沟通渠道，保证信息的畅通和完整。

在正式沟通渠道方面，定期的领导会面和不定期的员工会谈是不错的沟通方式。领导会面是让那些有想法、有建议的员工直接与主管领导沟通；员工会谈则是管理者觉得有必要获得第一手关于员工真实思想、情感的信息，而又担心通过中间渠道会使信息失真而采取的一种管理者与员工直接沟通的方法。在非正式沟通渠道方面，郊游、联谊会、聚餐等形式，都是非正式沟通的良好方式。这些渠道既能充分发挥非正式沟通的优点，又因为它们都属于一种有计划、有组织的活动，大大减少了信息失真和扭曲的可能性。

（二）塑造有利于沟通的组织文化

任何组织的沟通都是在一定背景下进行的，受到组织文化类型的影响，企业的精神文化直接决定着员工的行为特征、沟通方式、沟通风格。首先，塑造提供沟通机会的组织文化，鼓励所有员工去思考并表达，要创造条件、创造机会，让员工沟通。其次，需要营造平等、理解、信任的组织文化氛围。员工之间应承认并尊重彼此的差异，相互理解，在此前提下的人际沟通也会更有效地改善人际关系。所以，管理者应致力于营造一种民主的组织文化氛围，并适当地改善自己的领导风格和提高领导水平。

（三）掌握沟通技巧

1. 学会积极倾听

人际沟通始于聆听，终于回答。没有积极主动的倾听，就无法实现良好有效的沟通。有研究者指出，一般人每天用于沟通的时间，有 45% 用于倾听、30% 用于交谈、16% 用于阅读、9% 用于书写。

沟通是双向的行为，要使沟通有效，双方都应当积极投入交流。当员工发表自己的见解时，管理者也应当认真地倾听。积极的倾听要求管理者把自己置于员工角色，以便正确理解他们的意思。同时，应当客观地倾听而不做判断。当管理者听到与自己的观点不同的信息时，不要急于发表意见，这样可以避免漏掉余下的信息，把自己的意见推迟到说话人说完之后再表达。

2. 直接清楚的语言表达

使用一些易于理解并且尽可能清楚的语句有利于有效沟通。专业术语或特殊词汇只有在双方都理解的基础之上才能使用。管理者应根据员工的不同特点和差异，选择易于员工理解的词汇，应尽量避免使用冗长、专业的语句，也应避免枯燥、乏味的语言表达和不必要的重复。

3. 利用反馈技术，形成双向沟通

在促进信息沟通的有效方法中，信息反馈是重要的一种。信息反馈就是将信息沟通变成一种双向的信息流动。例如，信息发送者通过提问、讨论等方式来确定信息接收者是否真正了解信息。一般的反馈技术是观察接收者的神态和表情等。当然，这种反馈技术仅用于面对面的信息交流。对于信息发送者来说,最好的反馈技术无疑是让信息接收者再重述一遍所接收的信息。

4. 选择适当的沟通氛围和时机

紧张、压抑和焦虑是有效沟通的障碍。当一名管理者试图与一名员工进行沟通时,如果这位员工的情绪非常低落,那么双方最好推迟这次沟通,找一个彼此都感觉比较平静的时间再沟通。对于管理者来说,有个比较好的环境和氛围同样重要。双方可以确定一个时间,并根据谈话内容选择一个安静的场所,使双方均能平静而不受干扰地沟通。

5. 注意恰当地使用非语言沟通

在倾听他人的发言时,还应当注意通过非语言信号来表示对对方谈话的关注。如果员工认为管理者对他的话很关注,他就乐意向管理者提供更多的信息;否则,员工有可能向管理者隐瞒信息。另外,沟通时应展现恰当的面部表情。有效的倾听者会将所听到信息的有关情况表示出来。例如,赞许性的点头、疑惑性的摇头等,这些非语言信号都是在表明是否在认真倾听以及是否听懂。要使沟通富有成效,需要注意肢体语言与所说的话的一致性。

第四节 跨文化沟通

一、跨文化沟通的内涵及意义

(一) 跨文化沟通的内涵

当今世界正处于百年未有之大变局,处在大发展大变革大调整时期,全球治理体系和国际秩序变革加速推进,各国之间的联系也在不断加深,同时,国际环境的不稳定性、模糊性、复杂性突出,人类面临许多共同的挑战,需要携手解决,中国的发展与世界密不可分。中国坚持对外开放的基本国策,坚定奉行互利共赢的开放战略。这意味着我们一方面要进一步扩大对外开放,吸引全球资源要素,增强国内国际两个市场两种资源的联动效应;另一方面要走出去,深度参与全球产业分工和合作,维护多元稳定的国际经济格局和经贸关系,同世界各国共谋发展,推动构建人类命运共同体。在这样一个世界多极化、经济全球化、社会信息化、文化多样化深入发展的背景下,企业的跨国经营已成为一种必然趋势和战略选择,国际合作交流更为频繁,因此跨文化沟通就显得尤为重要,它是促进多元文化交流与理解的重要桥梁。

在一种文化中编码的信息,包括语言、手势和表情等,在某一特定文化单元中有特定的含义,传递到另一文化单元中,要经过解码和破译,才能被对方感知和理解。当信息的发送者和接收者不属于同一个文化单元时,就存在跨文化沟通。简而言之,跨文化沟通是指不同文化背景的人们之间的交流和互动。这种沟通涉及语言、行为、信仰、价值观、习俗、社会规范和交流方式等多个方面。

跨文化沟通存在不同的表现形式。首先,具有不同文化背景的企业之间存在跨文化沟通。不同国家和地区都有独特的传统文化、语言、宗教信仰和习俗。来自不同文化背景的企业可能在跨文化沟通中面临误解甚至冲突。其次,中国企业在面对海外市场时需要进行跨文化沟通,获得当地市场和员工的认同。如果把企业已有的管理模式生搬硬套到另一个文化环境中,可能导致企业管理"水土不服"。最后,企业内部同样也存在跨文化沟通。在跨国企业中,员工可能来自不同国家。由于文化差异,他们对企业的经营和管理存在着不同的认知,这种差异也会影响企业经营和团队建设。因此,开展有效的跨文化沟通对企业跨国经营和发展具有重要意义。

(二) 跨文化沟通的意义

对跨国企业来说,有效沟通是企业管理的出发点。因为在跨国企业中,管理者和员工面对的是不同文化背景、语言、价值观、心态和行为的合作者,管理是在跨文化沟通和交流的基础上进行的。与同一文化单元的沟通相比,跨文化沟通时更可能遭遇"文化震撼"或"文化误解",跨文化有效沟通的建立往往要花更多的时间、精力和努力。沟通不畅或无效往往导致跨文化企业的合作出现问题,甚至是合作破裂、经营失败。自20世纪80年代开始,经济全球化的发展迎来了高潮期。2013年,中国政府提出了"一带一路"合作倡议,鼓励并支持有能力的中国企业努力"走出去"。跨文化沟通逐渐成为国内大型跨国企业和合资企业探讨的重要管理实践问题,以及面临的重要挑战。在实施"走出去"的战略中,在全球经济依存度不断提高的情况下,掌握高效的跨文化沟通技能是跨国企业和合资企业的一大任务。可以说,成功的跨国企业必定是沟通良好的企业。在跨国经营的组织中,沟通不畅不仅容易导致沟通双方的误解和偏见,更可能影响组织的健康发展,甚至导致组织难以生存。

从管理者个人角度看,一个成功的管理者需要在跨文化沟通上有较强的能力、较好的技巧和较高的水平。事实上,对于跨国企业的管理者来说,跨文化的沟通技巧更是决定其事业成败的关键因素。增强跨文化观念和跨文化理解能力不仅能帮助管理者预见并解决在交往中出现的问题，还能使个人在发现和理解其他文化的特点中获得乐趣和满足，并且在试图理解其他文化的过程中，更好地理解自己和自己的文化。更为重要的是，自己的许多偏见，都可以通过跨文化的沟通而得到理智克服。

二、影响跨文化沟通的主要因素

由于文化的差异性和跨文化沟通的特点，不同文化背景的人在沟通的过程中可能会遇到各种障碍，影响跨文化沟通的因素主要表现为价值观因素、社会规范因素、语言因素等。

（一）价值观因素

价值观是个体或群体对于什么是有价值、重要或可取的一种观念或信念，这种观念或信念可以是明确表达的，也可以是内隐的。一般说来，价值观是由多个不同但又相互关联的价值衡量标准构成的一个相对稳定的层级和结构，在很大程度上影响着人们对行为方式、手段和目的的选择。

文化背景不同的人具有不同的价值观。价值观经常会从潜意识中影响人们待人接物的方式。在跨文化沟通中，如果沟通双方有不同的价值观，那么他们就有不同的假设前提，并据此对外界的信息做出反应。此时，沟通双方必须坚持或必须反对的价值观的冲突程度越高，其沟通破裂的可能性就越大。此外，生活在单一文化氛围中的人，在沟通中常用单一的价值标准去衡量对方的言行，并做出相应的反应，这是造成跨文化沟通障碍的重要原因。

（二）社会规范因素

社会规范是文化的要素之一，它是关于人们应该做什么、不应该做什么，可以做什么、不可以做什么的规则。这也是跨文化沟通中引起误会和冲突的重要因素。

1. 道德规范

道德规范是一种内化了的行为标准，人的行为会自觉遵循这种标准，违反道德的行为就会受到舆论和良心的谴责。不同文化中有共同的道德规范也有不同的道德规范。道德规范的差异可能会导致跨文化沟通中的误解和冲突，理解和尊重不同文化背景下的道德规范对于跨文化沟通至关重要。

2. 法律规范

法律规范是一种具有强制性的行为规范，由国家制定或认可，并由国家机构保证实施。不同国家法律规范所依据的理论基础和体系是不同的，因此各国在具体的法律规范上也会有不同之处。法律规范多是成文规定，跨文化沟通者在法律规范上的冲突常常会涉及国家主权问题、国家安全问题、知识产权问题、劳动合同问题等，因此，必须了解和遵守所在国的法律，避免遭受精神和物质上的损失。

3. 宗教规范

宗教规范是受宗教影响而形成的一种极具强制性的行为规范，包括信仰、节日、仪式教规等多种表现形式。在跨文化沟通中，宗教规范上的冲突要比风俗习惯上的冲突更难调和，这也成为影响跨文化沟通的又一重要因素。

4. 风俗习惯

风俗习惯带有强烈的地域性、乡土特征和浓重的感情色彩。它经过千百年来的流传、积淀和吸收再生，深深地影响着人们。跨国经营者需要了解、尊重、适应当地风俗习惯。

（三）语言因素

不同的语言源于不同的文化，每种语言都有其独特的文化内涵。语言差别是同文化沟通与跨文化沟通相区别的显著标志之一，也是企业中跨文化沟通的最大障碍之一。不同语言的使用主体在进行沟通时容易在语义和语用两方面产生误会，引起文化冲突，可能会影响企业内部和谐人际关系的建立，破坏企业间的良好关系，使企业蒙受损失。此外，身体语言也会对跨文化沟通产生影响。

1. 语义层面

企业在向国际化进军的过程中，产品商标的选择至关重要，而商标的选择又关系到语义中词汇的选择。若事先对对象市场的文化进行了解，则可减弱甚至避免产品进入对方市场可能遭遇的文化障碍，起到事半功倍的效果。

2. 语用层面

不同的语言有不同的语用规则，忽视语用规则的差异性，在企业中同样容易引起沟通障碍，产生误会和矛盾。

在语义、语用两方面准确地理解对方语言，有利于企业中跨文化沟通的有效进行，从而在企业内部建立良好的人际关系，提高工作效率；也有利于在企业外部积极开拓国际市场，实施全球化战略。

3. 身体语言层面

身体语言层面同样与文化密切相关，是最常见的非语言沟通线索，主要包括面部表情、身体触碰、空间距离、身体姿势、语音语调等。例如微笑是表示友善的世界性语言，可以拉近人与人的距离。而在眼神的接触方面，在有些国家和地区，谈话时要避免直视对方，以低头表示尊重；在另一些国家和地区，谈话时不注视对方就是不专注、不尊重。在跨文化沟通中，语义、语用和身体语言相互补充、密切联系。

三、跨文化沟通的策略

消除文化差异所导致的跨文化沟通障碍，需要建立内外有效的跨文化沟通渠道，正确理解与发送沟通信息，有效排除跨文化沟通过程中的干扰，尽量减少沟通中的误解，妥善处理沟通失误造成的不利局面，避免沟通中断的发生。具体要格外关注以下几个方面。

（一）坚守文化自信，消除文化成见

在跨国经营，跨文化交流、合作、谈判中，管理者要在思想上坚守文化自信。中华优秀传统文化经过千锤百炼，经久不衰，是跨文化沟通中宝贵的精神资源和文化底气。

在跨文化沟通中，消除文化成见是减少沟通障碍的重要方法。中华优秀传统文化中"己所不欲，勿施于人"表达的就是一种公平、公正的立场。为了消除文化成见，首先，要尽量客观地了解不同文化的人们的思维方式与行为习惯，全面了解不同文化的人们的语言和非语言沟通的特点。其次，要有"换位"意识，排除对异质文化的各种成见的干扰，设身处地地去理解文化现象，正确地认识自己，消除偏见。最后，要站在信息接收者的立场看待问题，不可歧视或贬损其他文化。只有客观、公正、全面地认识和理解异质文化，才能消除跨文化沟通过程中的种种文化因素障碍。

（二）识别文化差异，发展文化认同

美国学者爱德华·霍尔认为，文化可以分为三个范畴：正式规范、非正式规范和技术规范。[①] 正式规范是人的基本价值观，是判断是非的标准，它能抵抗来自外部的、企图改变它的强制力量，因此正式规范引起的摩擦往往不易改变。非正式规范是人们的生活习惯和风俗等，由此引起的文化摩擦可以通过较长时间的文化交流来克服。技术规范则可通过人们对技术知识的学习而获得，

---

① ［美］爱德华·霍尔：《超越文化》，何道宽译，北京大学出版社2010年版，第32页。

很容易改变。可见不同规范的文化所造成的文化差异和文化摩擦的程度和类型是不同的。只有首先识别文化差异，才能采取有针对性的措施。

（三）区分高情境文化和低情境文化

在高情境文化中，信息的传递与沟通是通过肢体语言、上下文联系、场景等进行的。高情境文化在沟通过程中的反映，就是信息与信息之间存在高度的前后联系，或信息隐含在某种个体特性之中。高情境文化中的沟通过程常常是含蓄的，沟通中重视的是"情境"而不是"内容"。而在低情境文化中，大多数信息是由清晰的符号如语言文字和各种象征图案等来表达的，"内容"备受重视，沟通常常是直接的，不太重视个体之间的关系。

（四）发展双向沟通

沟通是一个循环的相互影响的过程，这个过程包括信息发出者、接收者和信息本身。沟通实际上就是信息的编码、解码和诠释的过程。由于文化差异的存在，来自不同文化背景的人会把各自不同的价值观念、信仰和风俗习惯带到沟通过程中。他们在诠释从另一种文化中传来的信息时总会按自己的文化背景以及由此决定的解码方式加以理解，从而导致对信息理解得不准确，进而做出错误的判断和决策。双向沟通的特点是：沟通的双方均参与编码与解码的过程，双方所得到的反馈可以帮助进一步阐述双方的意图。通过双向沟通和反馈，可以进一步刺激跨文化沟通的积极性，拓宽沟通渠道，及时总结沟通中好的经验并加以推广，同时对沟通中出现的问题及时纠偏。在第一轮沟通中出现的意图含糊不清的问题可以在第二轮沟通中得到解决。尽管双向沟通会受到许多因素的干扰，但是与单向沟通相比则是一种较为有效的沟通方法。

（五）进行跨文化沟通培训，提高跨文化沟通能力

培训是提高跨文化沟通能力的有效手段。对任何民族文化差异的了解通常都是不容易的。企业进入别的国家或地区，要减少跨文化带来的矛盾和冲突，尽量去了解当地人的思维方式和行事习惯，以及他们的文化背景、风土人情。企业应该通过有效的培训，在这些方面对员工进行培养和训练，提高员工的合作意识，形成文化认同感。这种文化认同感是跨文化组织形成、存在和发展的凝聚力。

（六）建立共同经营观，实现文化融合

解决和避免跨文化沟通中的问题，需要融合文化意识，这包含对不同文化的深刻、全面的理解。只有文化的融合，才能保证团队的协同和团结，这是实

现组织目标的根本保证。跨文化工作团队的现实，使得文化的冲突和离散不可避免，而现实利益与目标的同向选择又使得文化融合成为可能。外来文化与原有文化的冲突，经过人们的努力最终会走向融合。

思考题

1. 什么是沟通？沟通对组织有何重要意义？
2. 组织中的沟通分为哪几种类型？各有什么特点？
3. 组织中常见的沟通障碍有哪些？如何克服？
4. 跨文化沟通的障碍有哪些？如何建立有效的跨文化沟通？

即测即评

第七章 组织文化

几乎所有的社会组织都有着自身的组织文化并且深受组织文化的影响。根据组织的不同性质和类型，组织文化可以区分为企业文化、学校文化、乡镇文化、社区文化、政府机关文化、军队文化等。本章从组织文化的整体视角，阐述组织文化的概念、组织文化的分类与测量、组织文化的建设，以及中国组织文化建设的实践等内容。

第一节 组织文化概述

一、组织文化的概念

不同学者对组织文化（organizational culture）的定义不同，有代表性的定义有：员工在组织中的做事方式；人们共有的心理程序；由一些象征性的方法（如故事、虚构人物、传说、口号、逸事等）传达的主导的、核心的价值观；群体在适应外部环境及内部整合的过程中，创造或发展形成的基本假设的模式。

本书的定义为：组织文化是指组织在长期的生存和发展过程中所形成的，为组织多数成员所共同遵循的最高目标、基本信念、价值标准和行为规范。它是理念形态文化、行为制度形态文化和物质形态文化的复合体。

组织文化是一种客观存在，无论它属于优良文化还是劣性文化，它的存在都是客观的。从一个组织诞生的那一天开始，组织成员在长期的共同活动中，必然会形成一些独特的行为方式、风俗习惯，以及蕴藏其中的独特的价值观念。这一切构成了组织传统，这个传统在组织成员之间传播并得到加强，就成了该组织的微观文化或"小气候"。

二、组织文化的内容和结构

组织文化一般可分为三个层次，其示意图如图7-1所示。

（一）理念层

理念层是组织文化的核心和主体，是形成符号层和制度行为层的基础和原

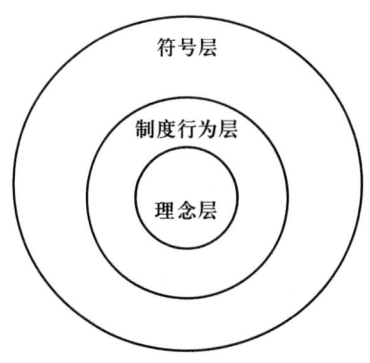

图 7-1 组织文化的结构

因。组织文化中有无理念层是衡量该组织是否形成了自己的文化的标志和标准。

组织文化理念层包括组织愿景、组织核心价值观、组织哲学、组织精神、组织风气、组织道德、组织使命。这七个内容中,组织愿景和组织核心价值观最为重要,是理念层的主要部分。

1. 组织愿景

组织愿景是组织领导者和员工长期追求的共同理想,是组织文化建设的出发点和归宿。

2. 组织核心价值观

组织核心价值观是组织最重要的、指导全局的、长期不变的价值标准和基本信念,它包括组织对于正确与错误、重要与不重要、好与坏的判断和评价。它是组织存在和发展的基本动力,也是这一组织区别于其他组织的主要特征。组织的管理理念、经营理念及各职能观念可以随时间的推移而改变,但组织的核心价值观是长期不变的。

3. 组织哲学

组织哲学是组织领导者对组织长远发展目标、发展战略和策略的哲学思考,是处理组织运作过程中发生的一切问题的基本思维方法。

4. 组织精神

组织精神是组织有意识地提倡、培养的员工群体的精神风貌,是对组织现有的观念意识、传统习惯、行为方式中的积极因素进行总结、提炼及倡导的结果。

5. 组织风气

组织风气是指组织在长期活动中逐步形成的一种带有普遍性、重复出现且相对稳定的行为心理状态。组织风气是约定俗成的行为规范，是组织文化在员工的思想作风、传统习惯、工作方式、生活方式等方面的综合反映。组织风气是组织文化的直观表现，组织文化是组织风气的本质内涵。人们总是通过组织内全体员工的言谈举止感受到组织风气的存在，体会到组织的文化氛围。

6. 组织道德

组织道德是指在特定的组织内，员工行为的伦理准则和规范。组织道德就其内容来看，主要包含调节员工与员工、员工与组织、组织与社会三方面关系的行为准则和规范。组织道德是社会道德的一部分，又带有明显的本组织特点。

7. 组织使命

组织使命是指组织处理与利益相关者关系的根本指导思想及其相应的社会承诺。在市场经济环境下，如"客户至上、诚信至上、服务至上""回报客户、成就员工、造福社会"等，是典型的组织使命的表述。

（二）制度行为层

制度行为层包括组织制度和组织规定的或约定俗成的行为规范，它约束组织成员的行为，维持组织活动的正常秩序。制度行为层包括：一般制度、特殊制度、组织风俗、员工行为规范。一般制度是指各组织存在的带有普遍意义的工作制度、管理制度及责任制度，这些普遍采用的成文的制度，对员工的行为起着约束作用，保证组织有序运转。特殊制度是指本组织特有的一些非程序化的制度，如员工评议干部制度、总结表彰制度、管理人员受控制度、干部员工平等对话制度等。与一般制度相比，特殊制度更能反映一个组织的管理特点和文化特色。有良好文化的组织，必然有多种多样的特殊制度。组织风俗是指组织内部长期形成、约定俗成的一些特殊典礼、仪式、习俗、节日、活动等，属于特殊风俗范畴。组织风俗与一般制度及特殊制度有所不同，不是表现为准确的文字条目形式，也不需要强制执行，而是完全依靠习惯、偏好的力量维持。员工行为规范包括高层管理者、中层管理者、基层管理者、普通员工的行为规范，它们可以是明文规定的，也可以是约定俗成的（即"潜规则"）。

（三）符号层

符号层又可以称为器物层，是组织文化在物质层次上的体现，属于组织文化的表层部分，是群体价值观的物质载体。首先，符号层包括组织名称、标志、标准字、标准色、厂旗、厂服、厂容、厂貌、产品样式和包装、设备特色、建筑风格、纪念品、礼品、纪念建筑等，它们看得见、摸得着。其次，符号层是组织文化的传播网络，如组织内部的局域网、报纸、刊物、组织文化手册、标语牌、广告牌、内部广播、内部电视等，这是组织文化传播的物质载体。符号层还包括组织的业余文化活动及其成品——微电影、短视频、录像、美术作品、摄影作品、文学作品、歌舞作品等。

三、组织文化的功能

组织文化对组织的生存和发展具有重要的影响和意义，其功能主要有以下几个方面。

(一) 导向作用

导向作用是指把组织成员的行为动机引导到组织目标上来。为此，在制定组织愿景时，应该融入组织成员的事业心和成就欲，包含较多的个人目标，同时要高屋建瓴、振奋人心。

(二) 规范作用

规章制度构成组织成员的硬约束，而组织精神、组织道德、组织风气则构成组织成员的软约束。无论硬的还是软的约束，都以组织核心价值观作为基础。一旦共同信念在组织成员心理深层形成一种定式，构造出一种响应机制，只要外部诱导信号发生，即可得到积极的响应，并迅速转化为预期的行为。这种软约束，可以减弱硬约束对员工心理的冲击，缓解自治心理与被治现实之间的冲突，削弱由此引起的心理逆反，从而使组织成员的行为趋于和谐、一致，并符合组织目标的需要。

(三) 凝聚作用

文化是一种极强的凝聚力量。组织文化是组织成员的黏合剂，也是组织成员忠于组织的向心力，它把各个方面、各个层次的人都团结在组织目标的旗帜下，并使个人的思想感情和命运与组织的命运紧密联系起来，产生深刻的认同感，最终与组织同甘苦、共患难。

(四) 激励作用

组织文化的核心是确立共同价值观念，在这种组织价值观指导下发生的一切行为，又都是组织所期望的行为，这就带来了组织利益与个人行为的一致，组织目标与个人目标的结合。在满足物质需要的同时，崇高的组织价值观带来的满足感、成就感和荣誉感，使组织成员的精神需要得到满足，从而产生深刻而持久的激励作用。

（五）整合作用

任何组织都具有许多资源：人力资源、物力资源、财力资源、知识资源、社会资源等。但要形成竞争优势，就需要将这些资源有效地进行整合，形成强大的合力。那么用什么去整合资源呢？用文化。用共同的核心价值、经营理念、管理理念去组织人力资源，形成从思想到行为的高度一致，在此基础上整合组织的物质资源，往往可以获得最大的综合效果。

（六）辐射作用

人们通过组织的标志、广告、建筑物、产品、服务，以及组织领导人、员工（特别是营销、服务和公关人员）的行为，可以了解组织的特色，以及其后深层次的价值观。对社会公众来说，这是对组织的识别过程。对组织来说，这是文化的辐射过程。这个辐射的结果，就形成了组织的形象。

四、组织文化的影响因素

影响组织文化的因素主要有以下四个方面。

（一）民族文化

现代组织管理的核心是对人的管理。作为组织文化主体的组织成员，同时又是作为社会成员而存在的，在他们创办或进入特定组织以前，已经长期受到民族文化的熏陶，并在这种文化氛围中成长。进入组织以后，广大成员不仅会把自身所受的民族文化影响带到组织中来，而且由于其作为社会人的性质并未改变，他们将继续受民族文化传统的影响。因此，要把组织管理好，就绝不能忽视民族文化对组织文化的影响。建设具有本民族特色的组织文化，不仅是理论问题，更是组织管理所面临的实际问题。

（二）制度文化

组织文化的另一个重要影响因素是制度文化，包括政治制度和经济制度。由于社会制度不同，不同国家的企业和社会组织所形成的组织文化有所差异。

我国实行的是社会主义制度。改革开放以来，我国逐步建立了社会主义市场经济体制。高举中国特色社会主义伟大旗帜，坚定不移地走中国特色社会主义道路，要求我们建设中国特色的先进社会文化和组织文化；同时，我国的社会制度也为各类组织建设先进的组织文化提供了广阔空间。深入研究和准确把握我国当前的政治和经济体制，充分发挥社会主义制度优势，建立中国特色的先进组织文化，是所有社会组织都应该重视的问题。

（三）外来文化

严格地说，从其他国家、民族、地区、行业、组织引进的文化，对于特定组织而言都是外来文化。这些外来文化必然对组织自身的文化产生一定影响。

随着市场融合和经济全球化的深入发展，各个国家和地区之间的经济关系日益密切，文化上的交流和渗透日益广泛深入。改革开放以来，我国从发达国家引进了大量的技术和设备，在引进、消化、吸收外国先进技术的同时，也引进了国外的文化。来自国外的文化对我国的社会文化和组织文化产生了不同程度的影响。过去我国在引进中较多地注意技术、管理、人才等因素，而比较忽视文化因素的影响。这既因为文化渗透是间接进行的，又因为文化的影响具有滞后性和复杂性，难以全面、准确地把握。

国内不同民族、地区、行业或企业间进行资本、技术、市场转移的过程中，异质文化也会对组织文化产生影响。

（四）组织传统

组织文化的形成过程也是组织传统的发育过程，组织文化的建设在很大程度上就是对组织传统的去粗取精、扬善抑恶。因此，组织传统对组织文化的建设发展具有深远影响。

从微观看，每个企业都应当根据外部环境和内部条件，从企业的经营目标、发展战略及经营策略中总结出优良传统和经营特色，从而形成自身的经营哲学、价值观念，创造出独具特色的企业文化。特别是企业处于不同的发展阶段，决定了企业管理的不同特点，进而影响到企业文化。企业从导入期、成长期，发展到成熟期，再到衰退期，会积累一些优良文化传统，也会不断摒弃一些不良风气。准确把握企业发展的阶段性特征，注意发掘和积累优良文化传统，是建设具有个性的企业文化的必由之路。

组织的创始人往往就是组织文化的奠基者，组织的主要领导人就是组织文化的倡导者。他们的世界观、人生观、价值观和文化修养、思维方式、管理水平、工作作风乃至人格特征等因素对组织文化的影响往往都非常显著。当主要领导者更换时，往往也会对组织文化的发展产生一定的影响。因此，要建设优秀的组织文化，对组织主要领导者的自身修养提出了很高的要求，并且培育一个好的领导集体、有效传承组织文化至关重要。

第二节 组织文化的分类与测量

一、组织文化的分类

（一）迪尔与肯尼迪的分类

迪尔与肯尼迪合著的《企业文化——企业生活中的礼仪与仪式》把组织文化划分为硬汉型、努力工作型、赌注型、过程型四种，如表7-1所示。

表7-1 迪尔与肯尼迪的分类表

文化名称	硬汉型文化	努力工作型文化	赌注型文化	过程型文化
承担的风险	高	低	高	低
决策后得到的反馈	快	快	慢	慢
常有这种文化的行业及组织	建筑、广播电视、管理咨询	零售、房地产	资本货物、空间产品、投资银行	银行、保险公司
在这种文化中成功者的行为	态度固执，个人主义，能接受非此即彼的决策	友好，高级销售方式，在群体内工作得很好	能长期忍受，模棱两可，技术上称职，反复检查决策	很谨慎，总是遵循已被接受的程序，注意细节
成功者在这种文化中的长处	能在短期内完成大量工作	能够迅速完成大量工作	能有高质量的发明及重要的科学突破	制定规范，维持工作场所的秩序
成功者在这种文化中的弱点	短期倾向，忽视公司的利益	力求快速解决问题，总是对行动比对解决问题更感兴趣	做事缓慢，不能很好适应短期变化	不善于营造创新的工作氛围
成功者在这种文化中的习惯	穿着时尚，喜欢一对一的运动项目	穿着上避免极端，喜欢团体运动项目	根据地位高低穿着，喜欢在结束时才知道结果的运动项目	根据地位高低穿着，喜欢过程性运动项目

（二）奎因等人的分类

奎因等人构建了竞争性文化价值模型，模型提出"弹性和自主性-稳定和控制""外部导向-内部导向"两个维度,用以测量组织文化,由此派生出四个象限:层级型文化、市场型文化、宗族型文化和创新型文化。这样分类比较科学,也比较实用(见图7-2)。目前该模型在组织文化测量诊断方面的影响力日渐扩大。

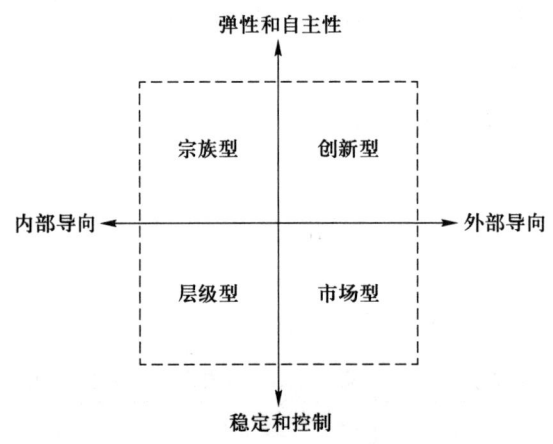

图7-2 奎因等人的竞争性文化价值模型

1. 层级型文化

这类组织具有层级型的组织结构,规范的、结构化的工作场所,以及程序化的工作方式。组织领导在其中扮演协调者、控制者的角色,重视组织的和谐运作。人们更关心组织长远的稳定,尽量避免未来的不确定性,习惯于遵守组织中的各种制度和规范。

2. 市场型文化

市场型,并非指组织与市场的衔接紧密,而是指组织的运作方式和市场一致。这类组织的核心价值观在于强调竞争力和生产率,更关注外部环境变化,如供应商、顾客、合作人、授权人、政策制定者、商业联合会等。在该文化环境下,人们往往以警惕的眼光看待外部环境,认为市场中充满敌意和挑剔。组织要在市场中生存,只有不断提升自己的竞争优势。因此,市场型文化中往往有一个明确的发展目标和主动进攻的战略姿态。

3. 宗族型文化

这类组织有着共同的目标和价值观,讲究和谐、参与和个性自由,更像是家庭组织的延伸。宗族型文化的一个基本观点是外部环境能够通过团队的力量来控制,而顾客则是最好的工作伙伴。一般而言,这类组织员工的忠诚度较高。

4. 创新型文化

创新型文化是知识经济时代的产物，它在具有高度不确定性、快节奏的外部环境中应运而生。创新型文化的基本观点是创新与尝试引领成功。为了获取明天的竞争优势，组织要不断地创造出新思维、新方法和新产品，而管理的主要内容就是推动创新。在这类组织中，项目团队是主要的工作方式，组织结构时刻随着项目的变化而改变。创新型文化主要存在于软件开发、咨询、影视等行业中。

二、组织文化的测量

组织文化现状的诊断与测量，是了解、控制、管理甚至改变组织文化的基础工作，也是组织文化建设的一个关键环节。

影响组织文化特征的因素很多，如民族文化、地域文化、制度文化等因素，甚至组织的类型、规模、生命周期都会对组织文化特征产生重要影响。在设计量表时，需要选择能够反映不同组织之间文化差异的关键因素，也就是设计组织文化的测量维度。

（一）霍夫斯泰德的组织文化测量维度

霍夫斯泰德是最早进行组织文化测量维度研究的学者。在对北欧多家企业进行实证研究的基础上，他把组织文化的测量维度分为三个层次：价值观层、管理行为层和制度层。

价值观层的三维度是：职业安全意识；对工作的关注；对权力的需求。管理行为层的六维度是：过程导向-结果导向；员工导向-工作导向；社区化-专业化；开放系统-封闭系统；控制松散-控制严密；注重实效-注重标准与规范。制度层的一维度是：发展晋升-解雇机制。

霍夫斯泰德关于组织文化的测量维度理论源于他早期提出的国家文化理论。在国家文化理论中，他把不同国家的文化用权力距离、不确定性规避、个人主义-集体主义、阳刚-阴柔、长远-短期思考五个维度来衡量，这些国家文化维度在他的组织文化测量维度中都有所反映。例如，职业安全意识维度指员工对工作稳定性的需求状况，即反映了对不确定性的规避；对权力的需求维度指员工对权威的认同方式，即反映了组织内部的权力距离。

（二）丹尼森的组织文化测量维度

丹尼森在经过对 1 500 多家样本公司的研究后指出：适应性、使命、参与性与一致性,这四大文化特征对一个组织的经营发展具有重大影响,这是对竞争性文化价值模型的进一步拓展。他认为,从"弹性和自主性-稳定和控制""外部导向-内部导向"这两个维度出发,可以把组织文化的内涵进一步分为四个模块:人的特性模块、基本价值观模块、环境适应性模块和组织使命模块。

1. 人的特性模块

(1) 授权:组织成员进行自主工作的授权状况,它是责任感的源泉。

(2) 团队导向:依靠团队的力量来实现共同目标的意识。

(3) 能力开发:组织在员工技能成长、素质开发上的投入状况。

2. 基本价值观模块

(1) 核心价值观:组织成员共享的、特有的价值观和信念体系。

(2) 一致性:组织成员达成一致观念的难易程度,尤其指在遇到冲突时。

(3) 和谐:组织不同部门之间为共同目标而相互协作的状况。

3. 环境适应性模块

(1) 应变能力:组织对环境变化能够迅速采取变革措施并顺利实现。

(2) 关注顾客:对顾客兴趣的把握以及对顾客需求的迅速反馈。

(3) 组织学习:组织从内外部环境中接收、内化、传播知识与经验,并迅速进行创新的能力。

4. 组织使命模块

(1) 组织愿景:组织所有成员共享的对组织未来发展的看法。它是核心价值观的外化,是组织凝聚人心的重要因素。

(2) 战略导向/意图:对如何实现组织愿景所进行的战略规划。

(3) 组织目标:为实现组织愿景、战略而设定的一系列阶段性目标。

(三) 奥莱利和查特曼的组织文化测量维度

奥莱利和查特曼提出,组织文化测量维度既要反映组织文化的特性,又要反映组织成员对组织文化的偏好程度。他们提出衡量组织文化的八个维度:创新维度、稳定性维度、相互尊重维度、结果导向维度、注重细节维度、团队导向维度、进取性维度、决策性维度。

(四) 东方常见的组织文化测量维度

东方文化与西方文化存在着基本假设与基本信念上的差别,这直接影响着组织文化的特质。西方学者在解释东亚经济发展的特性时,大多以儒家伦理为基础,认为儒家思想包含了一套可引发人们努力工作的价值观系统,形成一种良好的工作伦理，进而提升生产力，促进整个社会经济的快速发展，并指出儒家文化有以下几种特质：家庭中的社会化方式促使个体沉着节制、努力学习，并重视工作、家庭与责任；具有团体协作的倾向；人际关系具有互补性，等等。

目前可以看到的具有东方文化特征的组织文化测量维度往往是儒家思想与现代管理思想的结晶。常用的维度包括：领导风格、能力绩效导向、人际和谐、科学求真、凝聚力、正直诚信、顾客导向、卓越创新、组织学习、使命与战略、团队精神、发展意识、社会责任和文化认同。

在具体操作时，一种方法是根据本组织的情况选择适宜的测量维度，每个维度下面再设计 5~8 个具体问题，经过预测量后，对量表进行修改直至满意为止。

另一种方法是选择现有的成熟问卷，这可以免去不少麻烦，但一定要选出适合本组织情况的问卷。目前大多数的测量量表都是以价值观与基本假设作为测量对象，仅有少数量表主要测量员工的行为特征。

第三节　组织文化建设

一、组织文化建设的基本含义

组织文化建设，就是根据组织发展需要和组织文化的内在规律，在对组织现实文化进行分析评价的基础上，设计制定组织文化目标，并有计划、有组织、有步骤地加以实施，进行组织文化要素的维护、强化、变革和更新，不断增强组织文化竞争力的过程。

我们可以从以下四个方面来进一步把握组织文化建设的内涵。

（一）组织文化建设是组织主动实施的组织行为

这是以组织为主体的一种主动把握组织文化发展变化方向和程度的组织行为，使组织文化从一种自然存在变为一种贯穿了组织意志的存在，即实现从自在到自觉的转变。

（二）组织文化建设是组织发展战略的重要支撑

如果将组织发展战略比作人的体魄，则可以把组织文化比作人的灵魂。组织发展战略既需要相应的物质支持，又需要强有力的精神支持，这就是组织文化。

(三) 组织文化建设的目的是增强组织的核心竞争力

组织文化建设要始终与组织的核心业务相结合,着眼于增强组织的核心竞争力,努力促进组织全面、协调、可持续发展。

(四) 组织文化建设是一个持续的过程

这是由组织文化本身所具有的稳定性和连续性的特征所决定的。组织文化的发展变化不可能割裂历史,也不可能一蹴而就,而是一个统一目标、凝聚共识的连续的动态过程。进行组织文化建设,不能抱着急功近利的心态,不能指望立竿见影、毕其功于一役,而是要有计划、有步骤,持续地投入和努力。

二、组织文化建设的步骤

组织文化建设大体需要经历三个步骤。

(一) 组织文化调研

组织文化调研,就是对组织现有文化的调查和诊断。

常用的调研方法主要包括:访谈法、问卷法、资料分析法、实地考察法等。一般自上而下,分层进行。组织文化的调研,需要全体员工的认真参与,因此,最好是在开展工作之前,由主要领导组织召开一次动员大会,调动员工的积极性,增强参与意识。在调研期间,可以采取一些辅助措施,如建立员工访谈室、开设员工建议专用信箱等。

组织文化的调研要有针对性,个别访谈的提纲和调研问卷都应精心设计。内容主要围绕组织的发展思路、经营管理现状与发展前景、员工的价值取向、员工的满意度和忠诚度、员工对组织理念的认同度几个方面。一些组织内部的资料往往能够反映出组织的文化,可以对组织历史资料、各种规章制度、重要文件、内部报刊、人员基本情况、先进个人材料、员工奖惩条例、相关媒体报道等进行分析,获得有用信息。

在组织文化的调研当中,匿名问卷的形式比较常用,它可以很好地反映组织文化的现状和员工对组织文化的认同度。一系列的组织文化调研之后,需要进行深入分析,得出初步诊断结论——包括组织文化的现状、员工的基本素质、组织战略对组织文化的要求、组织文化急需解决的问题和未来发展的障碍,这就为下一步组织文化的设计做好了准备。

(二) 组织文化设计

组织文化是一个有机的整体,包括理念层、制度行为层和符号层。组织文化的设计中最重要的是理念层,即组织理念体系的设计,它决定了组织文化的整体效果,也是设计的难点所在。理念体系包括:组织最高目标、组织核心价值观、组织哲学等。

组织制度行为层的设计主要包括组织制度设计、组织风俗设计、员工行为规范设计,这些设计都要充分传达组织的理念。组织制度指一般制度和特殊制度,设计重点是特殊制度,即不同于其他组织的独特制度。组织风俗的设计也应追求个性,包括组织长期沿袭、约定俗成的典礼、仪式、习俗、节日、活动等。员工行为规范主要包括:仪表仪容、待人接物、岗位纪律、工作程序、素质修养等方面。好的行为规范应该具备简洁、易记、可操作、有针对性等特点。

组织符号层的设计主要包括标志设计、环境设计、服装设计、办公用品设计等,核心是组织标志和组织标志的应用设计,这些设计都要为传达组织理念和塑造组织形象服务。

(三) 组织文化实施

组织文化的实施阶段,往往是组织的一次变革。通过这种变革,把组织优良的传统发扬光大,同时纠正组织存在的一些问题。勒温提出了组织变革三步骤:解冻—变革—再冻结,可以说这一模型反映了组织文化变革的基本规律。一般来讲,组织文化的变革与实施需要有导入阶段、变革阶段、制度化阶段、评估总结阶段。

1. 导入阶段

导入阶段就是勒温模型的解冻期,这一阶段的主要任务是从思想上、组织上、氛围上做好组织文化变革的充分准备。在此阶段,要做好建立强有力的领导体制、高效的执行系统、全方位的传播机制等几方面的工作,让组织内部所有成员认识到组织文化变革的到来。

2. 变革阶段

变革阶段是组织文化建设工作的关键,在这个阶段内,要全面开展组织文化理念层、制度行为层、符号层的变革,即进行由上而下的观念更新,建立健全组织的一般制度和特殊制度,形成组织风俗、贯彻行为规范、做好组织符号层设计的落实与应用。这一阶段是一个完整的组织形象塑造过程,中心任务是价值观的更新和行为规范的落实。

3. 制度化阶段

制度化阶段是组织文化变革的巩固阶段，该阶段的主要工作是总结组织文化实施中的经验和教训，将成熟的做法通过制度加以固化，建立起完整的组织文化体系。在这一阶段，组织文化变革逐渐从突击性工作转变成组织的日常工作，领导小组的工作也从宣传推动转变成组织监控。这一阶段的主要任务是建立完善的组织文化制度，包括组织文化考核制度、组织文化先进单位和个人表彰制度、组织文化传播制度、组织文化建设预算制度等。这一阶段常见的问题是新文化立足未稳、旧习惯卷土重来，尤其对于过去有过辉煌的组织，往往会不自觉地回到旧习惯，管理者对此要做好准备。

4. 评估总结阶段

评估总结阶段是组织文化建设阶段性的总结，在组织基本完成组织文化建设的主要工作之后，对照组织文化变革方案，检查变革是否达到预期的效果，以及表彰组织文化建设中的先进群体和个人。

三、组织文化建设的实施艺术

目前，组织文化建设流于表面是很多企业普遍存在的问题。一些企业满足于喊出几句口号，既没有对员工的教育普及，也不注意通过加强制度建设把组织文化建设落到实处。更多的企业是不知怎样有效实施企业文化，尚未掌握企业文化的实施艺术。

（一）软管理的"硬"化

组织文化是组织管理的软件，许多活动是"务虚"，容易受忽视，因此，怎样使组织文化建设这个软管理"硬"起来，便成为实施艺术的关键。

1. 制度要"硬"

在建设组织文化时，可以采取一些"硬"的制度作为辅助手段，帮助强化核心价值观，确立和巩固新型组织文化体系。

2. 领导要"硬"

在组织文化变革过程中，会遇到很大的阻力，因此需要有力的推动。要组建稳定的、有足够权威的领导团队，推动组织文化变革。领导团队是组织文化建设成功的最有力的保证，应该由组织最主要领导人亲自挂帅，也就是人们常说的"一把手"工程。

3. 推动要"硬"

组建长期主管组织文化的职能部门，该部门应由一批专业人才组成，负责组织文化的实施。有了这样一个主管部门，组织文化推动工作才能真正"硬"起来。为了有效地推动组织文化建设，还应该将组织文化建设工作列入考核和奖励体系，对于组织文化建设工作出色的部门和个人，其绩效评价较高，得到的薪酬也高，并且还会获得各种荣誉和奖赏。这就可使组织文化建设收到事半功倍的效果。

（二）"虚功"实做

组织文化是"虚"的，容易流于形式难以落地。解决的办法就是将"虚功"实做。

1. 建立规矩

组织文化建设很多务虚的工作容易被忽视，也很难考核，所以一定要立规矩，例如建立组织文化建设责任制度、考核制度、奖罚制度、组织文化培训制度、学习制度，对下属机构的文化建设定期巡视和文化测评制度等，并坚决贯彻。

2. 注重细节

组织文化建设是由许多具体工作组成的，而每一项具体工作都应该认真去抓，抓出效果。从小事做起，积小胜为大胜。

3. 人员落实

组织文化建设是一项长期而艰巨的任务，需要自上而下的人员配合。人员落实主要包括三个层面：一是主要领导者要切实负起责任；二是组织文化主管部门人员落实到位，主要领导亲自督促；三是组织文化的职能机构要人员精干。

（三）组织文化的人格化

组织价值观、组织理念都很抽象，难以准确把握。怎样使这些抽象的概念具象化呢？一个重要的方法是"人格化"。

1. 发掘典型故事

怎样正确理解组织文化的一些抽象理念？怎样把它外化为行动？答案往往在广大员工那里。他们在组织文化建设过程中有许许多多生动的事迹，这些组织中流传的"故事"，就是组织理念的最好注释。国内外许多优秀企业，正是充分发挥了"故事"的神奇作用，使组织理念深入人心。

2. 培养典型人物

从组织中选择、培养具有示范作用的组织文化的典型人物，是实施组织文化的有效手段之一。但要注意这些先进人物的选择一定要有群众基础，有号召力，不能人为拔高，那样会适得其反。

（四）领导者的示范艺术

组织的领导者是组织文化的倡导者，应该使自己成为组织文化的人格化代表。因此，领导者的个人学习、修养和率先示范就变得十分重要，可以通过巧妙引导、以身作则、言行一致等方式来起到示范作用。

（五）情境强化的艺术

组织文化建设还要利用情境强化来实现，即通过仪式、典礼、风俗等营造一定的情境，让员工切实体会其中隐含的理念，从而达到自觉自悟的效果。例如，通过敲锣打鼓、披红戴花，使劳动模范获得成就感、光荣感。又如，为了形成质量第一的意识，企业负责人当着工人的面把不合格品砸烂，这是利用情境的视觉冲击力，达到触及灵魂的目的。

（六）"观念—故事—规范"三部曲

所谓"观念—故事—规范"三部曲，就是通过讲故事使抽象的理念具象化，推动理念"内化于心"；通过制定行为规范，使理念与行为挂上钩，推动员工将理念"外化于行"。

第四节 中国组织文化建设的实践

一、中国组织文化建设的特点

组织文化包括所有组织的文化，如企业文化、校园文化、科研院所文化、军队文化、社区文化等。但无论国内还是国外，应用最广泛的都是企业文化。

回顾中国企业文化的发展历程，我们可以从中总结出企业文化建设的特点。

（一）党政齐抓共管

中国国有企业具有思想政治工作的优良传统和工作优势，我们应充分利用这些优势，使之与企业文化建设紧密结合，党政齐抓共管，探索具有中国特色的企业文化建设模式。

在中国，特别是国有企业中，除了经济活动，还有政治活动和文化活动。党组织、团组织、妇联、工会等在企业内发挥着重要作用，具有很大的影响力和号召力。这是企业文化建设不可忽视的力量。借助党组织的政治领导作用和政治思想工作的优势，企业文化建设就有了成功的基础。

企业文化建设党政齐抓共管主要有两种模式：一是由党组织直接抓企业文化建设，而企业的各级管理者则全力支持，企业文化建设职能由宣传部或企业文化部主管。二是由董事长或总经理牵头，党组织发挥政治领导作用，人力资源部或企业文化部主管，其主要优点是企业文化建设与经营管理结合更紧密，有利于企业核心竞争力的增强。

（二）思想政治工作与文化建设的交融

在我国大中型骨干企业和事业单位中，一直都由党的基层组织负责思想政治工作。近年来，很多非公有制企业也由党组织负责思想政治工作。在实践中，许多企业提出了一个共同的问题：企业文化与思想政治工作是什么关系？企业文化与思想政治工作既不是包含的关系，又不是完全重合的，而是一种相互交叉、互为依存的关系（见图7-3）。

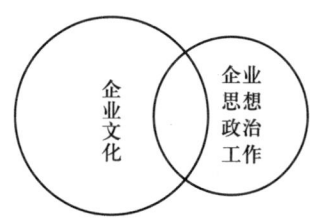

图7-3　企业文化与企业思想政治工作

企业文化与企业思想政治工作有许多共同点：目标基本一致、对象完全相同、内容有相似之处、方法大体重合。

思想政治工作是确立企业核心价值观、培育企业精神、建设企业文化的主要手段，而企业文化则为思想政治工作与管理工作密切结合提供了一个最好的形式。加强企业文化建设，就可以使思想政治工作与企业管理工作更好地形成合力。在企业文化建设中，要求思想政治工作紧紧围绕着业务管理工作开展，要求企业管理工作以人为中心，向企业成员的价值观、道德领域深入，使二者水乳交融、相得益彰。

（三）社会变革过程中观念更新的复杂与艰难

面对经济全球化趋势，我国坚持把改革开放作为一项基本国策。特别是 2001 年我国成功加入了世界贸易组织，对外开放进入了一个崭新阶段。在对外经济交往的同时，也会发生中西方观念与文化的碰撞。在这个过程中，一定要把握企业理念的正确方向，不要被一些似是而非的西方观点左右。

例如，西方经济学倡导的"追求利润最大化"观点，就经常被人误认为追求利润是企业的唯一使命。其实，任何企业都兼有经济组织和社会组织的功能，企业竞争力最终来源于企业的文化力、政治力和经济力三个方面，只有经济力是不够的。一些世界先进企业，树立的是一种将企业的经济动机和社会责任感相结合的多目标模式，如某制造企业，树立了七个目标：利润、客户、感兴趣的领域、增长、育人、管理、好公民，体现出企业作为一个经济单位、科研单位、社会组织的多方面责任。再如，人的需要是随着经济地位的改变而变化的，当生理和安全等需要难以满足时，员工为物质需要而工作；当温饱问题基本解决之后，社交需要、尊重需要和自我实现需要就成为主要工作动机。因此相继出现了社会人假设、自我实现人假设、团队人假设，以及复杂人假设，这些假设都更加有说服力，更能满足我国企业实践的需要。在我们面对员工队伍观念冲突，企业文化与个人文化、部门文化不协调时，应该保持清醒，在实事求是和求同存异的原则指导下，积极、稳妥地解决问题。

（四）新型企业价值观体系已初见端倪

企业价值观是影响企业发展的关键因素，这已经在管理学界和企业界达成共识。可喜的是，以一些优秀企业为榜样，中国企业新型价值观体系已初见端倪。

某企业的核心价值观是：为顾客创造价值，为员工创造机会，为社会创造效益。这种新型企业核心价值观的形成是企业领导者与员工之间、员工与员工之间的个体价值观相互影响、相互作用的结果。

二、中国组织文化建设的理论框架与发展趋势

在大批中国学者的共同努力下，大约在 20 世纪 90 年代中期，中国特色的企业文化理论开始形成，要点如下。

（1）提出对企业文化内涵的理解：企业文化是企业全体员工在长期的生产

经营活动中培育形成并共同遵循的最高目标、价值标准、基本信念及行为规范。

（2）提出对企业文化结构的理解：三层次模型。物质层：包括厂容厂貌、产品的外观和包装、技术工艺设备特性等。制度层：包括工作制度、责任制度和特殊制度。精神层：包括企业核心价值观、企业愿景、企业哲学等。

（3）界定了企业文化与企业思想政治工作的关系：作为中国特色，中国国有企业中设有党组织，并开展员工的思想政治工作。其利是使企业文化建设具有优越条件，其弊是可能用思想政治工作取代企业文化建设。为了解决此问题，必须界定两者的关系——相互交叉、互为依存。

（4）分析了中国企业文化的民族土壤，包括：对中华文明的辩证分析；传统文化观念——入世精神、伦理中心、重义轻利、中庸之道、重视名节、勤俭传统、廉洁意识、家庭观念、任人唯贤、辩证思维。

（5）概括了中国企业文化建设的有益经验：第一，早在20世纪50年代初，我国企业就广泛开展了以技术革新、劳动竞赛为内容的职工小组活动；第二，我国企业长期培养了"爱厂如家"的精神；第三，我国企业长期形成了艰苦奋斗的优良传统；第四，已形成一些先进的管理思想。中国企业在借鉴发达国家企业文化的同时，丰富了具有中国特色的企业文化理论，推动中国的企业文化成为中国企业核心竞争力的重要组成部分。

（6）总结提出了管理的三阶段——经验管理、科学管理、文化管理，指出管理发展的必然趋势是文化管理。经验管理是指管理者靠个人经验和直觉来管理；科学管理是指管理者靠科学的制度来提高效率，通过外部激励来管理人的行为；文化管理是指靠企业文化建设带动企业经营管理达到更高的境界。管理三阶段的每一次升级，都是企业管理的一次飞跃。

党的二十大报告指出"推进文化自信自强，铸就社会主义文化新辉煌"。全面建设社会主义现代化国家，必须坚持中国特色社会主义文化发展道路，增强文化自信，围绕举旗帜、聚民心、育新人、兴文化、展形象建设社会主义文化强国，发展面向现代化、面向世界、面向未来的，民族的科学的大众的社会主义文化，激发全民族文化创新创造活力，增强实现中华民族伟大复兴的精神力量。

中国的基层组织，应该认真学习、坚决贯彻党的二十大精神，把组织文化建设推进到一个新时代。

思考题

1. 为什么说组织愿景和组织核心价值观在理念层中最重要？
2. 试述改革开放给组织文化带来了哪些影响。
3. 结合你的经验，谈谈组织文化建设的可行模式。
4. 试举例说明，组织传统的形成过程及其对企业文化的影响。

即测即评

第八章 组织学习与创新

近年来,关于组织学习和学习型组织的概念多见于各种管理媒体乃至大众媒体,几乎所有人都在谈论组织学习,"不学习就落后"的观念已经深入人心,很多组织的领导人也都相信组织学习的重要性,相信组织只有不断学习才能保持竞争力。学习型组织建设呈现出方兴未艾之势。

第一节 组织学习

实际上,几乎所有的组织在其与环境的互动过程中都在有意或无意地学习。任何一个有机体要想存活下来,其学习的速度必须等于或大于环境变化的速度,这是生态学的基本原理。

一、个人学习与组织学习的关系

(一)组织学习的概念

组织学习的概念在不断发展。综合国内外关于组织学习的概念,可以将其归纳为三个主要视角,如表 8-1 所示。

表 8-1 组织学习的概念①

概念分类	概念核心	局限性
系统和行为视角	把组织看作一个系统,组织对环境的反应就是组织的学习行为	在一定程度上混淆了组织学习与组织变革,未看到组织内部的微观学习过程
信息加工视角	关注组织中个体、团队与组织层次上信息或知识的加工过程	在一定程度上混淆了组织学习与知识管理,忽视了人这一学习主体
社会互动视角	从人与人之间关系的角度来理解组织学习,关注学习主体——人	忽视了组织的整体学习,未探索组织学习中知识的流动过程

---

① 于海波、方俐洛、凌文辁:《组织学习整合理论模型》,《心理科学进展》2004 年第 2 期,第 246—248 页。

三个视角从不同的方面对组织学习进行探讨,综合各观点看,组织学习具有如下特点。

(1)组织学习是一个过程,通过组织中人与人的交互作用不断产生和应用新知识,实现组织行为的不断改变。

(2)组织学习是组织知识不断产生、传播、循环上升的过程。

(3)组织学习是一种社会性活动,是组织中人人都参与的集体学习与集体实践的社会现象。

(4)组织学习建立在以往的知识和经验基础上,受到组织的结构、机制、文化、战略、价值等因素的影响。

我们认为:组织学习是组织成员运用各种手段和方式不断从组织内部和外部获取知识,及时总结经验教训,实现组织成员间的知识共享,从而增加组织的知识积累,提升学习能力,改善组织运行并最终提升组织绩效的持续改进的过程。

(二)个人学习与组织学习

组织学习的概念是从个人学习的概念发展而来的,二者既有联系又有区别。学习一般是指个体学习,用"学习"来描述团队或组织的行为实际上是一种模拟,即借用描述个人行为的方式来描述一个团队或组织的活动。

学习是人类永恒的主题,一般心理学对学习的定义是:学习是由经验引起的有机体的行为、思想和情感的相对持久的改变。这是关于学习的狭义定义。马克思主义的学习观,对学习给出了更加广义的解释。马克思主义的学习观具有以下四个特征。

第一,强调学习的目的性。学习首先要有正确和明确的目的。非学无以广才,非志无以成学。为人类的幸福而读书,为改变世界而学习,是马克思主义学习观的重要特征。少年时期的周恩来就立下了"为中华之崛起而读书"的宏伟志向,表现了为国家和民族而奋斗的责任感和使命感。马克思在谈到自己创立的新哲学的根本特点时曾经说:"哲学家们只是用不同的方式解释世界,而问题在于改变世界。"[1] 当然,这里的哲学家是指过去西方社会的哲学家。但学习是为了改变世界,这个目的不会改变。

第二,要重视原著原文的学习。因为只有研究原著本身,才不会被一些简

---

[1] 《马克思恩格斯文集》第一卷,人民出版社 2009 年版,第 506 页。

述读物和不准确的第二手资料引入迷途。

第三，要批判创新地学习。我们现在的学习特别需要坚持批判精神，要用批判思维读书和学习，反对本本主义和教条主义，注重书本知识但不迷信不盲从不照搬，不能只停留在对学习内容字面的理解。特别是一些距今时间比较久远的著作，仅仅只是理解表面的意思往往会造成曲解，达不到学习的目的。学习更重要的是要结合现实情况和实际工作，去探寻作者的写作意图、学习作者的谋篇布局、领悟作者的思维方式、理解作者的思想真谛，真正吸收营养。

第四，要注重理论联系实际地学习，一方面是学以致用，知行合一；另一方面是向实践学习，实践出真知。我们学习理论知识是为了解决实际问题，只有把理论学习与工作实际结合起来，理论认识才能发挥应有的作用，真正做到有的放矢。恩格斯指出："伟大的阶级，正如伟大的民族一样，无论从哪方面学习都不如从自己所犯错误的后果中学习来得快。"① 习近平勉励广大青年，用脚步丈量祖国大地，用眼睛发现中国精神，用耳朵倾听人民呼声，用内心感应时代脉搏，把对祖国血浓于水、与人民同呼吸共命运的情感贯穿学业全过程、融汇在事业追求中。

党的二十大报告明确指出，只有把马克思主义基本原理同中国具体实际相结合、同中华优秀传统文化相结合，坚持运用辩证唯物主义和历史唯物主义，才能正确回答时代和实践提出的重大问题，才能始终保持马克思主义的蓬勃生机和旺盛活力。这就要求我们，学习不仅要与实践结合，还要与历史结合；学习经典不是机械地背诵原文，而是灵活运用；学习不仅是读书，更是实践。青年学生应该立志做有理想、敢担当、能吃苦、肯奋斗的新时代好青年，让青春在全面建设社会主义现代化国家的火热实践中绽放绚丽之花。

从联系看，组织学习是个人学习的延伸，组织学习只能通过个人的学习行动来实现，但个人学习并不是组织学习的充要条件。个人学习只有上升到组织的层面，在组织中传播并与其他组织成员分享，才能称为组织学习。组织的管理原则、使命和宗旨需要得到组织成员的理解和认同；个人学习也需要体现或结合到组织或群体行为中，并最终转化为组织所期望的行为，二者是相辅相成的关系。个人学习与组织学习转化模型较为清晰地阐述了上述过程（见图8-1）。

组织学习与个人学习的区别主要体现在：从学习内容看，个人学习包括认

---

① 《马克思恩格斯文集》第一卷，人民出版社2009年版，第379页。

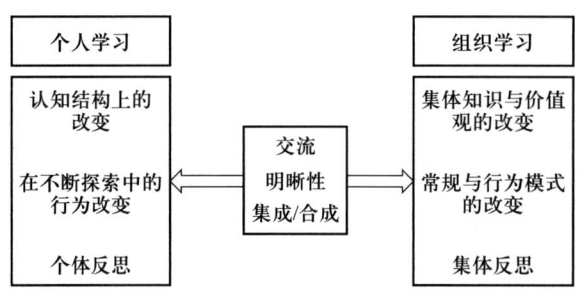

图 8-1　个人学习与组织学习的转化

知改变和行为改变，组织学习的内涵中除了包括这两个方面的改变，还应该包括组织体系（如组织的结构、流程、制度等）的改变。从学习主体看，组织学习的行动主体是组织，这个时候的组织是一个整体的概念。组织拥有比个人更大的存储知识、应用知识和创新知识的潜力，特别是具有将个人知识创新纳入特定方向并加以支持扩大的能力，即实现"1+1>2"的效应。从学习目标看，个人学习主要是发展个人素质、个性、习惯和信仰，而组织学习则是发展和提升组织的能力。从学习的数量与性质看，一个员工在组织规则内完成特定任务，找到完成该工作的最佳流程，记录这一流程并将其作为将来的一个参考，这样组织就获得了这一知识。通过反复使用这一流程，组织可以获得额外的知识。组织系统有存储系统、记忆系统以及生成系统，在学习的数量和性质上与个人学习总和有本质不同。

二、组织学习的过程与层次

（一）组织学习的过程

组织学习的过程表现为组织与其成员之间、组织与外界环境之间、组织成员之间所进行的隐性知识与显性知识相互转化的过程。已有研究把组织学习过程归纳为以下几种模型。

1. 基于学习方式的组织学习过程模型

组织学习可以分为单环学习、双环学习和再学习。单环学习是指修正组织运作过程中的错误，其特点是纠错的同时并不对企业的基本规范、政策、目标加以改变。单环学习只有单一的反馈环，是在当前的系统和文化框架下去提高组织的能力，其目标是适应环境，取得最大效率并延长组织生命。双环学习则是在组织运作出现问题时，重新评价调整组织本身的规范、政策和目标。双环学习有两个相互联系的反馈环，不仅要发现与绩效相关的计划和行动的错误，还要发现相关规范的错误，由此对企业的价值观和目标等基本问题提出挑战。再学习是指反思和质疑自己的学习过程，通过改善学习本身的方式方法来推动组织学习，重点强调如何有效地学习，而并不面对实际问题。在上述三种学习方式的基础上，形成了组织学习的动态模型，如图8-2所示。

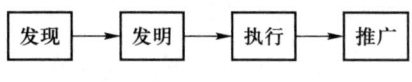

图8-2　组织学习的动态模型

组织要作为一个整体进行学习，需要经历四个阶段："发现"包括发现组织的内部问题和外部环境的变化，在"发明"阶段寻找解决问题的方法，并在"执行"阶段加以实施，产生修正过的操作程序或规章制度。最后，学习不仅应从个人水平上升到组织水平，还需要贯穿组织各部门或组织边界，这就是"推广"。陈国权等通过加入反馈过程和知识库提出了新的改进模型（见图8-3）。①

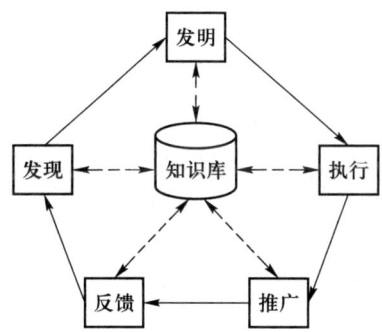

图8-3　基于学习方式的改进模型

在这一模型中，各个学习阶段和知识库间用双向箭头连接，表明每一阶段既可以产生新知识存入知识库，也可以运用知识库中的知识辅助该阶段的判断和学习。

2. 基于知识转化的组织学习过程模型

组织学习中知识的创造与转化分为四种模式，即组织知识的社会化、外在化、合并和内在化。社会化是指个体间共享隐性知识，即从隐性知识到隐性知

---

① 陈国权：《学习型组织的过程模型、本质特征和设计原则》，《中国管理科学》2002年第4期，第87页。

识。外在化是指隐性知识在团队中共享后经过整理被转化为显性知识，即从隐性知识到显性知识。合并是指团队成员共同将各种显性知识系统整理为新的知识或概念，即从显性知识到显性知识。内在化是指组织内的各成员通过学习组织的新知识和新概念，将其转化为自身的隐性知识，并完成知识在组织内的扩散，即从显性知识到隐性知识。从图8-4的螺旋向外的曲线可以看出，知识是不断增加的。例如，一个创新团队正致力于为企业设计一种新产品，每个人根据自己以往不同的经历和对社会需求的理解（隐性知识）产生了一些模糊的想法。通过与其他人交流，他们逐渐达成了共识并最终找到了新产品的原型（隐性知识转化为显性知识）。新产品产生后，其概念也融入了成员的个人知识中（显性知识又转化为隐性知识），并可能用于将来与他人交流（进入下一轮的知识转化过程）。整个过程是一个获取、创造和传播知识的过程，也是一个知识在组织中流动的过程。

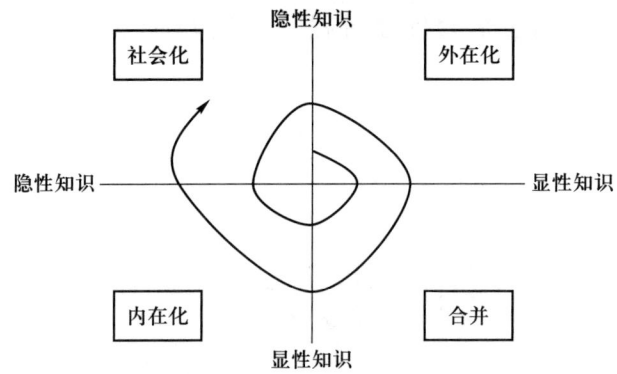

图 8-4　基于知识转化的组织学习过程模型

3. 基于学习主体的组织学习过程模型

学习主体可以分为个体、团队和组织三个层面，它们分别在组织学习过程中扮演着不同角色。组织学习的概念实际上是从个体学习借鉴引申而来的。个体学习包括操作性学习和概念性学习。组织学习是将个体行为与组织行为乃至环境反应联系起来的循环过程，组织不是只能被动地受个体学习过程的影响，而是可以主动地影响其成员的学习。

美国学者金提出了基于学习主体的组织学习过程模型，强调建立组织共同的认知模式在组织学习中的重要性（见图8-5）。

在上述三个组织学习过程模型中，基于学习方式的组织学习过程模型代表着目前主流的组织学习模型；基于知识转化的组织学习过程模型，从学习的客

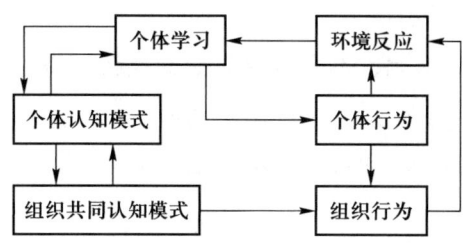

图 8-5 基于学习主体的组织学习过程模型

体出发,分析了在组织学习过程中其学习对象,即知识是如何转化的,包括知识流动和其性质的变化;而基于学习主体的组织学习过程模型则强调了个体学习及其认知模式在组织学习过程中的重要意义。

(二) 组织学习的层次

按照组织学习的内容与组织学习的主体可以将组织学习分为不同的层次,如表 8-2 所示。

表 8-2 组织学习的层次

按学习内容分	按学习主体分
第一层:学习描述性事实、知识和程序,适用于变化较小的已知环境	个体层学习:个体为使自己的行为更有效而获取知识与技能的过程
第二层:学习能转移到其他环境的新工作技能,适用于需要改变的新环境	团队层学习:学习型组织的最基本学习单位,包括团队成员的合作学习和群体智力开发
第三层:学习适应,适用于需要寻找答案的更加动态的环境	组织层学习:强调组织全员学习、知识共享与共同愿景
第四层:学习如何学习,是创新和创造、设计未来而不仅是适应未来	组织间学习:组织中的个体、团队和整个组织层在与其他组织的比较过程中,获得和应用新知识、新行为

三、影响组织学习的因素

影响组织学习的因素既包括外部因素,又包括内部因素。

(一) 影响组织学习的外部因素

影响组织学习的外部因素包括以下几个方面。

1. 社会经济价值的变迁

组织是社会的组成单元，不可避免地受到社会经济价值变迁的影响。在社会经济领域，价值观的变化对组织提出了新的要求，组织要提高自身应对变化的能力，就要更加对外开放，将学习融入组织中。

2. 社会运动

社会运动、利益集团引发的组织学习是一种不自觉的学习。当公众基础或利益集团发动的社会运动造成"组织危机"时，组织就被迫发展出处理这些问题的能力。组织对自身危机的应对主要有三种方式：消极抵制、象征性的政策和积极接触。组织做出任何选择均取决于组织学习的水平和效果。

3. 社会和经济制度转型

当社会和经济制度发生急剧变化时，组织往往会经历"组织失效"的阶段。急剧变化会触发组织学习，组织往往需要吸收新过程、新结构与新行为，并进行有效的内化，以尽快适应外部新环境。

4. 市场信号

技术的发展、消费者偏好的改变以及市场竞争的加剧，使得组织暴露在大量市场信号面前。组织社会系统本身存在的固有的规律和惰性，以及信息的过载，都可能阻碍组织向市场学习。组织所能做的就是确立有效的市场信号，并通过高效的业务运作体系强化对这种信号的反应。

5. 技术愿景想象和技术发展

技术愿景想象既是学习的结果，也是学习的动因。技术愿景想象是引发组织学习的强大动力，有助于组织超越单循环和双循环学习的模式，促使组织产生"再学习"能力。技术愿景想象和技术发展的不同深度会产生三种结果：学习过程停滞、创新过程停滞与持续创新。持续创新需要随时审视组织方向，及时调整技术愿景想象和技术发展，适应环境变化。

（二）影响组织学习的内部因素

影响组织学习的内部因素包括个体因素、团队因素和组织因素，具体如图 8-6 所示。

组织学习既不等同于个体学习，也不是个体学习的简单加总。企业组织活动所需的知识远超过个人所拥有的知识，在复杂的组织中，个人通常缺乏完成工作任务所需的知识，因而无法单独、有效地执行双循环学习，而具有相互依赖关系的团队则能更有效地应对组织活动的变化，发现系统性的误差，采取有

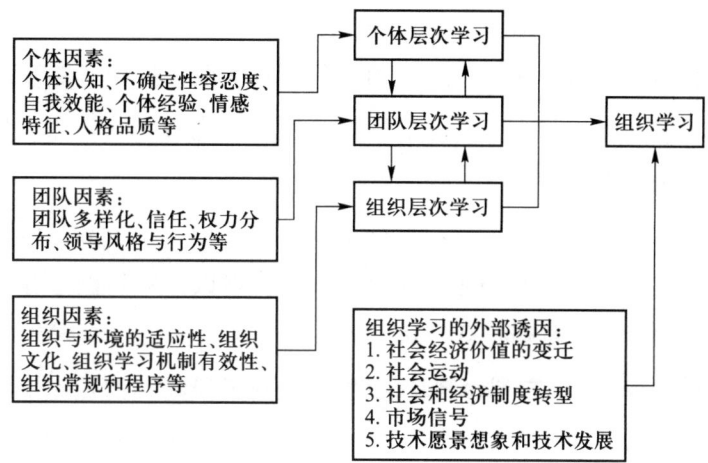

图 8-6 影响组织学习的因素

效纠正措施。同时企业运营活动极为复杂,所需的学习形态是系统性的,而非过去所认为的个人化学习。因此,企业组织为了达到目标,其学习活动必然会同时发生在个体、团队及组织三个层次上。三个层次会产生互动。这些互动包括由较高层次到较低层次的学习,以及由较低层次到较高层次的学习。一般认为,学习最初发生在个体层次,并通过个体与个体之间的社会互动,扩展到团队及组织层次,最终进入知识管理系统。

第二节 学习型组织

一、学习型组织的含义与特征

（一）学习型组织的含义

国内外的不同学者对学习型组织的含义描述有所不同。其中,国外学者提出的比较有代表性的定义有下面几种。

彼得·圣吉将学习型组织定义为:通过培养整个组织的学习氛围,充分发挥员工的创造性思维能力,从而建立起来的一种有机的、高度柔性的、扁平的、符合人性的且能持续发展的组织。这类组织具有持续学习的能力,具有高于个人绩效总和的组织综合绩效。①

---

① ［美］彼得·圣吉：《第五项修炼——学习型组织的艺术与实务》，郭进隆译，上海三联书店1998年版，第32页。

哈佛商学院对学习型组织的描述是：组织善于获取、创造和转移知识，并且以新知识和新见解为指导修正组织的行为，能够快速适应不断变化的外部环境。这类组织能够建立起支持学习的内部环境，强化内部的学习流程和实践活动，领导、鼓励员工学习。

国内有代表性的定义是：学习型组织能够有意识、系统和持续地创造、积累和利用知识资源，努力改变或重新设计组织自身以适应不断变化的内外部环境，从而保持可持续的竞争优势。①

尽管国内外学术界关于学习型组织的概念众说纷纭，但基本上可从两个方面进行界定：一方面，是将学习型组织看作一种新型的组织架构模式；另一方面，是将其视为战略过程模式。我们认为学习型组织是一种组织形态和组织文化的综合，是指有意识地、系统地、持续地吸收、积累、分享、利用各种知识以不断适应变化的内外部环境的组织。

（二）学习型组织的特征

关于学习型组织的特征，主要有以下几种界定。

（1）沃特金斯等人在《21世纪学习型组织》一书中概括了学习型组织的七个特征，包括：持续不断地学习；亲密合作的关系；建立彼此联系的网络；集体共享的观念；创新发展的精神；系统存取的方法；建立能力的目的。

（2）罗宾斯提炼出了学习型组织的五个特征，包括：组织成员共享的构想；在解决问题和从事工作时摒弃旧的思维方式和常规程序；成员对所有的组织过程、活动、功能和环境的相互作用进行思考；成员坦率地进行沟通；成员摒弃个人利益和部门利益，为实现组织的共同构想一起工作。

（3）我国学者进行了大量本土化的学习型组织的研究，在吸纳和修改西方学习型组织的定义和特征的基础上，提出了自己的学习型组织的模型、特征和测量方法。例如，陈国权的研究团队提出了学习型组织过程模型和学习型组织整体系统模型。② 对"组织学习"而言，重点关注的应该是学习行为、学习过程、学习机理、学习能力，以及影响这些方面的因素；对"学习型组织"而言，重点关注的应该是学习型组织的组织系统的构成及其特征，以及建立学习

---

① 陈国权：《学习型组织的过程模型、本质特征和设计原则》，《中国管理科学》2002年第4期，第86页。
② 陈国权：《学习型组织整体系统的构成及其组织系统与学习能力系统之间的关系》，《管理学报》2008年第6期，第833页。

型组织的方法和过程。

张德和窦亚丽以国内成功建设学习型组织的企业为样本，参考西方学者建立的学习型组织模型和要素，通过大样本的问卷调查，提出了包含个体学习、团队学习、学习支持、授权、系统思考五个因素的模型，通过统计分析，验证了五因素模型优于西方学者提出的七因素模型。这项研究在一定程度上证明了学习型组织会受到社会背景和文化背景的影响。

冯静颖和孙健敏通过深度访谈和大样本的问卷调查，提出了学习型组织的五因素模型，包括组织支持、环境关注、知识分享、领导驱动、持续改进。这个团队后来进一步研究了学习型组织的各要素与组织创新的关系，他们发现，学习型组织的五个维度与管理创新和技术创新之间不存在独立的相关关系，而学习型组织整体与管理创新和技术创新之间存在显著的正向关系。这为强调学习型组织的整体系统观和学习型组织的系统作用提供了实证依据。

值得指出的是，领导驱动因素是这个模型的重要发现，与陈国权等人提出的发展和学习型的领导方式异曲同工，在一定程度上证明了学习型组织的实践，离不开领导者的直接关注和投入，领导者的理念和行为在很大程度上决定了组织学习的方向和方法。这一要素可以作为学习型组织的一个重要特征。

二、构建学习型组织的步骤

构建学习型组织并没有标准化的流程，不同的学者从不同的角度提出了构建学习型组织的模型和步骤，其中最著名的是五项修炼模型。彼得·圣吉在《第五项修炼——学习型组织的艺术与实务》一书中详细论述了组织如何通过五项修炼完成学习型组织的建设。

第一项修炼：自我超越。

这一项修炼描述个体的成长和学习，指个体能不断为创造自己真心追求的成果而拓展自己的能力，是学习型组织构建的精神基础。学习型组织的精神源于组织中的个体对不断学习的追求。这种自我超越既包括能力和技巧层面，也扩展和开放到精神层面。提高学习型组织中个体的自我超越能力可以参考的实践方法有：协助成员建立更系统的世界观；共同学习如何反思隐性的假设；为成员提供表达个体的自我愿景并聆听他人愿景的机会；共同探寻不同个体对现实的看法，等等。

第二项修炼：改善心智模式。

心智模式决定组织成员如何理解世界以及如何采取行动。改善心智模式是一个不断面向自我进行反思和行动检验，努力尝试以新的方式获取信息、思考决策并采取行动的过程，包括自省、学习、创新和变革四个步骤。改善学习型组织中的心智模式的参考实践方法有：引入提高个人意识水平和反思技能的工具，不断进行反思实践；将心智模式的修炼固化为组织的固有活动，即把学习实践制度化；提倡探寻并挑战我们固有的思考方式和心智模式及宏观的文化氛围。

第三项修炼：建立共同愿景。

共同愿景是指组织成员共享的目标和愿望，由目标、价值观和使命感构成。只有当组织成员持有共同的理想和愿景时，才会形成主动学习的动力。建立共同愿景的组织就应该不断激励组织成员去开发个人愿景，可参考的实践方法有：放弃认为愿景由高层制定的传统观念；领导分享自身愿景的同时，鼓励成员分享各自的愿景。

第四项修炼：团队学习。

团队学习是学习型组织的微系统，是协同校正和开发团队能力的过程，这一过程会创造团队成员的共同思维和真正想要的成果。团队学习有三个关键方面：对复杂问题要有深入的思考和理解；需要有创新的、协调的行动；团队成员对其他成员起作用。关于团队学习的修炼，可参考的实践方法有：深度会谈与商讨；鼓励团队面对现实，解决冲突和习惯性防卫；不断地进行实习演练。

第五项修炼：系统思考。

系统思考是五项修炼的基石和核心，将其他四项修炼整合成一体，也需要其他四项修炼的配合以发挥其潜力。系统思考的关键是超越对局部和细节的关注，扩大组织成员的视野，从整体上把握问题，系统思考、强化每一项修炼，推动实现整体大于部分之和的效果。

三、学习型组织建设的有效性分析

学习型组织建设的有效性一直是研究和实践领域关注的重点，已有的研究表明，对组织层面的变量，如组织绩效、组织创新等，学习型组织建设均有正向的影响作用。对个体层面的变量的有效性影响研究相对组织层面的研究要少一些，但大部分研究都证明了学习型组织建设的积极作用。

(一) 学习型组织与一般组织绩效的关系

早期研究的重点是学习型组织对组织高绩效的促进作用。例如，彼得·圣吉认为，企业运营的外部环境处于不断的变化之中，在这样的环境下，求新求变、不断改进是组织追求卓越的必然选择，而学习型组织正是这种能够顺应环境变化而主动选择生存方式的组织形式。通过学习型组织建设，可以提高组织在新环境中的适应能力，最终提高其竞争力。学习型组织优异的品质和迅速的传递方式能够提高市场占有率或其他有形成果，进而实现绩效改进。研究指出，学习型组织善于通过知识管理、提升品质、降低成本、立即回应顾客需求等途径实现良好的绩效。从20世纪90年代后半期开始，研究者用实证的方法对两者的关系进行考察，并验证了学习型组织与知识绩效、财务性指标以及市场占有率之间的正向关系。

近年来，国内学者也对这一影响效应进行了研究。许多研究结果显示，在不同维度上，学习型组织对组织绩效的影响效应存在差异。例如，探讨学习型组织与平衡计分卡所涉及的组织绩效的关系，结果证明，个体学习、学习支持和系统思考维度对组织绩效有显著正向作用，而授权和团队学习与组织绩效没有显著关系。再如，对学习型组织与企业总资产回报率的关系进行考察，结果显示，持续学习和提问对话维度与企业总资产回报率的相关性不显著。

(二) 学习型组织与组织创新的关系

学习型组织的特征之一是持续的组织学习，而组织学习能够使组织内部形成包含创新发展精神的创新氛围，并提升创新活动的效率。国内的相关研究中，一项对201家企业的实证研究结果显示，学习型组织中的知识传递与整合维度对于创新绩效具有正向的促进作用。吴昊和孙健敏的研究结果显示，学习型组织整体对管理创新和技术创新具有正向影响，但各维度（组织支持、环境关注、知识共享、领导驱动、持续改进）不存在独立效应，说明学习型组织的各个维度合力、共同影响组织创新。

(三) 学习型组织与个体员工的关系

相比对组织层面关系的探讨，学习型组织对个体层面概念影响的研究相对较少。有研究证明，学习型组织为顺应环境所做的行为改变，不仅对组织绩效有益，同时也改进了员工的工作绩效，提升了员工的工作满意度。学习型组织作为组织文化因素，能够为员工提供支持性的环境，并通过组织公民行为和组织承诺的中介作用，正向影响员工的知识分享意愿。

国内实践领域的动态也能够反映学习型组织的有效性。一方面，在当今社会、经济、科技、文化等方面的背景下，学习成为组织的基本技能，学习型组织构成组织的一项核心竞争力。例如，通过对连续4年入围世界500强企业的前10名企业，按学习型与等级控制型企业分别排序后进行企业效益对比，发现在销售利润率、利润绝对数上，学习型都高于等级控制型30多倍。另一方面，一些专门研究学习型组织的机构正逐步出现在人们的视野中，通过社会各界分享、总结、交流对学习型组织创建的经验和心得，促进对应用学习型组织的理解。这在一定程度上也从侧面反映了学习型组织的有效性。

第三节 组织创新

当前世界范围内新一轮科技革命和产业变革方兴未艾，信息技术、生物技术、新材料技术、新能源技术等广泛渗透，带动以绿色、智能为特征的群体性技术突破，重大颠覆性创新不时出现，对国际政治、经济、军事、安全、外交等产生深刻影响，甚至改变国家力量对比，成为重塑世界经济结构和竞争格局的关键。世界各大国都在积极强化创新部署。

创新已经成为大国竞争的新赛场，谁主导创新，谁就能主导赛场规则和比赛进程。我国既面临赶超跨越的难得历史机遇，也面临差距进一步拉大的风险，只有努力在创新发展上进行新部署、实现新突破，才能跟上世界发展大势，把握发展的主动权。

党的二十大报告指出，完善科技创新体系。坚持创新在我国现代化建设全局中的核心地位。完善党中央对科技工作统一领导的体制，健全新型举国体制，强化国家战略科技力量，优化配置创新资源，优化国家科研机构、高水平研究型大学、科技领军企业定位和布局，形成国家实验室体系，统筹推进国际科技创新中心、区域科技创新中心建设，加强科技基础能力建设，强化科技战略咨询，提升国家创新体系整体效能。我们要以科学的态度对待科学、以真理的精神追求真理，坚持马克思主义基本原理不动摇，坚持党的全面领导不动摇，坚持中国特色社会主义不动摇，紧跟时代步伐，顺应实践发展，以满腔热忱对待新生事物，不断拓展认识的广度和深度，敢于说前人没有说过的新话，敢于干前人没有干过的事情，以新的理论指导新的实践。

这些思想，不仅为组织创新，也为个体创新指明了方向。

一、个体创新与组织创新

（一）创新的含义

熊彼特在《经济发展理论》一书中，最早提出了创新的概念。他认为创新是建立一种新的生产函数，把一种从来没有过的关于生产要素和生产条件的新组合引入生产体系。这种新组合包括五点内容。

（1）引进新产品。

（2）引用新技术。

（3）开辟新市场。

（4）控制原材料新的供应来源。

（5）实现工业的新组织。

显然，熊彼特的创新的含义相当广泛，它是指各种可提高资源配置效率的新活动。随后，有研究者分别从不同角度给出了创新的定义，例如：创新是指新的观念、流程、产品、服务的产生、接受和执行；创新是一个新的观念，其作业与实务上的成果被相关单位采用；创新是企业特别善于持续应对任何类型的环境变化，并且其特色是以创意的方式来发展新产品和新服务；创新是在产品、流程和程序上，以不同或更好的做法来增加附加价值，并提出全员创新管理，即不仅关心产品发展，同时也执行组织的总体创意；创新是在组织内新观念的成功实现；创新要有更广的定义，企业流程再造与创新具有相同意义。

从以上定义可以看出，创新既不是发明，也不是发现。发明主要是指创造出过去没有的事物，发现主要是揭示未知事物的存在及其属性，而创新则是指在既有的事物上产生新的观念，并在产品、流程和管理上灵活应用，得到市场的认可，从而对企业的绩效产生影响的过程，其范围包含产品、制造过程等。此外，创新不等同于创造力，创造力只涉及新想法、新观念的产生，而创新包括新观念、新想法的产生、接受和执行的一系列过程。

根据创新主体的不同，可以将创新分为个体创新和组织创新。个体创新研究主要以个体创造力和个体创新行为为研究对象。组织创新研究主要以组织变革和组织形成为研究对象。与个体创新不同，组织创新意味着资源组合方式的改变，它以组织权力为特征，具有相对刚性的组织地位。

（二）个体创新

人是产生、推进、讨论、修正和最终实现新想法的主体，个体创新是组织创新的起点，是组织创新的基础。自20世纪90年代起，研究者开始关注个体层面的创新。

个体创新研究主要聚焦于个体创造力和个体创新行为两方面。

（1）个体创造力主要关注创意的产生。个体创造力的经典定义为：个体在工作上的一种方法，它产生新奇而适当的想法、过程和解决办法。

（2）个体创新行为是一个过程，与前文述及的创新定义更贴近。也有人将个体创新行为界定为能够引导新的、有用的观点、过程、产品产生和应用的行为，认为个体创新行为包含寻找机会、产生想法、形成调查、支持以及应用等阶段，并将个体创新视为有益的创意产生、导入以及应用于组织中任一层次的所有行为。

（三）组织创新

组织创新是企业创新理论的重要组成部分，国内外许多学者对组织创新进行了大量的研究和探索。熊彼特所指创新的主体是企业家，属于个体层面，但是企业家不同于一般的组织成员，他们是对旧的生产方式进行"创造性破坏"，实现生产要素重新组合的人。因此，个体创新在某种程度上也可以转化为组织创新。

此外，熊彼特的创新概念偏重技术创新，并不能替代组织的整个创新活动。后续研究者从多个角度探讨了组织创新活动。早期的组织创新定义强调组织采用了新的观念或行为，例如新的产品、新的服务方式、新技术或新的管理制度等。在前人研究的基础上又出现了组织创新的三种分类。

（1）管理创新和技术创新。

（2）产品创新和过程创新。

（3）激进式创新和渐进式创新。

我们可以把组织创新看成一个过程，这个过程能够提高组织在动荡的环境中的生存能力。组织创新起源于组织对经营方式的升级或转型，是对已有管理实践的颠覆或革命，可以为组织创造价值提供新的路径。

二、影响组织创新的因素

经济学、管理学和心理学对影响和推动组织创新的因素进行了大量的研究与分析。归纳起来，主要影响因素可分为个体因素、组织因素和环境因素。

（一）个体因素

组织成员的个性、动机、认知能力等是驱动组织创新的主要个体因素。根据个体层面研究对象的不同，又分为员工特征和管理者特征两方面。

1. 员工特征

员工的创造性能够通过其灵活性、流畅的沟通转变成有效的组织创新；拥有高自我超越意识的员工更容易感知到现实状况与其个人理想之间的差距，这种差距将转化为创新的内驱力，进而影响组织创新。企业员工结构和素质的变化会影响个体的认知能力，进而引起价值观念、行为规范和人际关系的相应调整，如企业员工文化素质提高、专业人员比例增加会使工作态度、工作作风、工作期望等发生变化，进一步影响企业的目标、结构、权力系统、奖惩制度等的修正，最终影响企业进行组织创新。

2. 管理者特征

管理者的个性和创新动机，包括自信、经验开放性、对歧义的宽容、独立性、积极主动性、成功的决心、个人主动性和对变革的管理容忍度以及企业家精神等会影响组织发展的方向、组织结构的调整或组织战略的转移，进而影响和推动组织创新。领导风格和创新方式的匹配也会影响组织创新，例如，变革型领导风格对突变式创新有显著正向影响，而共享型领导者通过聚集多组创新人员，在组织成员中促进相互信任、共担风险的愿景，并将内部沟通成本最小化，从而为组织创新提供理想的条件。领导者的个人学习能力能够显著提升组织绩效。

（二）组织因素

影响组织创新的组织因素包括：组织战略、组织发展阶段、组织结构、组织学习、组织文化和战略人力资源管理。

1. 组织战略

组织战略的调整是企业发展的必然，战略的有效实施需要与之相适应的组织结构作为保障，对组织战略进行调整就需要修改结构以适应和支持这一变革。同时，战略的调整反映了组织发展导向的变动，其中，学习导向、市场导向和创业导向可以通过促进知识积累、知识应用以及创造新业务、新产品甚至新的商业模式等对组织创新产生积极影响。

2. 组织发展阶段

组织的发展通常经历开始、成长、成熟与衰退四个阶段，每一个阶段的企业战略都有其各自的特征。在生命周期的不同阶段，企业需要进行相应的战略调整，其组织结构可能随之改变，组织创新也会表现出不同的模式。开始阶段，企业处于产品创新带动技术创新为主导的组织创新与技术创新协同模式；成长阶段，企业处于由战略、文化、结构、制度创新带动组织创新为主导的组织创新与技术创新协同模式；成熟阶段，企业处于由战略、文化创新带动组织创新，产品创新带动技术创新共同主导的组织创新与技术创新协同模式；衰退阶段，企业处于由战略、文化、结构、制度创新带动组织创新，产品流程创新带动技术创新共同主导的组织创新与技术创新协同模式。

3. 组织结构

组织结构对组织创新的影响主要分为以下三点。

（1）灵活的有机式组织结构，尤其是扁平化或无边界组织，对组织创新有着正面的影响。因为在有机式组织结构下，其专业化、正规化和集权化程度比较低，有利于提高组织的应变能力和跨职能工作能力，从而更易于发动和实施组织创新。

（2）富足的组织资源是实现组织创新的重要基础。组织资源充裕，使管理部门有能力开发创新成果，承担追求创新的成本，并消化吸收失败的经验，进而推行整体性组织创新。

（3）多向的组织沟通有利于克服组织创新的潜在障碍。如跨职能部门团队、特别项目任务小组等组织结构设计，有利于促进部门间的互动交流，达成共识及采用组织创新的解决方案。

4. 组织学习

组织创新的实质是组织学习的过程。在组织创新的不同阶段，经常伴随着不同形式的组织学习，也有人把组织变革过程解释为创新的过程。

5. 组织文化

创新型组织通常具有独特的组织文化，例如鼓励试验、赞赏失败、注重奖励等。研究表明，创新型组织文化以创新导向为核心，通常具有下列特征。

（1）接受模糊性。过于强调目的性和具体性会限制创造力。

（2）容忍奇思妙想。组织不限制员工对"如果……那么……"等问题做出天马行空甚至是愚蠢的回答，最初不切实际的想法可能带来创新性的解决方案。

（3）尽量减少外在控制。

（4）容忍风险。鼓励员工大胆试验，不用担心可能失败的后果，把错误当作学习的机会。

（5）容忍冲突，鼓励多样性的观点和看法。

（6）注重结果导向。鼓励设置明确具体的目标，积极探索实现目标的各种可行途径。

（7）强调开放系统。随时监控环境的变化并做出快速反应。

（8）提供积极反馈，使员工感觉到自己的创意受到关注等。

6. 战略人力资源管理

战略人力资源管理是为了实现组织的长期目标，以战略为导向，对人力资源进行有效开发、合理配置、充分利用和科学管理的制度、程序和方法的总和。战略人力资源管理对组织创新的影响主要表现为以下三点。

（1）战略人力资源管理可以通过提供有关创新所需要的知识、技能和态度，建立一套鼓励员工探索性学习、识别新的不同机会的制度和流程，提高组织知识资本存量，继而推动组织的知识创造，最终促进组织创新。

（2）战略人力资源管理能建立必要的制度来为组织内成员的探索性行为提供条件，如通过项目式的工作方式、工作轮换，员工将反思并挑战现存的制度，从而促进知识传播，实现心智模式的转变。

（3）鼓励员工参与、注重团队合作的战略人力资源管理可以为员工创造支持性的创新氛围，鼓励员工不断产生新的想法，从而促进组织创新。

（三）环境因素

我们可以把影响组织创新的环境因素归纳为以下七个方面。

1. 社会政治经济变革

国家制度创新和体制改革，国民经济增长速度的变化，产业结构调整，政府经济、税收和金融政策的改变等，都会对组织创新产生影响。当这些政治法律因素、经济环境因素对于企业成长有利时，企业发展速度加快。一方面，对企业在组织结构、组织文化、组织流程和组织规则上提出更高的要求；另一方面，为企业组织创新提供了更好的条件。当环境因素不利时，企业也需要通过组织创新应对环境变化，维持自身的生存。

2. 政府行为与政府政策

政府行为与政府政策对企业组织创新活动具有重要的约束作用和诱导作

用,尤其是在一些特殊地区、特殊行业或特殊时期,在企业自身的组织创新的动力或能力不足的情况下,政府相关部门的行为与政策一方面通过制约企业的不合理行为来促进企业调整现有的组织要素,另一方面能够帮助企业判断形势、明确方向,为企业的组织创新活动提出指导性的意见和建议。

3. 科技变革

科技变革是组织创新的重要诱因之一。随着新技术的不断应用,为适应当前环境,维持或提高企业的竞争力,企业需进行技术创新,若要提高其效果,也要求相应的组织创新。如组织形式的虚拟化、无边界化都是科技不断进步的产物。

4. 文化差异

不同文化区域内的企业其组织形式大相径庭。有的企业产品线战略比较专一,组织形式和内部协调相对简单;有的企业采取多元化战略,规模庞大,组织形式相对复杂。因此,当企业集团实行跨区域经营及跨文化运作时,其组织结构需要做相应的调整,从而带动组织创新。

5. 市场竞争压力

来自竞争对手的多方面挑战不仅会迫使企业开发和改进产品,还要求企业调整自身的结构、流程、文化和规则以适应竞争的需要。在市场经济条件下,这是组织创新重要而又持续的动力源泉。

6. 顾客需求拉动

顾客需求是企业组织创新的主要、直接动力来源之一。为满足顾客的需求,企业不仅需要进行必要的技术创新,还需要通过组织创新保持自身对顾客需求的有效反应,为企业的其他创新活动提供必要的保障。

7. 社会舆论的推动

目前对可持续发展和环境保护的要求使企业必须设立环保部门、绿色协会或与外界的公益组织保持密切的合作,这也使其组织结构发生了一定的变化。

三、提升组织创新能力

(一) 组织内部——激发组织成员的创新动机,培育创新精神,提升创新能力

1. 招聘具有创新能力的员工

组织可以通过有效的人力资源规划、招聘和选拔政策,从企业内外部培养或获取具有独特知识和经验的员工,吸引创新能力强的员工,提升组织创新所

要求的人力资源存量，从而促进组织创新。

2. 采用灵活有机式的组织结构，加强组织的内部沟通

大多数有关沟通与创新的研究指出，组织沟通的开放性对个人和组织创新都有积极作用。合作式的、自由表达怀疑的沟通会对团队创新绩效产生正面影响，而争论式的、无法自由表达怀疑的沟通则会带来负面影响。分权化、扁平化的组织结构更易促进员工的参与和沟通，进而有利于各项组织功能的创新，有利于减少纵向的管理层级和管理幅度，增加组织结构的弹性。

3. 加强组织学习，培养创新能力

创新也可以通过训练和学习形成。组织可以通过鼓励员工学习，并提高其适应组织变革的能力来培育创新能力。员工的开发和培训有助于员工具备处理特定状况的技能，尤其在员工实现绩效目标的途径不可行或没有成效时，强调个人学习和员工培训有助于提高员工积极性和面对逆境的能力，从而提高其创新能力，最终对组织创新产生积极影响。

4. 建设创新文化，培育创新精神

组织可以通过以下方式培育创新精神：鼓励多样化思路，容忍不切实际的想法，鼓励群体中的不同意见；减少组织监控，加大创新自主性；鼓励员工大胆试验，把可能的错误作为学习的机会；鼓励员工设置明确具体的目标，积极探索实现目标的各种可行途径等。此外，在组织内部营造良好的创新文化，引导和鼓励员工大胆创新，激发员工的创新动机，是持续推动组织创新的内在动力。

5. 灵活地进行工作设计，增强创新自主性

工作内容的丰富化、挑战性和复杂性，以及在工作权限上的适当自主权，有利于促进人员的创新。基于团队式的工作、工作轮换及员工广泛参与，一方面，能在组织内部构建不同部门、不同层级之间员工的广泛联系，从产品质量、生产效率、生产成本、客户需求和企业财务状况等方面为员工提供信息共享；另一方面，有助于加强员工之间以及员工与组织之间的联系，保证员工及时获取创新所需的资源及知识。

6. 设定创造性的绩效目标，激发创新动机

具体的、富于挑战性的、可衡量的组织目标和个人目标，有利于员工主动将目标分解为容易管理和实现的阶段目标，而这种容易实现的目标易获得阶段性成功，从而获取成功的直接经验，培育员工进行创新的乐观态度和自信心。

同时，明确而清晰的目标导向的绩效管理体系能使员工形成对现实认识的初步框架，即使困难和障碍出现，也会激发员工克服困难的持久能力，使员工不会因暂时的困难而放弃，从而提高员工持续创新的动力。

（二）组织外部——营造创新友好的生态大环境，为组织创新提供肥沃的土壤

党的二十大报告强调了深化科技体制改革的重要性和紧迫性，突出了科技体制在促进科技创新中的制度性和保障性作用，并指出，深化科技评价改革，加大多元化科技投入，加强知识产权法治保障，形成支持全面创新的基础制度。加快实施创新驱动发展战略。坚持面向世界科技前沿、面向经济主战场、面向国家重大需求、面向人民生命健康，加快实现高水平科技自立自强。以国家战略需求为导向，集聚力量进行原创性引领性科技攻关，坚决打赢关键核心技术攻坚战。加快实施一批具有战略性全局性前瞻性的国家重大科技项目，增强自主创新能力。加强基础研究，突出原创，鼓励自由探索。提升科技投入效能，深化财政科技经费分配使用机制改革，激发创新活力。加强企业主导的产学研深度融合，强化目标导向，提高科技成果转化和产业化水平。强化企业科技创新主体地位，发挥科技型骨干企业引领支撑作用，营造有利于科技型中小微企业成长的良好环境，推动创新链产业链资金链人才链深度融合。

1. 健全完善创新政策

政府要进一步完善支持和激励创新的相关法律法规和政策措施，构建普惠型创新支持政策体系，加大知识产权的保护力度，加强部门之间、中央与地方之间的合理分工和高效协调，推进科技和经济政策、供给政策和需求政策的更好结合。建设有利于创新活动的组织模式和资助方式，形成对不同类型和阶段活动的协同支持格局。实行以增加知识价值为导向的分配政策，提高组织科研人员成果的转化收益分享比例。完善人才服务保障体系，清除制约人才流动的障碍，提高社会的横向和纵向流动性。

2. 加强创新宏观引导

政府积极履行创新职能，加快从注重"管"转为主要采取服务的方式，坚持把宏观引导作为政府服务创新的基本方式，抓好科技创新战略规划的统筹制定和落地实施，加强技术预测，对中长期创新方向实施合理引导。畅通创新成果转化渠道，强化创新链、产业链和市场需求的衔接。用好评价监管"指挥棒"，根据不同创新活动的特点，从科技和经济等多维度系统健全创新导向的评价激励体系。

3. 强化创新公共服务

加快发展适应大科学时代创新活动的特点、支撑高水平创新的基础设施和公共平台；引导社会资本参与社会化技术创新服务平台，完善专业化技术转移服务体系，推动分布式网络化的创新，孵化创新型小微企业。

4. 完善创新人才制度

坚持把人才作为创新的根基。创新人才发展和收益分配机制，调动科技人员、企业家、技能型人才和大众创新创业者等各类人才的积极性，促进人才更好地流动。优化人才成长环境，实施更加积极的人才引进政策。党的二十大报告指出，深入实施人才强国战略。培养造就大批德才兼备的高素质人才，是国家和民族长远发展大计。功以才成，业由才广。坚持党管人才原则，坚持尊重劳动、尊重知识、尊重人才、尊重创造，实施更加积极、更加开放、更加有效的人才政策，引导广大人才爱党报国、敬业奉献、服务人民。完善人才战略布局，坚持各方面人才一起抓，建设规模宏大、结构合理、素质优良的人才队伍。加快建设世界重要人才中心和创新高地，促进人才区域合理布局和协调发展，着力形成人才国际竞争的比较优势。加快建设国家战略人才力量，努力培养造就更多大师、战略科学家、一流科技领军人才和创新团队、青年科技人才、卓越工程师、大国工匠、高技能人才。加强人才国际交流，用好用活各类人才。深化人才发展体制机制改革，真心爱才、悉心育才、倾心引才、精心用才，求贤若渴，不拘一格，把各方面优秀人才集聚到党和人民事业中来。

5. 在全社会大力弘扬创新精神

加强科学教育和科学普及，积极倡导尊重知识、尊重人才、尊重创新的社会风尚，弘扬勇于冒险、敢于拔尖、求真务实、理性质疑的科学精神，提高全民科学文化素质和创新意识、创新能力，形成全社会理解、重视、支持各类创新活动的新局面，为提升组织创新能力、建设创新型国家和世界科技强国提供强大动力。

6. 营造崇尚创新的环境

良好的创新生态环境是全社会创新创业最深厚的土壤。特别是需要培育开放公平的市场环境，大力加强知识产权的创造、运用、管理和保护，更好地体现创新品牌和创新者的价值。健全保护创新的法治环境，推动构建综合配套的法治保障体系，使全社会的创新更加规范、更有活力。营造崇尚创新的文化环境，加快科学精神和创新价值的传播塑造，动员全社会更好地理解和投身创新。

第四节　学习型组织和组织创新的中国实践

尽管学习型组织是舶来品，但中华民族自古以来就是爱好学习的民族，"为往圣继绝学，为万世开太平"激励和鞭策了无数个人和组织在学习中进步，在学习中成长。我们正是在学习世界先进文化和技术的同时成长和发展起来的。党的二十大报告明确提出，推进教育数字化，建设全民终身学习的学习型社会、学习型大国。

伴随着学习型组织的普及，国内在研究和实践领域都形成了一些值得总结的经验。

一、学习型组织的中国实践

（一）学习型组织的研究成果

国内关于学习型组织的研究，从概念界定、测量到操作程序和方法，几乎涵盖了所有的方面。

一是学习型组织本身。我国学者对概念的界定、测量、重要性以及学习型组织量表进行了修订。二是学习型组织的影响因素及实施效果。通过实证研究对学习型组织与其他概念间的关系进行验证，包括从组织层面探讨内部环境特征、组织特征、领导特征、任务特征等对组织学习的整合作用，以及学习型组织对组织绩效和组织创新的影响作用。三是学习型组织的构建过程及其在不同领域的应用。其中一些研究对于学习型组织构建过程进行了重构，此外，大部分研究逐渐摆脱了单一的企业学习型组织建设内容，将学习型组织创新应用于不同类型、不同性质的组织建设中，大大拓展了研究领域。在应用于不同组织的管理时，一方面，体现了学习型组织的共同特征；另一方面，兼顾了特定类型组织的自身特点和规律，例如对学习型高校、学习型政党和学习型社区的研究。

（二）学习型组织建设

进入21世纪以来，我国各类组织对学习型组织的兴趣方兴未艾，开展了各种探索和实践活动，也总结出一些成功的经验。从学习型组织的概念中，进一步发展出学习型政府、学习型政党、学习型城市、学习型社区、学习型家庭等，几乎遍及社会各层面。1999 年，上海提出"努力把上海建成适应新时代的学习型城市"。2001 年，北京提出"争取用 10 年左右的时间在全国率先建成学习化城市"，其他各地市也都有不同的提法和推动学习活动的措施。在各种学习型组织建设实践中，以企业的学习型组织建设和学习型政党建设最有代表性。

1. 学习型组织建设与知识管理

知识经济时代，社会经济环境处于急速变革之中，新技术、新思想不断涌现，所谓的"灰犀牛"时代、"黑天鹅"时代等，都在强调环境的不确定性和变化的突然性。在这种环境里，企业之间的竞争变得更加激烈，企业的生存和发展，很大程度上取决于企业的学习能力。建立学习型组织，成为企业构建核心竞争力和追求可持续发展的重要途径。

中国企业的学习型组织建设，遍布大江南北，从实践中总结出很多好的经验。常态化的学习型组织不仅具有学习型组织的基本特征，如开放、扁平、灵活、信任，同时还在知识的创造、分享、传承方面有一些切实可行的做法，而不是仅仅停留在口号上。企业的学习过程，是一个持续的改进过程。有企业把此过程总结为：持久化的组织学习、常态化的知识管理、制度化的知识共享、系统化的总结提升、习惯化的创新意识。

还有的企业提出，学习型组织建设的根本目的是要通过学习氛围的创建，提升组织的创新能力。这种能力，可以通过鼓励全员参与学习、建立扁平化和网络化的组织结构、鼓励和强化知识分享、注重团队建设、营造学习型文化、领导者以身作则等来打造。而存在的一些需要改进之处，可以通过学习型组织建设实践的不断深入加以完善和改进。

与学习型组织建设相关的一项管理实践活动是知识管理。近 20 年来，国内各类组织运用知识管理来创造价值和提高效能的案例日渐增多。一份针对全国 100 多家机构的调查报告显示，国内实施知识管理的机构已有多种良好实践，这些实践包括知识萃取及经验复盘（51.1%，括号里的百分比表示选择该项的被调查机构所占的比例，下同）、基于内容的知识资产管理（51.5%）、培训和学习（44.7%）、知识的运营和推广（42.6%）、紧密结合业务流程的知识管理实践（41.5%）、知识共享和创新文化的创建（40.4%）、项目知识总结和项目中再应用（35.1%）、各类专题及主题的策划（24.5%）、线上线下实践社区的建设（20.2%）、标杆管理（18.1%）、知识图谱和智能自动化推送（13.8%）、竞争情报和图档数字化管理（11.7%）、内外部社交网络的构建（10.6%）。通过机构内不同的知识管理良好实践，参与调查机构普遍认为知识管理给机构带来的价值是多样的，其中，被调查机构选择比例比较高的评价指标包括：让员工不断学习和成长，提升员工能力（66%）；沉淀组织的知识，降低企业风险（53.2%）；节约时间、提高工作效率和生产率（48.9%）；提高知识获得便利性（42.6%）；吸取教训，不犯同样的错误（41.5%）。[1] 这些实践活动和效果，在很大程度上体现了组织学习和学习型组织的职能和作用。

2. 学习型政党建设

马克思主义学习型政党是在学习型组织理论兴起的时代背景下，马克思主义理论的新发展。马克思主义学习型政党建设任务的提出是将学习型组织理论运用于基层党组织管理和建设，是我们党能够适应时代发展的体现。马克思主义学习型政党主要包含以下三个方面的含义：一是，该政党组织要高度重视知识和人才在党生存发展中的作用，要全员学习、终身学习、创造性学习；二是，该政党组织必须以共同愿景为引导，并拥有一套能够激励、团结、促进和保障党员不断学习的指导理念和制度安排；三是，通过学习不断提高党的整体执政能力，增强党的先进性。马克思主义学习型政党具备以下主要特征：以科学理论为指导；重视学习，善于学习；把握规律，具有创新精神。

在每一个重大转折时期，面对新形势、新任务，我们党总是号召全党同志加强学习；而每次这样的学习热潮，都能推动党和人民事业实现大发展、大进步。历史证明，全党学习的过程就是思想统一的过程、行动看齐的过程、力量凝聚的过程、事业推进的过程。习近平新时代中国特色社会主义思想中的观点，在理论上有重大突破、重大创新、重大发展，深刻揭示了新时代中国特色社会主义的本质特征、发展规律和建设路径，为在新的时代条件下坚持和发展中国特色社会主义提供了科学的理论指引。所有这一切都需要通过认真学习、深入学习、系统学习来准确领会。在这一过程中要坚持马克思主义立场观点方法，从我国实际出发，遵循我国发展的逻辑，不断增强中国特色社会主义道路自信、理论自信、制度自信、文化自信。"中国共产党人依靠学习走到今天，也必然要依靠学习走向未来。"[2]

---

[1] 秦丽：《从〈2021中国知识管理调查报告〉看中国知识管理发展现状与展望》，《知识管理论坛》2022年第5期，第497—509页。

[2] 《习近平谈治国理政》第一卷，外文出版社2018年版，第407页。

在学习型政党建设活动中，国有企业已经为我们提供了丰富的经验。"学习型党组织"是结合中国实际针对党的组织建设与企业文化建设实际提出的概念。在新时代新形势下，国企学习型党组织建设应时而动、随势而变。通过深化学习型党组织建设，提升国企党组织的组织力，凝聚职工力量，变个体学习为团队学习，让激励与约束并行，促进学习成果转化，实现个人和企业的自我超越和共同发展。

二、组织创新的中国实践

（一）从中国制造到中国创造

党的二十大报告把发展实体经济、建设制造强国和质量强国作为重要战略举措，明确指出，坚持把发展经济的着力点放在实体经济上，推进新型工业化，加快建设制造强国、质量强国、航天强国、交通强国、网络强国、数字中国。实施产业基础再造工程和重大技术装备攻关工程，支持专精特新企业发展，推动制造业高端化、智能化、绿色化发展。构建优质高效的服务业新体系，推动现代服务业同先进制造业、现代农业深度融合。

这些思想，为我国企业的创新和发展注入了动力，指明了方向。

某国际咨询公司曾在一份调查报告中指出，中国制造业的未来，不仅代表着新兴经济体的未来，更代表着整个世界制造业的未来。中国制造业的规模已经在2010年超过美国位居世界第一，但以工业机器人为代表的智能化生产方式已经在发达国家率先展开。在激烈的全球竞争中，中国制造业更加迫切需要推广智能制造，实现产业升级。

实际上，低成本和低价格曾经是我国制造业在国际市场的竞争优势。在经济全球化的背景下，低价格的生产要素环境随时都有新的角色出现，因此，在"十一五"规划中，我国把增强自主创新能力作为国家战略摆在经济社会发展的突出位置。中国的制造业也正在经历一次重要的转型，完成从"中国制造"到"中国创造"的跨越。

加快实现从"中国制造"到"中国创造"的转变，实际上，就是在"中国制造"的基础上培育和发展"中国创造"。"中国制造"是基础，"中国创造"是目标。在传统产业与新兴产业之间，我们要更加重视推进传统产业转型升级；在技术改造与新建项目之间，我们要更加重视推动企业技术改造；在企业自主创新与国家创新之间，我们要更加重视鼓励企业自主创新。

创新驱动发展战略是落实创新发展理念的具体行动的国家战略,也是实现由"中国制造"到"中国创造"转变的重要指导方针,主要包括以下内容。

(1) 强化企业创新主体地位和主导作用,形成一批有国际竞争力的创新型领军企业。

(2) 推动跨领域、跨行业协同创新。

(3) 推动政府职能从研发管理向创新服务转变,营造良好创新生态。

(二) 打造专精特新企业

2021年1月23日,财政部、工业和信息化部联合印发《关于支持"专精特新"中小企业高质量发展的通知》,启动中央财政支持专精特新中小企业高质量发展政策。所谓专精特新,是指中小企业具备专业化、精细化、特色化、新颖化的特征,专精特新企业是未来产业链的重要支撑,是强链补链的主力军,是我国支持和鼓励中小企业加大创新力度、提高竞争能力的重要力量。

为推动更多中小企业跨入专精特新行列,一是要完善促进大中小企业融通发展的政策体系。支持专精特新企业与行业领军企业联合开展长期技术创新,建立研发机构,研究支持行业领军企业助力专精特新企业发展的认定办法和奖励实施细则。完善知识产权、人才支持政策,推动建立企业共创、共有、共享的知识产权激励机制,以及企业人才共享交流机制。二是要优化行业领军企业的发展方式。行业领军企业要结合不同行业特点,围绕供应链合作、研发能力互补、数据共享、股权投资、人才交流、生态圈打造,不断探索专精特新企业发展的有效模式。三是要增强专精特新企业的对接能力。持续强化企业融通发展意识,让融通发展理念在企业中生根发芽,加快建立与行业领军企业的深度合作机制,主动对接、用好行业领军企业的各项赋能方式;充分借鉴行业领军企业的发展经验,专注产品质量,注重原始创新,努力寻求富有活力的创新体系,真正实现高质量发展。

党的二十大报告指出,高质量发展是全面建设社会主义现代化国家的首要任务。发展是党执政兴国的第一要务。没有坚实的物质技术基础,就不可能全面建成社会主义现代化强国。

中小企业是我国经济韧性、就业韧性的重要支撑,在新形势下要承担更多新的重要使命。打造专精特新企业,是实现这些重要使命的必要条件。专精特新企业大部分是中小企业,发展风险高,外部挑战大。专精特新企业在面对市场的不确定性和复杂性时，需要通过组织创新来应对挑战。发展专精特新企业，根本的出路在于坚持创新。唯有创新才能保持组织的可持续发展和长期竞争力，使企业立于不败之地。而创新的关键要素是充分发掘和利用人的创造规律，发挥人的主动性、创造性。创新型组织正是有效激发组织成员的主观能动性和创造性的理想模式。

首先，专精特新企业通常在技术、产品或服务方面具有较强的专业特长。要保持这些特长，就要求企业不断寻找新的商业机会和竞争优势。

其次，专精特新企业往往面临着市场需求的不确定性。市场需求的变化很快，需要企业能够灵活地应对和调整，通过创新来提高企业的应变能力。

再次，专精特新企业往往需要通过跨部门协作和知识共享来提高创新能力。创新型组织可以有效地促进不同部门之间的协同和交流，强化合作，以满足市场需求。

最后，专精特新企业在初创阶段通常面临着资源有限的情况。创新型组织通过激发个体的工作激情和潜力，能最大限度地释放人力资源和创造力，以较低的资源投入获取更高的价值产出。

思考题

1. 学习型组织有哪些特征？如何评价或判断一个组织是否是学习型组织？
2. 个体创造力与个体创新是什么关系？
3. 组织创新的影响因素有哪些？如何提升组织的创新能力？
4. 论述从中国制造到中国创造的理论和实践意义。

即测即评

第九章 组织变革与发展

任何组织若要永续存在，都不得不坚持变革和发展。如果说"自我净化""自我革新"是组织变革的内容，那么"自我完善""自我提高"就是组织发展的任务。毋庸置疑，完全稳定或者说固化的组织显然不能适应内外界环境变化的要求，特别是市场动态竞争的要求。企业必须具有变革性，在保持足够稳定的前提下不断对自身提出挑战，不断发现自身的不足与缺陷，不断改进自身的组织结构和运行机制。只有持续的组织变革与发展才能保证基业长青、企业长存。

第一节 组织变革与发展概述

党的二十届三中全会，明确了当前和今后一个时期是以中国式现代化全面推进强国建设、民族复兴伟业的关键时期。中国式现代化是在改革开放中不断推进的，也必将在改革开放中开辟广阔前景。面对纷繁复杂的国际国内形势，面对新一轮科技革命和产业变革，面对人民群众新期待，必须自觉把改革摆在更加突出位置，紧紧围绕推进中国式现代化进一步全面深化改革。全会强调，进一步全面深化改革，必须坚持马克思列宁主义、毛泽东思想、邓小平理论、"三个代表"重要思想、科学发展观，全面贯彻习近平新时代中国特色社会主义思想，深入学习贯彻习近平总书记关于全面深化改革的一系列新思想、新观点、新论断，完整准确全面贯彻新发展理念，坚持稳中求进工作总基调，坚持解放思想、实事求是、与时俱进、求真务实，进一步解放和发展社会生产力、激发和增强社会活力，统筹国内国际两个大局，统筹推进"五位一体"总体布局，协调推进"四个全面"战略布局，以经济体制改革为牵引，以促进社会公平正义、增进人民福祉为出发点和落脚点，更加注重系统集成，更加注重突出重点，更加注重改革实效，推动生产关系和生产力、上层建筑和经济基础、国家治理和社会发展更好相适应，为中国式现代化提供强大动力和制度保障。这也是我们进行组织变革与发展必须遵循的原则。

马克思指出："现在的社会不是坚实的结晶体，而是一个能够变化并且经常处于变化过程中的有机体。"① 社会发展的根本动力在于生产力与生产关系、经济基础与上层建筑之间的相互矛盾和作用。企业组织作为人类社会、经济活动的有机组成部分,与外界环境不断地进行交换,对内不断地进行"新陈代谢",这种有机的活动使企业成了一个无时无刻不受到内外因素"撞击"的系统。企业的生产经营活动就是企业的经济基础,企业的组织架构和运行机制就是上层建筑。在内外经营环境因素持续变化的作用下,企业组织需要进行相应的调整以适应这些因素的影响。企业组织的这种调整就是组织的变革与发展。

一、组织变革与发展的概念

(一)组织变革

组织变革(organizational change)是指运用行为科学和相关管理方法,对组织的权力结构、组织规模、沟通渠道、角色设定,组织与其他组织之间的关系,以及对组织成员的观念、态度和行为,成员之间的合作精神等进行有目的的、系统的调整和革新,以适应组织所处的内外环境、技术特征和组织任务等方面的变化,进而提高组织效能。其含义表明,变革是组织实现动态平衡的发展阶段。组织原有的稳定和平衡不能适应形势变化的要求了,就要通过变革来打破它们,但打破原有的稳定和平衡本身不是目的,目的是建立新形势下的新的稳定和平衡,应当把组织的变动性和稳定性有机地结合起来。一个组织的动态平衡包括以下方面:足够的稳定性,以利于达到目前的目标;足够的持续性,以保证在目标或方法上进行有秩序的变革;足够的适应性,以对外部的机会和要求以及内部的变化情况做出反应;足够的革新性,以使组织在条件适宜时富于变革的主动性。

任何企业组织都存在"生命周期"。组织的生命周期,是指一个组织从产生、成长直至最后消亡的过程。随着组织向生命周期下一阶段的演进,其结构、领导风格及管理系统都会演变为一种相对可预见的模型。目前企业组织的生命周期大致划分为创业阶段、发展阶段、成熟阶段和升级阶段(又称为二次创业期),如图9-1所示。

企业的创业阶段是以创始人(老板)为主导的经营管理阶段,一般是老板一个人说了算,虽然风险很大,但反应快,在组织管理上通常是人管人,职能

---

① 《马克思恩格斯文集》第五卷,人民出版社2009年版,第10—13页。

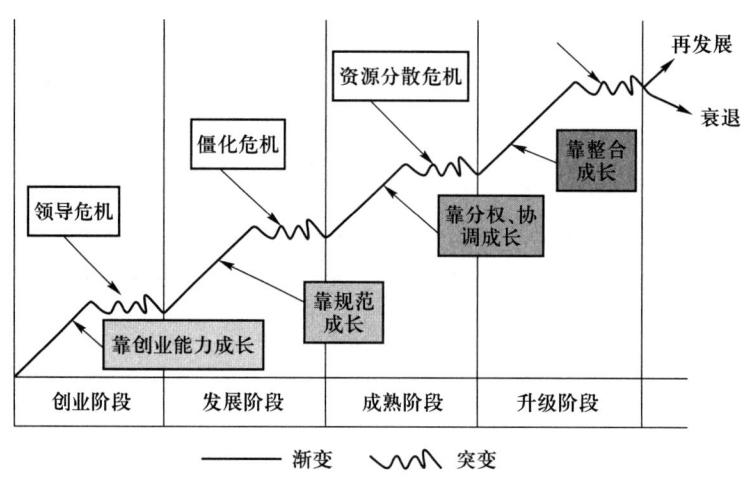

图 9-1 组织的生命周期

管理与制度规范较弱,企业在这一阶段的成功很大程度上取决于老板个人的能力。但是,随着企业经营规模的扩大和人员的增加,组织管理变得复杂,老板个人逐渐难以掌控,其个人能力反倒成了企业发展的障碍,即出现了"领导危机"。企业要发展,就必须引入职业经理人,设置完善的职能部门,建立规范的规章制度,形成科学化和规范化的管理。当企业进一步走向成熟时,经营出现多元化,组织结构也因出现子公司或分公司而更加复杂,以严格制度化为特征的职能管理可能变成企业走向成熟的障碍,使企业陷入"僵化危机"。在企业逐渐走向成熟的这一阶段里,企业更多采用以分权化为特征的扁平组织或柔性组织,形成多事业部制或分部制,让各个产业单元拥有适度的自主经营权,同时又互相支撑,形成企业集团。但是,随着分权化组织规模的不断扩大,企业将面临新的问题——"资源分散危机",即各个独立经营的部门之间难以协调和管控,企业的统一经营理念和战略逐渐弱化,资源分散,企业很难形成合力。为了提升整体核心竞争力,企业需要重新设置组织架构,整合资源,将统一的企业经营战略和职能管控与各事业部的独立经营协调起来,确保企业的升级发展。

据统计,在创业第一年取得成功的企业中,84%的企业在五年时间内就失败了,其根本原因就在于这些企业没有实现从创业阶段向下一阶段的转型。组织越是进入生命周期的后几个阶段,实现转型就越困难。不能成功解决与生命周期阶段演进相关的转型问题的组织,它们的成长将要受到极大的限制。一个组织如果在巨大的外部环境变化面前无动于衷,必然走向灭亡。但是,盲目地转型与变革同样会使组织消亡，甚至消亡得更快，因而需要以科学的组织变革理论作为基础，使组织变革有准备、有计划地进行，使变革朝着促进组织核心能力提升的有利方向发展。

组织变革的本质含义就是组织为了适应内外部环境变化，对其组成的各个要素进行调整、改变和创新，从而更好地实现组织目标的过程。组织变革是组织发展的重要手段，对维系组织生存、促进组织健全发展、体现组织本质特征具有重要意义。组织变革的前提假设是：组织希望通过变革朝着理想的方向发展，希望组织对环境做出更快速、灵活、积极的响应，希望组织内部能有效地进行协调和运作，增强组织的凝聚力和竞争力。

（二）组织发展

组织发展（organizational development）是一个与组织变革紧密联系的概念，强调组织的自我更新和开发，主要是应用行为科学来影响个人和团体之间的关系，并从根本上关注文化变革，特别是通过文化变革来支持组织的使命、战略或领导力等方面的变革。其定义有多种，综合起来看，组织发展是基于社会主义核心价值理论、行为科学的应用及开放系统理论而开展的一个全系统的计划变革过程，旨在通过增强组织各维度（包括外部环境、使命、战略、领导力、文化、结构等）之间的一致性来提高组织整体的效能。

组织发展作为组织"智能有机体"对内外环境变化的反应，从开放系统理论的观点来看就是一个系统将输入转化为输出的过程，可以构成一个系统模型，这个模型包括输入、中间变量和输出三个部分，表明了组织发展过程中各种变量的内在关系（见图9-2）。

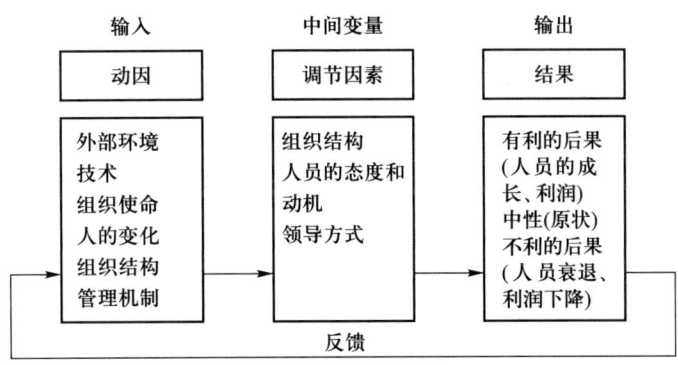

图9-2 组织发展的系统模型

二、组织变革与发展的动因

组织变革与发展受到组织内外动因的共同作用,这些动因的作用可能相互一致,也可能相互背离,但都促使组织变革与发展。这些动因主要包括以下部分。

(一)外部环境变化

组织的外部环境通常划分为两个层次:一是具体环境,由处于组织外部的有关组织所构成,这些组织(要素)包括客户、供应商、金融机构、行业组织和政府机构等;二是一般环境,包括对企业及其具体环境产生影响的经济、政治、法律、社会、文化和自然资源等因素。组织不能如同控制内部因素一样去控制外部环境,而只能去预测这些外部环境因素的变化,进而进行变革以适应这些环境因素的变化。

(二)技术变化

技术的超高速发展与应用已经成为当今社会的重要特征。技术包括两种:一种是生产技术,包括作为"硬件"的作业技术和作为"软件"的知识技术;另一种是信息技术。作业技术的变化如敏捷制造技术的出现必然给组织模式、结构和管理机制带来变化。知识技术是指人们对转换过程及其投入和产出的认识能力,特别是组织高层对这种技术的掌握将给组织带来巨大变革。信息技术的发展给人类社会带来的影响是前所未有的,它深刻地改变着人类社会的方方面面。

(三)人的变化

党的二十大报告提出"人才是第一资源""人才强国战略""人才引领驱动"等关于人才的重要论述,体现了对人才工作的高度重视,也体现了人才在现代组织中作为关键核心资源的地位。功以才成,业由才广。随着社会的发展,人在组织中的重要性日渐突出,但是人自身也表现出了越来越明显的多样性,人的变化对组织管理提出了新的挑战,如人员结构的优化和人员素质的提高,往往成为组织变革的动因。

(四)组织使命变化

柯林斯在《基业长青》一书中指出,组织之所以能够不断存续和发展,关键在于组织能够以其核心的使命为指引,不断为实现组织的使命而奋斗。组织使命是一种广泛的意向,体现了组织的根本目的。它既反映外界社会对本组织的要求,又体现组织的创办者或高层领导者的追求和抱负。正因为如此,组织使命的变化成为组织变革的一大动因。

(五) 组织结构变化

对组织而言,组织结构就是组织的"骨骼",是支撑组织存在和运作的根本,是组织在职、责、权方面的动态结构体系,其本质是为实现组织战略目标而采取的一种分工协作体系。但任何组织,其结构都有一个逐步完善的过程。组织结构本身的某些调整虽然并不直接就是组织本质的变化,但结构的重大变化必然导致组织的部分质变。

(六) 管理机制变化

如果说组织结构是组织的"骨骼",那么管理机制就是组织的"神经"。管理机制的变化必然带来组织行为方式的改变,从而形成组织的变革。唐纳利和吉布森在《管理学基础》一书中就把组织变革称作"管理改革"或"改革的管理"。

组织作为动态系统,受到组织内外因素的共同作用,即受到组织变革动因的多方面影响。这些影响常常同时出现,在其综合作用下,组织不断地从原有的形态和运作方式向新的、适应内外动因影响的组织形态和运作方式转变,即不断地进行组织变革。

第二节 组织变革与发展的系统模型

组织变革与发展始于一个组织对内外界影响因素的强烈感受,止于组织对内外界因素影响的动态平衡。为了保证这个过程的顺利开展,实现组织向更适应环境和更具竞争力的组织形态进化的目标,组织需要依据特定的步骤来进行变革与发展,即需要选择特定的变革与发展模式。很多学者对组织的变革和发展模式进行了研究,提出了不同的见解。下面着重介绍本书在组织变革发展理论的基础上,结合企业的组织变革发展管理实践,提出的组织变革与发展的系统模型,包括变革动因分析、组织问题诊断、变革方案设计、实施与评价,并分别就模型的这四个环节进行论述,强调组织变革与发展是一个完整的过程,而不是一个单纯的项目事件,以便全面理解企业的组织变革,提高组织变革与发展的成效。

一、组织变革的一般流程

管理学者对组织变革进行了大量的研究,其中有勒温关于组织变革的三阶段理论。勒温特别重视组织变革过程中的人的心理机制,"解冻—变革—再冻结"就是他针对组织成员的心理态度和行为而提出的变革过程的三个阶段。卡斯特提出了实施组织变革的六个步骤:认识问题、感知问题、辨明问题、探寻解决问题的方法、实施变革、反馈。若有问题,根据上述步骤再次循环。唐纳利和吉布森提出了组织变革的八个步骤:变革力量、组织变革需要、问题判断分析、找出变革的方法和战略、认识限制条件、选择方法和战略、实施计划、评价计划。

以上三种有影响力的组织变革理论,均对组织变革的过程进行了阶段性的划分,他们都强调组织变革的节奏性,都认为组织变革过程包含"提出问题—分析问题—设计方案—实施与评价"这四个环节。根据以上国外学者提出的组织变革理论,结合中国企业实际操作,本书提炼出组织变革的四个主要环节,形成组织变革的一般流程,如图9-3所示。

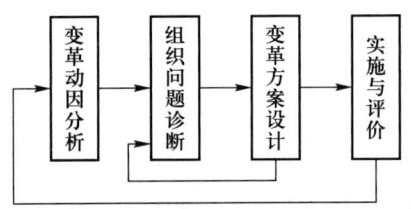

图9-3 组织变革的一般流程

下面就每一环节具体论述。

二、变革动因分析

这个环节主要是发现和分析组织变革的动因,明确组织期望通过变革达到什么目的。

组织变革动因由外部动因和内部动因构成。通常情况下,引发组织变革的推力不是单一地来自外部或内部,往往是内部和外部交织在一起。

以某企业为例具体分析,产生变革的外部动因,主要有社会的、政策与法律法规的、经济的、技术的和市场的等方面,如表9-1所示。

表 9-1　某企业组织变革的外部动因①

外部动因	列举	可能产生的影响或结果
社会的	环保要求	各专门机构管制种类激增、要求更严
	人人平等	更多的妇女和少数群体员工在企业工作
	全球化	不同肤色、不同文化背景的员工一起工作
政策与法律法规的	利率、税率等波动	直接影响企业收益
	出口或进口的限制与开放	影响企业未来经营战略方向
	新的劳动法规颁布	企业人资管理制度调整，劳动力资源变化
经济的	经济增长	扩建
	经济危机	裁员、收缩、破产
技术的	通信技术、互联网	管理效率提高、消费习惯改变
	物流网络、卫星定位	改变库存方式
	大数据、人工智能	智能制造
市场的	强劲的替代品	创新产品、低价销售、滞销

外部动因是激发组织变革的最主要因素，这也印证了达夫特在《组织理论与设计》一书中的阐述：企业组织正经历着一种从机械式系统向自然生物系统的思想转变过程。其"自然生物系统"形象地描绘了企业组织和外部环境相互融合的过程，即现代企业组织必须能对外部环境做出灵敏的反应。

组织变革的内部动因主要有两点：其一，组织战略目标的改变。钱德勒对战略与组织结构关系做了研究，并在其著作《战略与结构》中得出了企业战略的改变会导致企业组织结构变化的重要结论。其二，管理机制的改变。组织中管理机制的变化必然引起组织行为方式的改变，从而推动组织的变革。通常情况下，企业为了实现更高效率而采取某种新的科学管理方法时，组织变革势在必行。

三、组织问题诊断

在这个环节，企业要找出当前组织状况和组织战略目标的差距，分析不能适应经营环境的组织内部因素，通过组织问题诊断找出限制组织发展的原因。

---

① ［美］派特里克·E. 康纳等：《组织变革中的管理》（第 3 版），爱丁等译，电子工业出版社 2004 年版，第 29 页。本书略做修改。

企业存在的根本目的是追求效益最大化，而决定企业效益的因素有多方面。达夫特在《组织理论与设计》中提出了六个方面：市场、资源、生产率、总绩效、创新、员工，并将其称为操作性目标。操作性目标是指企业为实现其根本目的所要完成的主要任务，它们具体且易衡量。为了不使组织问题的诊断空泛或漫无目的，应选取操作性目标作为组织问题诊断的指南，但将生产率和总绩效合并为经营效率，也就是运用市场开发、资源配置、经营效率、创新能力、员工发展这五个操作性目标在过去时间段内的现实状况来分析和诊断组织问题的根源所在。

四、变革方案设计

变革方案设计是指针对限制组织发展的因素做必要的调整和变革，并通过反复论证与探讨确定组织变革的具体方案。在设计过程中，会不断发现设计的组织调整与变革的措施可能存在客观限制因素，导致方案无法执行。因此必须重新分析与诊断，修订方案，提出新的设计构想。这是一个反复的循环过程。

变革方案设计环节是组织变革的核心部分，企业需要根据组织的现实情况，做以下三方面的工作。

（一）变革策略设计

组织变革策略，按变革的程度划分，可以分为渐变式变革和突变式变革；按变革的范围划分，可以分为局部性变革和整体性变革。在管理实践中，由于变革程度和范围的不同，存在四种典型的组织变革策略，如图9-4所示。

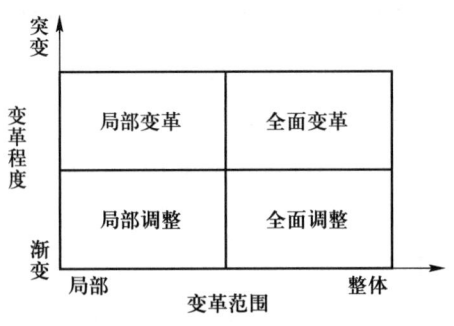

图9-4　组织变革策略矩阵

1. 全面变革策略

这是一种影响程度深、涉及范围广的变革策略。当组织遇到大的生存挑战，不采取强烈措施和手段就难以解决当前组织问题时，往往会采取这种整体性变革策略。但是，这种变革策略的实施难度大，因此风险也相对较大。例如，我国国有企业所经历的体制改革、机制转换和建立现代企业制度就是较为典型的全面组织变革。

2. 局部变革策略

这是一种对组织的局部进行影响程度较深的变革的策略。例如，企业的流程再造、资产重组、组织重构、文化重塑等较为普遍地应用了这种变革策略。

3. 全面调整策略

这是一种涉及组织整体的，进行一系列的组织适应性调整的变革策略。迫于外部竞争压力又追求相对稳定的企业一般倾向于采取这种渐变的策略。例如，企业通过实施信息技术管理系统，带动企业管理全面改进和整体提升。

4. 局部调整策略

这种变革策略主要是对组织内部的运作方式、方法的调整和更新，或对一些工作程序和步骤进行必要的调整。例如，企业对人力资源管理政策的调整，对产品结构和目标市场的调整，对生产技术方法的调整，等等。

在以上四种变革策略中，并不存在最优策略，关键在于选择能够满足企业需要且能达到最佳效果的策略。此外，组织变革的策略还可以分为渐进式变革与激进式变革。前者保持组织一般的平衡，通常是仅影响组织局部的一系列持续性的改进；后者打破了组织原有的框架，通常会因为组织的全面转变而创造一个新的平衡。频繁的激进式变革会影响企业组织的稳定性，甚至导致组织的毁灭。因此在两次激进式变革之间，在更长的时间里，组织应当进行渐进式变革。

（二）变革方式选择

组织最关心的问题是变革内容，是变革什么、如何变革等问题。学者们对组织变革的内容进行了总结和归纳，其中最有代表性的是莱维特变革方式。

组织是一个多变量的系统，其中任何一个变量发生变化，其他变量也将发生相应的变化。在有计划的组织变革过程中，相互间起显著作用的四个变量为结构、任务、技术、人员，它们是相互依赖的。组织变革可以通过改变其中任意一个变量或综合改变几个变量来进行。在莱维特构想的基础上，一般将组织变革归纳为三种方式。

1. 以组织结构为重点的变革方式

通常将变革组织结构的因素归纳为21类：规章制度；程序；正式的奖酬制度；汇报的要求；计划；部门划分的基础；控制幅度；矩阵组织结构；进度安排计划；信息沟通方式；员工班组；组织层次的数量；委员会；直线-参谋组织；工作绩效的标准；正式政策的权力；选择的标准；项目群体；预算；正规培训；指挥系统。组织结构的变革是完成组织变革任务的一种最直接和最基本的方式，见效快，可以使组织发生根本的改变。

2. 以工作任务和技术为重点的变革方式

这种变革方式主要是指对组织部门、层次、工作任务进行重新组合，改变原有的工作流程；更新完成工作和任务的技术工具，改变解决问题的机制、方法和程序。这种变革方式主要有以下几个方面。

（1）工作扩大化，指横向扩大工作范围，主要是在一些重复性的工作中，为减少员工的单调、乏味的感觉而扩大工作内容，使一个人同时承担多项或周期性更长的工作。

（2）工作丰富化，指纵向丰富工作内容，让员工有自主权，可以参加计划和设计，获得信息反馈，评估和修正自己的工作。

（3）自治团队，指让基层组织制定自己的工作计划，自己控制工作的进度和进行管理，以及自己进行常规决策。

3. 以人为重点的变革方式

以人为重点的变革主要是知识的变革、态度的变革、个人行为的变革及整个群体行为的变革，通常包括的内容有以下几个方面。

（1）人员更新。这是指组织成员在组织系统中的进出升降。必要的流动会给组织带来朝气和活力，为组织成员的晋升成长创造更多的机会。

（2）改变激励机制。通过改进报酬制度、考核制度和奖惩制度，直接影响个体行为，进而间接影响组织行为。

（3）素质的更新。通过调查反馈、班组建设、咨询活动等方法来改变员工的动机、态度、知识（技能）和价值观，进而影响员工的行为。

莱维特明确了较为具体的组织变革的内容，但不全面。其忽略了组织目标与战略和企业文化这两方面，在竞争日益激烈的今天，这两方面更显得重要。

（三）变革实施方案

为了确保组织变革的顺利实施，减少阻力，还得设计一个变革实施方案。

变革实施的难点就在于，组织变革过程会面临很多不确定因素。这些不确定因素放大了组织变革的风险。前期制定必要的预备行动方案，可以使变革管理者及员工对组织变革更有信心。

变革实施方案的基本内容包括：变革的目标及主要内容；变革的策略和主要方式；变革的具体步骤与方法；变革实施的责任分工与时间安排；变革实施所需资金和资源的配置；变革中可能出现的问题及应对措施；变革成效的评价与稳固。

五、实施与评价

经过反复论证后的组织变革方案可进入实施与评价的环节。为了使组织变革过程中伴随的风险降到最低，在变革实施之前，有些企业会采取小范围的试验，有些企业则将组织变革方案进行分步实施，避免全面变革带来的巨大冲击。无论是何种方式，都要对组织变革进行及时的评价，这种评价不是作为报告交给上级，而是要用作下一步组织变革的依据，最终形成一个有机的循环系统。

（一）组织变革实施

在变革实施过程中要讲究实施方法，并及时评价。企业在实施变革时要重视如下工作。

（1）全面宣传并树立指导思想。进行充分的组织变革的教育和宣传，有计划地开展组织理论和组织设计的培训，明确组织变革的目标，消除部分员工的认识偏差，消除变革阻力，力争达到思想统一、稳定。

（2）实施组织变革之前，编制周密细致的实施计划，在时间进度、参与人员、工作分配等方面统筹安排，责任落实到人，分项实施。

（3）成立领导小组。为了组织变革的顺利实施，一般都要成立组织变革领导小组。有了来自高层的支持和推动，组织变革才有望如期顺利地实施。

（二）变革效果评价

组织变革的效果评价大致分为关注结果和关注过程两种。对变革结果的评价，主要是通过检验变革目标的实现程度来进行；对变革过程的评价则主要从实施变革的进程、偏离事件发生与控制等方面展开。

基于上述组织变革的主要环节，结合组织变革与发展的理论，对变革流程的关键环节和核心内容进行整合，可以总结出企业组织变革与发展的系统模型：变革动因分析环节的核心是分析组织变革的内部动因和外部动因；组织问题诊断环节的核心是诊断组织在市场开发、资源配置、经营效率、员工发展和创新能力等操作性目标上的现实状况；变革方案设计环节的核心是在前两个环节的基础上再次明确组织目标与战略，综合考虑组织成员、组织技术、组织文化、结构与流程等因素及其相互影响，设计出变革策略，并选择合适的变革方式来实施变革方案；实施与评价环节的核心是选择实施方法并及时评价变革效果，如图9-5所示。

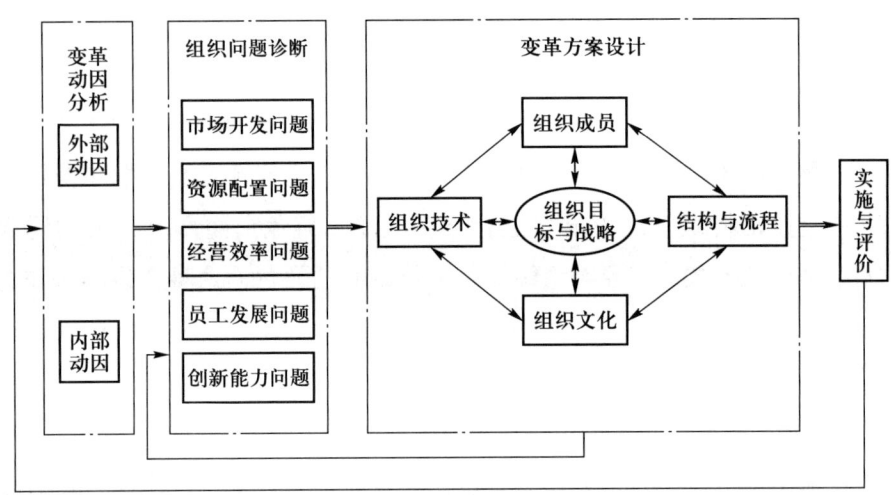

图 9-5　企业组织变革与发展的系统模型

第三节　组织变革的阻力及其克服

组织变革是一个"除旧迎新"的过程，必然要打破原有组织的系统形态，触动原有组织内部的利益格局，改变原有的运作机制，这必将遭遇阻力，形成变革的不利条件。要成功实施组织变革就需要对组织变革的阻力进行分析，并采取相应的措施。

一、组织变革的阻力

组织变革主要在于组织要对与自身不适宜的部分进行改进，因此组织变革的阻力也主要来自组织内部。

按阻力来源的不同可将组织变革的阻力分为以下三种。

(一) 个体对变革的阻力

1. 有选择的注意力和保持力

多数人能够对自己的注意力和保持力进行选择。如果新事物不能基本符合其原有的观点，便很容易对变革产生抵制。

2. 习惯

除非情况发生了显著的变化，否则人们总是按照自己的习惯对外来刺激做出反应。变革一旦改变人们熟悉的工作方式、职业习惯，就会使某些人由于心理上的不适而产生不快或抵触情绪。

3. 依赖性

如果一个人没有培养起自我尊重的观念，他便会一直依赖他人做出决定，对于变革的态度也是这样。

4. 对变革的有限认知

变革是新事物，总有一些不确定因素，如果一个人不了解变革的目的、机制和潜在的结果，很可能对变革忧心忡忡，宁愿维持原有的状况。

5. 经济原因

在具体变革过程中，有可能产生某些不利的因素，损害某些人的利益，这往往是人们抵制变革的一个原因。

6. 守旧和安全感

变革意味着会使成员暂时处于不稳定状态之中，带来某种程度的安全感的丧失。值得注意的是，当因老办法失效而急需变革的时候，这种守旧情绪反而更严重。

7. 个人权力/地位

组织变革可能调整某些人的职务或职位，影响到这些人在组织中原有的权力和地位，导致他们消极对待变革，甚至反对变革。

(二) 群体对变革的阻力

1. 群体的凝聚力

群体的凝聚力越强，越会对破坏凝聚力的变革产生大的反应。

2. 群体惰性

即使个体打算改变自己的行为，群体规范也会充当约束的力量。

3. 自主行为的独立性

当群体被赋予广泛的自治权的时候，会对将导致其自治权丧失的变革措施产生抵制。

4. 决策过程的参与程度

一个群体对决策过程的参与程度越低，对变革的认识就越差，认同度也越低，自然会产生较大的阻力。

5. "群思"现象

当群体的决策多是由群体中的成员共同讨论、思索决定的时候，相对于群体而言，源自外部的组织变革很难迅速得到所有群体成员的认同和接受，变革的阻力随之加大。

（三）组织对变革的阻力

1. 对权力和影响的威胁

组织中某些部分可能把变革看作对其权力和影响的一种威胁。一旦人们在组织中的地位已确定，就会抵制看来会降低其权力和影响的那种变革。

2. 组织结构

如某项变革要求改变原有的体制和信息沟通系统，处于不利地位的某个层级就会反对。精简机构和减少层级时尤为如此。

3. 变革成本/代价

组织变革总是需要一定的人、财、物的投入，即变革需要付出一定的成本或代价。经济基础较弱的组织对变革成本或代价的承受力也较弱，因而对变革常采取较为谨慎和保留的态度。

4. 资源的限制

如果一项变革会变更组织的资源结构，原有的资源就可能被闲置，造成一定程度的资源浪费。对固定资产投入较大或相关技术投入较高的组织更是如此。这种情况下，现有的资源结构就会限制变革的幅度。

5. 组织协议/契约

组织签订的协议或契约通常给组织规定了道义上、法律上的责任，并对组织的行为形成约束。例如，终身雇佣制度使可能导致劳动力需求减少的组织变革难以进行。

6. 组织文化

组织文化的核心内容之一是组织成员共同遵循的行为规范和规章制度，而组织变革常常需要改变已不能适应外部环境变化的原有的规范和制度，这可能致使组织成员因行为习惯而对变革产生较普遍的抵触。

二、组织变革阻力的克服

实施有计划的变革需要了解阻止变革的力量并设计出克服阻力的适宜的方法。要使组织变革获得成功，就应最大限度地削弱反对变革的力量，减少变革阻力，创造有利于变革的条件。

（一）力场分析法

克服变革阻力的方法之一是力场分析法（force field analysis），这是由勒温创造的考察变革过程的一种方法。这种方法已被证明对注重行为的管理人员非常有用，主要用以分析变革的动力和阻力，找出变革的突破口。

勒温的基本观点是：改革不是一个静止的状态，而是相反方向作用的力量的一种能动的均衡状态。对于一项变革，企业中存在着两种力量：一种是动力，指有利于变革实现的力量，它能引发一种变化，或使变化持续下去；另一种是阻力，它遏制了变革的发生或者继续进行，当这两种力量对等时，就会达到平衡。

力场分析法就是列出变革的动力、阻力因素，然后采取相应策略，增加动力或减小阻力，使变革顺利进行。

力场分析法的程序如下。

（1）寻找问题，明确可能影响组织变革效能的具体问题。

（2）分析问题，列出动力及阻力因素，并按强弱排列。同时注意：变革的动力、阻力数目不必相等，因两者的影响力不一定相同，有时候，一项阻力能抵消几项动力。

（3）制定变革策略。对其中两至三项阻力因素，找出解决的办法，具体考虑：谁去做、做什么、可行性及成本-效益。

（二）时机与匹配

即使不存在对变革的抵制，也需要时间来完成变革。不论组织的哪一层级，都需要时间去适应新的制度，排除障碍。如果强行加速推行变革，反而"欲速则不达"，使组织成员产生一种压迫感，造成已成习惯的工作关系的变异，从而形成前所未有的阻力。同时，变革方法也要与行为变革程度相匹配，以更为有效地达到变革目标（见图9-6）。

（三）提高成员参与程度，减少变革阻力

让成员以不同的形式参与变革，这对变革气氛的改善有很大的好处。不能参与变革的决策，会使人因为未受到尊重而产生冷漠的态度和不合作的心

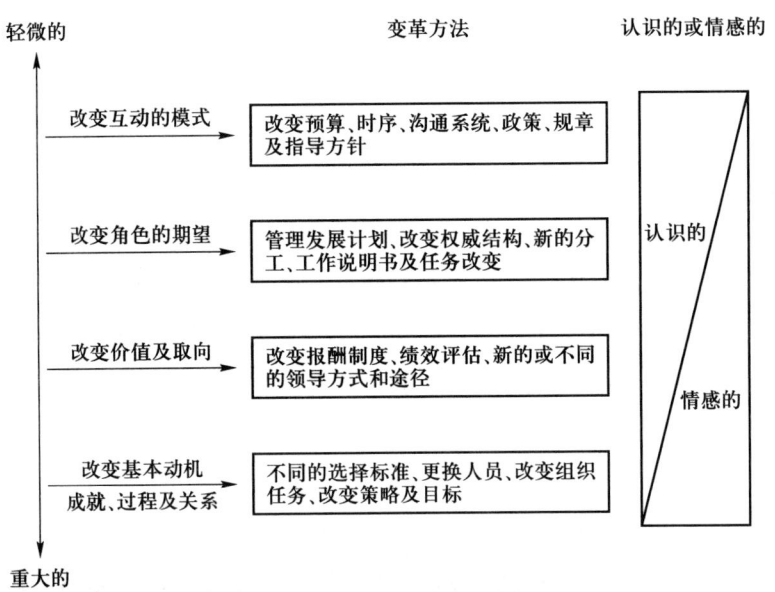

图 9-6 变革方法与行为变革程度的匹配

理。相反，成员参与了某种事情的决策和讨论，就会把这件事看成自己的事，并且主动承担责任。参与变革可增加人们的认同，而认同是支持变革的真正基础。

（四）正确运用群体动力

在组织变革中，若能运用群体动力的理论和手段，就可以有效地推进变革活动。具体方法有：

（1）加强群体凝聚力。创造一种"我们的"感情，形成"命运共同体"，让人们风雨同舟、患难与共，会大大增加变革成功的可能性。

（2）增强组织归属感。组织归属感越强，成员就越容易受其影响并积极地为组织目标而奋斗。

（3）借助个人的威信。威信不等同于职权，这是得到成员认可的非职权性影响力。如能充分发挥各级领导的作用，利用他们来强化群体的认同感，这对于组织变革无疑会产生强大的推动力。

（4）促进认知的一致性。当组织成员共同认识到变革的必要性时，就会产生一种来自群体内部的推动力。

（5）公平实施变革。能有效减少变革阻力的一种方式就是确保变革实施过程是公平的。组织变革常需要对一些工作岗位或工作内容进行调整，难免对部分人的职位和待遇产生影响，甚至可能出现降职、减薪或裁员。当员工必须面对此类后果时，变革在实施过程中能否做到公开、公平、公正尤为重要。

第四节 组织发展方向和新型组织

组织是处于不断发展的过程之中的，这包括一些完成自己历史使命的社会组织退出历史舞台，另一些适应社会需要的组织应运而生。然而，更重要的是组织发展的方向性问题，方向错了就容易犯颠覆性错误，因而组织发展的基本原则及方法都是应当重视的。

一、组织发展的方向

（一）组织发展的基本原则

组织发展有几条基本原则，这些原则不仅能使组织的发展更加务实和接地气，而且更有利于提升组织的整体效能。

（1）组织发展的根本目标应该是努力改善组织绩效，并且目标是第一位的。

（2）开放系统的框架最有利于理解组织及其内部人员在面临变革时，所面对的各种各样的联系、流动和影响，其中很多力量均来自组织外部。

（3）人是创造价值的终极源头，协调与合作能显著提高价值。

（4）矛盾是不可避免的，需要使用合法的权力来解决它。

（5）组织文化是由成员的价值观、信仰和行为组成的，文化又为恰当的组织行为设定了基准。

（6）持续性与变革之间的张力是不可避免的并永远存在。

（7）组织中的关键领导力对建设性的变革是至关重要的。[①]

这些基本原则可以从三个角度来认识：作为一个有效组织的特点；作为有效领导力的要素；作为组织发展必须准备解决的组织问题范畴。如果以上任何一点被忽略，那么组织就无法发挥其最大潜力。如果组织发展不能够有建设性地解决这些问题中的任何一个，那么组织就有很大的失败风险。

---

① ［美］大卫·L. 布拉德福特、W. 华纳·伯克：《重新定义组织发展：回归OD本源，驱动商业成功》，赵潇楠等译，电子工业出版社2020年版，第53—54页。本书略做修改。

（二）组织发展的方法

有哪些组织发展方法可以用来促进组织变革呢？下面简要介绍六种常用的方法。①

1. 敏感性训练

敏感性训练又称实验室训练、交友小组或 T 小组训练，它是通过非结构化的群体互动来改变行为的一种早期方法。其做法是把不同部门、不同级别、互不相识的管理人员或员工组成不超过 15 人的小组，进行 1~2 周的训练。在训练中，参与者处于一种自由、开放的环境，讨论中有一位行为科学专家稍加引导。该专家创造机会来让成员表达观点、意见和态度，但不承担任何领导角色。小组以过程为导向，个体通过自己的观察和参与来进行学习，而非让他人来告知。

很多参与者发现，这些非结构化的群体是令人感到害怕的、混乱的，并且会破坏工作关系，因此现在被使用得越来越少。不过，许多组织介入措施都是在这些早期组织发展技术的基础上发展起来的。

2. 调查反馈

调查反馈是指评估组织成员所持的态度、发现成员之间的认知差异并且消除这些差异。组织中的每个成员都可以参加调查反馈，但其中最重要的是组织"家庭"（即任何一个工作单元中的管理者及直接向他汇报工作的下属）的参与。问卷通常由组织或部门中的所有成员填写，以让组织成员直接指出问题所在。问卷主要询问员工对各个方面的认识、理解和态度，其中包括：决策实践、沟通效果、部门间的合作以及对组织、工作、同事和上司的满意度等。调查者还可以通过访谈来确定哪些问题是重要的。

根据个体所属的组织"家庭"以及整个组织来进行调查数据的列表和归类，并分发给员工。这些数据就是确定问题、澄清事件的出发点。但要注意的是，在反馈过程中要鼓励讨论并确保讨论对事不对人。调查反馈法可以帮助决策者了解员工对组织的态度。但是，员工在接受调查时会受到诸多因素的干扰，如果多数人不愿作答，表明组织功能可能出现障碍或员工满意度低。因此，调查的响应率也是管理者应该关注的。

---

① ［美］斯蒂芬·罗宾斯、蒂莫西·贾奇：《组织行为学》（第 18 版），孙健敏等译，中国人民大学出版社 2021 年版，第 476 页。本书略做修改。

3. 过程咨询

过程咨询是指依靠外部顾问帮助管理者认识、理解和应对他们必须处理的过程事件。这些事件可能包括工作流程、各部门成员间的非正式关系以及正式沟通渠道等。过程咨询与敏感性训练同样重视员工的参与，不同的是过程咨询更加以任务为导向。在过程咨询中，外部顾问与管理者沟通研究哪些地方需要改进，但顾问并不包办解决组织中的具体问题，而是作为向导和教练来帮助管理者诊断需要改进的过程，并给出适当的建议。

在过程咨询中，管理者会提升自己对部门内各种流程进行分析的能力，当外部顾问离开很久后还能继续运用这种能力。因为管理者积极参与问题的诊断和解决方案的制定，所以其对本部门的方案制定过程及改进有更好的理解，并且更可能支持所确定的行动计划。

4. 团队建设

团队建设利用高度互动的群体活动来增强团队成员之间的信任和坦诚，改进协作水平和提高团队绩效。团队建设通常包括目标设置、团队成员间的人际关系开发、通过角色分析明确每个成员的角色和责任以及团队过程分析等。当然，团队建设可以强调或去掉某些特定的活动，这取决于团队建设的目的以及该团队面临的具体问题。

团队成员需要先确定群体的目标及优势，使成员之间对目标的不同看法显现出来。随后，成员可以评价群体的绩效水平，评估其在构造优势和实现目标上的效果如何，由此确定潜在的问题。在此基础上，团队成员可以就存在很大分歧的问题，先在小群体中讨论，再在整个团队中讨论。这一过程不仅为一些人提供了反思某些问题的机会，而且为团队绩效的优化提供了可能。

5. 群际发展

群际发展致力于改变不同群体对彼此的态度、观念和刻板印象。它并不聚焦于人口特征的差异，而是重点关注组织内的职位、部门或分工的差异。尽管有不少方法可以改善群际关系，但最常用的方法还是强调解决问题。在此方法中，首先让每个群体自己开会，用清单列出该群体对自己的认识、对其他群体的认识等。然后，各群体之间共享清单所揭示的信息，讨论其看法之间的相似之处和不同之处。尤其要认真阐述不同之处，并寻找导致分歧的原因。

群体间的目标是否一致，认识是否被扭曲，刻板印象是在什么基础上形成的，导致某些差异的原因是否是某些意图被误解了，每个群体在界定概念和术语时是否存在差别等，对这些问题的回答可以澄清冲突的本来面目。一旦找到了冲突或问题的根源，群体就可进入整合阶段，即制定解决方案来改进各群体之间的关系。

6. 肯定式探询

肯定式探询不是寻找问题来加以纠正，而是发现一个组织的独特品质和特殊优势，这些因素可以成为员工改进工作绩效的基础。也就是说，肯定式探询强调积极方面，它关注的焦点是组织的成功，而不是组织的问题。这不同于大多数组织发展方法以问题为中心的视角。

肯定式探询的过程由发现、梦想、设计和命运四个步骤构成。通常在一个大型群体会议中用两三天时间来完成这个过程，并由一位训练有素的变革推动者进行监控和指导。第一步是发现，也就是找出大家所认为的"组织优势"。可以请员工讲述他们认为组织最有效的时期，以及他们觉得对自己工作最满意的时刻。第二步是梦想，在发现阶段获取的信息的基础上，让员工思考组织未来的样子。例如，请大家展望一下组织五年内的情况。第三步是设计，基于对梦想的描述，员工为组织的未来找到一个共同愿景，并就组织的独特品质达成共识。在第四步，员工会尝试确定组织的命运或如何实现他们的梦想，他们通常还会制定行动方案。

二、新型组织

从 20 世纪 80 年代初开始，一些组织为了加强组织的竞争能力，相继探索组织创新。若干新型组织风靡全球，如团队结构、虚拟组织、无边界组织、女性化组织。

（一）团队结构

目前团队结构已成为组织活动的流行方式。当管理人员动用团队作为协调组织活动的主要方式时，其组织形态即为团队结构。这种结构方式的主要特点是：打破部门界限，并把决策权下放到工作团队。

在小型组织中，可以把团队结构作为整个组织形式。在大型组织中，团队结构一般作为典型的行政性层系结构的补充。这样的组织既有传统结构标准化的好处而提高运作效率，又能因团队的存在而增强灵活性。

(二) 虚拟组织

"可以租借,何必拥有?"这句话道出了虚拟组织的实质。虚拟组织是一种规模小,却可以发挥主要商业职能的核心组织。用理论术语来讲,虚拟组织决策集中化的程度很高,但部门化程度很低,或根本就不存在。也就是说,虚拟组织从组织外部寻找各种资源来执行组织的一般职能,如生产、销售、技术开发等,而把精力集中在自己最擅长的业务上。

互联网技术使得虚拟组织在全球发展迅猛。图9-7是虚拟组织的形态,图中的箭头表示契约关系。实际上,虚拟组织的主管人员主要是通过计算机网络联系的方式,把大部分的时间用于协调和控制外部关系上。

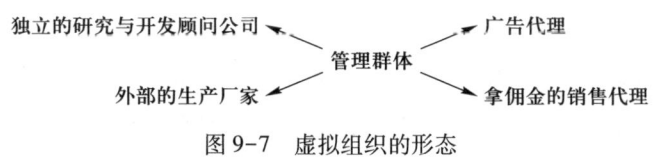

图9-7 虚拟组织的形态

虚拟组织的主要优势在于其灵活性。它能使善于创新但又缺乏资金的商家成功地与大公司进行竞争。这种结构的主要不足是:分公司主管人员对公司的主要职能活动缺乏强有力的控制。

(三) 无边界组织

通用电气公司前总裁杰克·韦尔奇创造了"无边界组织"一词,用来描述他理想中的通用电气公司的形象。无边界组织的特点有:

(1) 管理人员通过取消组织垂直界限而使组织结构趋向扁平化,使等级秩序作用降到最低限度。例如,通用电气公司用来取消组织垂直界限的做法有:引入跨等级团队(由高级主管、中级主管、基层主管和员工组成);让员工参与决策;360度绩效评估(员工的绩效由他的同事及其上、下级共同评定)。

(2) 为消除组织的水平界限,以多功能团队取代职能部门,围绕组织的工作流程来组织活动。例如,通过多专业交叉的团队参与整个工作流程的工作,而不是围绕狭窄的职能任务来开发新产品。

(3) 充分发挥无边界组织的职能,消除组织与客户之间的专业界限及心理障碍。实行组织间的战略联盟,建立顾客与组织之间的固定联系,这些方式都有助于消除组织外部界限。

使无边界组织能够得以正常运行的技术原因之一是计算机网络,这使人们能超越组织内外的界限进行交流。例如,电子邮件使成百上千的员工可以同时分享信息，并使普通员工可以直接与高级主管进行交流。

（四）女性化组织

一些组织理论学家开始探索女性的价值观与组织结构之间的关系。他们最主要的发现是：女性偏爱那些重视人际关系和人际交往的组织。美国女性组织社会学者对女性化组织方面的有关研究进行了归纳和发展，建立了具有以下特点的女性化组织模型。

（1）重视组织成员的个人价值。组织成员被当作个体看待，承认她们有自己的价值和需要，而不是把她们看作组织角色的扮演者。

（2）非投机性。组织成员之间的关系被看作成员自身价值的体现与维持，而不仅仅是实现组织目标的手段。

（3）事业成功与否的标志是为别人提供了多少服务。在一般组织中，成员事业成功的标志是晋升、获得权力、增加薪水。而在女性化组织中，则以为别人提供了多少服务来判断一个人的成功与否。

（4）重视员工的成长。女性化组织为其成员提供了广泛的个人成长的机会，这种组织不强调培养专家或开发狭窄的专业技能，而重视拓展成员的多种能力。组织不断地为成员提供新的学习机会，从而达到上述目的。

（5）创造一种相互关心的社会氛围。女性化组织成员的社会感很强，彼此关系较密切，很像生活在小城镇中的居民，相互信任并彼此照顾。

（6）分享权力。在传统官僚组织中，信息和决策权是大家都渴望拥有的，要通过等级秩序加以分配。而在女性化组织中，信息与资源共同享有，所有可能受一项决策影响的人都有机会参与这项决策。

在由女性加以管理并为女性服务的组织中，女性化组织模式运作效果可能很好，例如暴力危机救援中心、专注于女性市场产品销售的企业等。

思考题

1. 组织变革与发展的动因有哪些？
2. 组织变革的流程中有哪些环节？各有什么主要内容？
3. 组织变革可能会面临哪些阻力？如何克服？
4. 主要的新型组织有哪些？各有何特点？

第十章 个人与组织的关系

本章将从个人-组织契合度、组织社会化与个体策略、组织认同与组织承诺、心理契约、组织公民行为五个方面，说明个人与组织的交互作用及其影响。由于本章阐述的概念具有个人和组织的双重属性，大家需要从两个不同角度同时思考，才能全面把握一个完整的互动过程，以及其中的客观规律。

第一节 个人-组织契合度

个人-组织契合度是关于个体和组织结合面方面的研究，通过分析两者的契合程度，揭示决定其高低的原因，以及由此带来的影响。本节将从个人-组织契合度的概念、内容、测量和作用等方面介绍这一领域的研究进展。

一、个人-组织契合度的概念

个体的态度和行为到底是个体特性决定的，还是环境特征决定的？这一问题有许多种答案，从不同视角可以得到不同的结论。行为是个人和环境相互作用的函数，如果从人与环境的互动角度看，无论是个体特性，还是其所处的环境，都无法单独决定其行为和结果。也就是说，只有同时考虑个体和环境两个因素，掌握其交互过程，才能准确理解个体行为及其产生的后果。为此，20世纪70年代，组织行为学家把个人-组织契合度（person-organization fit，也翻译成个人组织匹配度）引入了管理学领域。个人-组织契合度反映了个人与组织在不同层面上的一致程度，例如，组织需要与个人能力是否相互匹配。

到了20世纪80年代，学者们从文化角度，分析个人与组织在文化上的契合程度，提出了契合度的相容性和一致性。多数学者把个人-组织契合度定义为，个人与组织在文化价值观上的一致程度。尽管个人-组织契合度依然可以被解释为目标、需要和个性等方面的一致性，但在文化价值观方面的一致性，成为研究的主流。

需要说明的是，个人-组织契合度的概念有两个基本假设：一是个人在组织中的经历能够影响主观感受，进而改变个人的行为；二是不同个体加盟组织并愿意为其工作，需要一个心理基础，那就是个体与组织的目标、价值观和需要相匹配。只有基于这两个基本假设，个人-组织契合度才能够以主观感受来测量，才能够研究契合度对员工行为的影响。

二、个人-组织契合度的内容

从个人-组织契合度的内容看，可以把它分为补足式的契合度（complementary fit）和补充式的契合度（supplementary fit）。补足式的契合度是指个人弥补组织不足的程度，例如，在知识和能力等方面个人如何满足组织的需要。补充式的契合度是指个人适应组织的程度，例如，在个人目标和价值观等方面个人如何适应组织。研究发现，补充式的契合度主要对个人的情感和态度产生作用，补足式的契合度更多对工作绩效产生影响。

从个人-组织契合度的形成过程看，它依赖于个人与组织两个方面的力量，在双方相互作用之下，共同完成整个契合过程。根据个人-组织契合度理论模型，在个人与组织的互动中，组织的特征（如行为规范、价值观等）可以通过甄选等环节传递给个人，个人的特征又通过行动选择等方式与组织适应，形成一个动态交互的过程（见图10-1）。这一理论充分说明，只有考虑个人与组织两方面的相互作用，才能揭示个人-组织契合度的全貌。

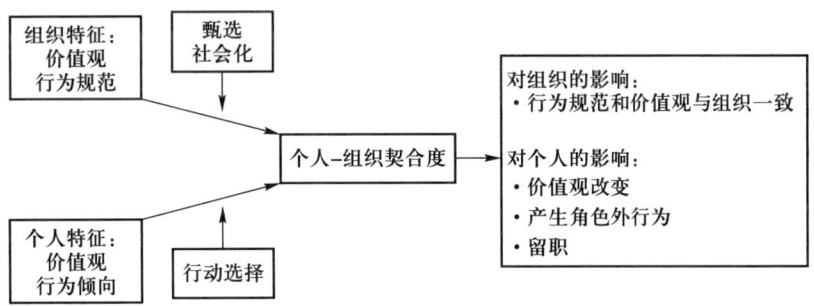

图10-1　个人-组织契合度模型

国内关于个人-组织契合度的研究，有一些有别于既有研究的发现。由于受到传统文化的影响，中国组织的个人-组织契合度在价值观上呈现八个不同的维度：和谐仁义、遵从制度、争创一流、平衡兼顾、客户导向、变中求胜、创新精神、社会责任。这些维度中折射出传统文化的深刻影响（见表10-1）。该研究还发现，和谐仁义、平衡兼顾、争创一流等方面的契合度，对组织承诺具有较好的预测效果。遵从制度、创新精神等方面的契合度对工作满意度具有较强的预测力。

表10-1　个人-组织契合度的价值观描述

价值观	典型描述
和谐仁义	同修仁德、济世养生（中国北京同仁堂集团）
遵从制度	诚信、人本、稳健、创新、卓越（中国工商银行） 诚实、公正、稳健、创造（中国建设银行）
争创一流	建设基业长青的世界一流综合性国际能源公司（中国石油天然气集团）
平衡兼顾	共赢致和、行稳致远（中国能源建设集团）
客户导向	用户至上、员工为本（中国邮政集团）
变中求胜	诚实守诺、变革创新、科技领先、合作共赢（中国电力建设集团）
创新精神	全面创新、求真务实、以人为本、共创价值（中国电信集团）
社会责任	共建产业生态圈，推动人类文明进步（中国宝武钢铁集团）

三、个人-组织契合度的测量

不同的研究者基于不同研究目的，给出了个人-组织契合度的不同测量方法。从测量问题看，可以分直接测量与间接测量。直接测量即直接询问员工是否与组织有很好的契合。使用这种方法，学者们得出了一些新结论。例如，自评与组织契合度高的员工相应的组织承诺也比较高。但是，这种测量方法存在明显的局限性，原因在于笼统地判断契合度高低，无法全面反映个体在具体价值观上与组织的差距，为此人们开始使用间接测量。间接测量就是通过测量关于组织价值观的一些题目，从而达到测量个人与组织契合度的目标。间接测量的好处是具体而详细，能较为全面地反映价值观的各个角度，因此成为研究个人-组织契合度的主流方法。

从测量工具看，个人-组织契合度的测量主要包括两种：一是问卷评定法；二是Q分类法。问卷评定法就是个人回答关于组织价值观的问卷，就同一项目分别评价组织价值观与个人理想或期望的组织价值观，研究者对比这两者的分值以统计契合度。Q分类法诞生于心理学，被用来分析人格和治疗心理，主要是个体对价值观进行排序，通过序列的先后分析价值观的差异。许多学者使用这一方法研究个人与组织契合度与其他变量的关系，并提出了"个人-组织契合度模式"，从而构建了组织文化价值观剖面图。

从结果计算看，个人-组织契合度主要有两种计算指标：差值法和相关法。

差值法计算个人"感知"和"期待"分数的差，可以直接把实际组织价值观与理想或期望的组织价值观相减（$D=X-X_0$，X 为实际组织价值观，X_0 为理想或期望的组织价值观），然后求和（$\sum D$）得出契合度。该指标假设实际的组织价值观大于理想或期望的组织价值观时，个人契合度更高。同时，差值法还可以用绝对值或方差法（$D=|X-X_0|$，X 为实际组织价值观，X_0 为理想或期望的组织价值观；$D^2=(X-X_0)^2$，X 为实际组织价值观，X_0 为理想或期望的组织价值观），然后求和（$\sum|D|$、$\sum D^2$）得出个人-组织契合度。该指标假设个人-组织价值观越接近，即数值越接近于0，则个人-组织契合度就越高，相反则契合度越低。相关法是另一种个人-组织契合度的计算方法，是通过计算实际组织价值观与理想或期望的组织价值观之间的相关系数（-1与+1之间），以反映契合度的高低。该指标假设相关系数越接近于+1，个人-组织契合度就越高。Q分类法主要就是采取这种计算方法来计算契合度的。个人-组织契合度研究常用指标如表10-2所示。

表10-2 个人-组织契合度研究常用指标

分类	指标	公式
差值法	D^2	$\sum(X_i-Y_i)^2$
	D	$\sqrt{\sum(X_i-Y_i)^2}$
	$\|D\|$	$\sum\|X_i-Y_i\|$
	…	…
相关法	Q_1	$\dfrac{k\sum X_iY_i-\sum X_i Y_i}{\sqrt{[kX_i^2-(\sum X_i)^2][kY_i^2-(\sum Y_i)^2]}}$
	Q_2	$1+\dfrac{k\sum(X_i-Y_i)^2}{2[(\sum X_i)^2-kX_i^2]}$
	…	…

（注：X_i、Y_i 为所衡量的条目，k 为描述性条目的数目。）

四、个人-组织契合度的作用

个人-组织契合度的意义主要在于个人与组织的价值观达成一致后，对于个人与组织会产生有利影响。从组织层面看，当个人与组织价值观具有较高一致性时，能够改善组织的生产力和组织效能。因为当个人与组织的价值观一致性高时，个人与组织就存在共同的思考框架，这些框架便构成了组织内部沟通与行事的基础。同时，价值观上的一致，能够产生组织规范的整合功能，就是对组织成员行为所产生的控制，这种控制出自员工自身价值观的影响，而非组织所强制的，因此，相对于外在控制系统，更能使员工自动出现协调一致的行动。当然，个人-组织契合度过高，也会产生一些不利影响，比如，组织的适应能力和创新能力会降低，原因是员工缺乏多样性思维。

从个人层面看，个人-组织契合度不仅可以影响到个体的工作态度、业绩表现、离职意愿和工作满意度，还可以影响到员工的甄选过程、组织承诺和社会道德行为。美国一项研究发现，个人-组织的契合度越高，个人越会具有积极的工作态度。除了人格因素，人与组织在价值观和工作环境上的一致性，会影响员工的工作满意度、组织承诺。有学者还证明了个人-组织契合度对职业成功有着重要的促进作用，同时，个人-组织契合度的增加会强化个人的社会道德行为。在离职意愿方面，高个人-组织契合度的员工会有较低的离职意愿。

第二节　组织社会化与个体策略

组织社会化问题是个体与组织交互作用的典型问题。当个体进入一个组织后，他将变成一个组织成员，这个由局外人变成组织成员的过程，就是组织社会化过程。在这个过程中，个体既有主动性，又有被动性；组织虽有主导性，但又不具有强制性。因此，组织社会化过程显得复杂又充满变数。

一、组织社会化的概念

社会化是指人融入社会的整个过程，这一过程从出生后就已经开始，无论是家庭生活与学习经历，还是工作实践，无时无处不包括社会化过程。社会化过程是一个学习和融入的过程，包括语言、习俗、规范和文化，都需要人们学习和适应，这个过程贯穿着人们的工作生活。美国学者沙因在1968年首次将"社会化"（socialization）概念的适用范围扩展到组织领域，试图用来解释员工从"组织外部人"发展为"组织内部人"的过程，组织社会化的研究从此开始。组织社会化的成功，有助于员工拥有较高的工作能力和工作满意度，以及较低的离职意愿和积极的工作态度。研究发现，良好的组织社会化结果是组织传承其组织文化、核心价值观，确保组织规范连续并长远发展的有效保障。

员工在进入一个新的组织时，大都带有与组织情境和自己角色相关的期望，当组织的现实与自己的期望不能完全相符时，员工就会受到"现实冲击"，这种冲击与适应的过程就是组织社会化过程，它包含了员工进入组织后在态度、行为和知识上的转变过程，反映了员工转变为成员的全过程。其实，员工经常遇到组织社会化问题。例如，一个员工被调入一个新部门，或者派往一个陌生的新地方，都会面临组织社会化问题。组织社会化可以定义为：员工获得工作技能，理解组织功能，获得同事支持，接受组织行为方式的全过程。组织社会化过程，就是员工从"外人"变为"成员"的过程。

二、组织社会化的内容

组织社会化可归纳为四个维度：胜任工作、明确角色、认同文化和融入团队。该划分标准得到了广泛认同。胜任工作是指掌握岗位所需要的技能，达到组织的工作要求，顺利完成组织安排的任务；明确角色是指了解工作环境中的角色定位、要求和期望；认同文化是指了解与认可组织的价值理念；融入团队是指能够与团队其他成员融洽相处。这四个方面构成了组织社会化过程的核心内容，也是组织社会化研究的重点。

对新员工而言，其组织社会化程度可以从组织政策、组织目标、人际关系、工作绩效和文化语言五个方面来衡量。新员工的组织社会化内容又可以简化为三个部分：组织、群体和任务。新员工经历成功的组织社会化过程，主要通过对群体和任务的学习，这比对组织的学习更为重要。

国内学者对于组织社会化的研究，充分考虑了中国社会的特征。考虑到中国文化背景和经济发展的特点，选取国内 14 个城市的 854 名企业员工为对象，开发出中国组织社会化量表，提出组织社会化的四因素模型，包括组织文化、工作胜任、人际关系和组织政治。实证研究发现，国有企业员工的组织社会化维度结构由三个因素构成，分别是胜任工作、组织文化和领导政治。

三、组织社会化的策略

组织社会化策略是指个人和组织为了提高员工的组织适应性和融入感，在角色转换过程中，帮助员工获得工作所需的知识和技能，塑造员工与组织一致的态度和行为，从而采取的措施与方法。组织社会化策略一般是组织主导的，也有个体主导的，前者主要由组织出面安排，后者主要依赖个体努力。一般认为，制度化的社会化策略，鼓励员工被动适应组织现状；个体的社会化策略，鼓励员工发展多种角色适应模式，易产生角色创新倾向。

组织社会化策略主要是组织采取的促进员工职业生涯发展的相关策略,包括职业生涯规划、获得他人的支持或建议、研究其工作价值观及工作发展方向、提高职业技能、延长工作时长和构建关系网络等。如果组织能够有效地实施这些策略,就可以改进新员工与同事之间的关系,以及上级主管对他们的关注度。组织社会化策略还可以帮助员工创新工作内容,调整自己的工作价值观。个人主导型的组织社会化策略包括:反馈与信息收集、建立关系、工作变动协商、积极进取、参加与工作有关的活动、自我行为管理、观察和模仿等。由此可见,针对不同的组织与个人发展需要采取相应的组织社会化策略,才能达成一致的目标。

我国学者对于组织社会化策略与员工主动社会化行为之间的交互作用进行了本土化的研究。例如,构建符合我国国情的组织社会化交互模型,研究个体与环境的交互作用,并在此模型基础上论述了组织社会化策略和新员工主动社会化行为之间的相互影响。研究指出,组织采取的社会化策略影响了新员工的主动策略和行为后果。

四、个体社会化策略与中国职场

组织社会化研究首先集中在以组织为主导的角度,着重研究组织在员工社会化过程中的干预与影响。这一类研究表明,员工在组织社会化过程中处于被动接受的地位,组织处于主导地位。新员工刚进入组织时,会产生不安全感和焦虑感。新员工自己会采取主动行为来适应环境,从而改变自身的感受。这种主动行为主要表现在与组织的信息交流方面,包括获得反馈和信息收集。获得反馈是指将自己的想法反馈给主管和同事,并从他们口中了解自己的相关表现,这样可以不断纠正自己的行为,使自己的表现与组织的期望相一致。信息收集就是主动寻找相关信息,更多了解组织和同事的情况,顺利实现成功的社会化进程。信息收集策略可以完全掌控在员工自己手中,因此成为新员工个体社会化策略的研究重点。

员工通过各种渠道主动寻求信息,调整自己的社会认知,熟悉组织的角色要求,以适应组织环境,从而实现有效的社会化。通过信息获取,一方面可以弥补组织提供信息的不足,另一方面可以增加与其他同事的接触,加快社会化进程。可见,这种一举两得的策略对员工的社会化十分有益,能帮助新员工尽快成为组织所期望的角色。如果新员工能够表现出积极主动的行事风格,会得到组织内部同事的欣赏、认可和支持，这无疑也会促进其更快地融入组织，而且信息寻求行为对减少个体的角色模糊和冲突有帮助。

如果主动寻求信息，第一个问题就是寻求哪些信息。员工社会化所需的信息可以分为三种：参照信息、评估信息和关系信息（见表10-3）。参照信息是指与工作要求相关的信息，用来说明组织对新员工的工作要求；评估信息是指组织对员工胜任程度评价的相关信息，这些信息可以使员工了解自己与岗位所需能力的差距；关系信息是指组织中人际方面的信息，包括其他同事的特点和对人际往来情况的认知。显然，这些信息对于新员工的工作胜任、角色认知和团队融入都会起到积极作用。

表10-3 员工寻求信息的类型

信息类别	内容	实例
参照信息	工作要求	工作说明 组织架构和目标 岗位职责、任务和目标
评估信息	胜任程度	工作绩效 进步的可能性 社会行为的得体性 工作技能和能力的充分性
关系信息	他人关系	社会/情感上的支持 其他员工的个人特质 处理好工作压力和角色冲突 对合作者和监督者的认知

第二个问题是员工如何找到有用的信息。员工寻求信息的策略主要有：公开询问，用直接询问的方式来获得想要了解的信息；间接了解，通过间接了解获得想要的信息或提示；向第三方询问，通过询问非上司或同事的其他人来获得信息；试探行为，用行动来测试上司或同事的反应；交谈打探，用非正式或不经意的方式进行交谈以获得有用信息；观察，从别人的行动或所发生事件中了解行为规范；监视，用密切关注和事后回顾等方式留意有用信息。这些策略对于新员工掌握社会化有用信息，顺利完成社会化进程具有积极作用。

与国外研究相比，中国职场具有自身的特点，导致个体社会化策略也有所不同。例如，国内许多学者都注意到，员工在社会化过程中需要了解组织政治，这就要求员工不仅要掌握工作胜任、角色认知和团队融入等方面的信息，还需要了解组织政治方面的信息。例如，人际关系的亲疏远近、组织内是否有派系和组织权威人物的特征等。不同的组织有不同的文化，有些组织并不崇尚关系导向，而是倡导简单人际。此时，对于组织政治或许可以不关心，但对于领导者的风格还是要有所了解，因为它关乎个人行为是否可以得到组织和领导的认可，这对于员工的发展会产生影响。

针对新员工的社会化障碍，国内学者提出了中国组织的三维度社会化障碍模型，包括工作胜任障碍、人际融入障碍、角色定位障碍。工作胜任障碍是指新员工在技能、思维方式、工作规范方面的陌生和缺乏指导所导致的不适应；人际融入障碍是指由沟通、偏见等方面导致的人际冲突与社会化困难；角色定位障碍是指由个人期望落差、发挥空间有限等方面导致的自我认知困扰。这些障碍影响着新员工的社会化进程，如果能够有效排除，将有利于新员工融入组织和快速成长。

第三节 组织认同与组织承诺

组织认同与组织承诺是个体对于组织的想法和态度，它们之所以不完全是个体行为，是因为它们全都属于组织在个体中的心理呈现，反映的是个体心目当中的组织。为此，我们也将从个人和组织两个角度来分析，揭示组织认同和组织承诺这两个概念，以及其影响因素与作用结果。

一、组织认同的概念

组织认同起源于社会心理学中的社会认定和文化认定。社会认定是指个体对于组织的成员身份、价值观和情感维系方面的认知；文化认定是指个体对于所属文化及文化群体形成的归属感和内心承诺。人类在社会生活中有两种认同的需要：一是通过寻找"我"和"我们"的差异获得自我认同，二是通过寻找"我们"与"他们"的差异获得社会认同。前者使得个体获得一种与众相同的一致性，后者使个体获得一种与众不同的独特性。为了同时满足这两种需要，个体总是不断寻找着二者的平衡。

组织认同可以总结为三类。

（1）从认知角度出发，可以将组织认同定义为个体对于组织成员感、归属感的认知过程，它体现了个人与组织在价值观上的一致性。

（2）从情感角度出发，可以将组织认同定义为成员出于对组织的预期，进而保持在情感上的某种自我定义。

（3）从社会学角度出发，可以将组织认同定义为个体由于具有组织成员身份从而产生的一种自我定义，这种成员身份产生了价值观上的一致和情感上的归属。

组织认同概念的核心是持久性和多重性。持久性是指成员不管在不在组织中，都会保持着组织认同。具体表现为即使离开组织，组织认同仍然会继续起作用，例如传播组织正面形象。多重性是指同一个体会拥有多重认同，在特定环境下，其中一种组织认同会成为主导认同。

二、组织认同的前因与后果

从组织层面看，组织认同的前因变量包括组织特色、组织声誉、组织外部竞争、组织内部竞争等。组织特色有利于组织区别于其他组织，进而赋予成员明显突出的自我定义。因此，组织通常会通过塑造与众不同的特性来定义自我。组织声誉影响组织认同，原因在于组织成员感知组织声誉越多，越容易从认同中获得自尊感。一个组织声誉好时，成员因归属于这个组织而深感骄傲，会感觉自己拥有社会认可，进而提高了成员的组织认同。组织在与外部的竞争中，团队边界更加分明，更加强调组织价值观和行事规则，更加重视"我们"与"他们"的不同，这些变化更容易产生组织认同。尤其是外部人士（比如客户或媒体）的正面评价，会促使成员更加认同组织。另外，组织内部竞争激烈则会降低组织凝聚力，使成员倾向于从个体或小团队角度考虑问题，对组织认同造成一定的消极影响。

从个人层面看，研究者发现任职年限、成员新鲜感、与个体有联系的组织数量、拥有导师、满意度、伤感度等因素影响着组织认同。任职年限会影响成员的组织认同度，时间越长越容易产生认同。成员的新鲜感越高，则归属感越高，但伴随时间的流逝，这种新鲜感导致的归属感会渐渐衰减。与个体有联系的组织数量越多，即个体同时存在多个组织认定，会使组织认同模糊甚至削弱。个体在组织中存在关系亲近的导师或本人的工作满意度高，都会增加组织认同感。关于伤感度的研究发现，伤感度高的人容易念旧，这种个性会影响组织认同的保留。我们不难看出，组织层面的前因变量证实了资源论的观点，揭示了组织特色、组织声誉等资源对组织认同的影响，个人层面的前因变量则解释了差异论的观点，表明了个体差异对组织认同的影响（见图10-2）。

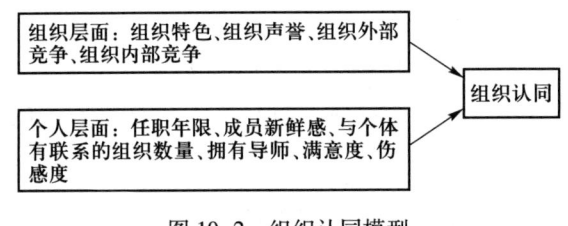

图 10-2　组织认同模型

关于组织认同的后果，也可以分为组织层面和个体层面。

从组织层面看，组织认同能促进成员产生与组织命运相关的感受，提升团队凝聚力，从而会增进组织表现。如果组织缺乏认同而产生"认定模糊"，会导致员工对组织核心特征产生多重解释。此时，需要组织进行认定宣示，为成员提供一种明确的组织认同。一旦认定宣示改变，会使成员产生忧虑，很可能遭遇成员的抵制。组织认同能确保组织的外部认同与合法性，提升组织业绩表现，吸引更多客户并威慑潜在竞争者。组织根据外部情况产生适应性组织认同，可以形成以组织认同为基础的竞争优势。例如，当外部人员看到公司的组织认同存在冲突时，会认为公司商业模式混乱或持股者之间有冲突。

从个体层面看，组织认同能确保成员在没有监督的情况下，做出符合组织利益的决策。组织认同对组织公民行为产生显著影响，同时，组织认同度越高，组织内部成员的合作意图就越高。组织认同度高的员工倾向于把自己当成组织的代表，把集体利益作为首要考虑的因素，所以，容易产生组织公民行为和合作态度，具有高满意度和低离职意愿的特点。

三、组织承诺的内涵与作用

从 20 世纪 70 年代开始，学者们掀起了组织承诺的研究热潮。组织承诺是指，员工对于特定组织及其目标的接受和认同程度，以及希望继续作为该组织成员的意愿。学者们对它的定义具有两个共同特点：它是一种稳定的心理约束力；它对员工的行为具有影响力。学者们之所以对此概括如此感兴趣，是因为组织承诺可以引导员工使其行为保持与组织成员角色相一致。

20世纪90年代，出现了学者们较为认同的组织承诺理论。组织承诺包括三个因素：情感承诺（affective commitment）、连续承诺（continuous commitment）和规范承诺（normative commitment）。简单讲，就是员工之所以留在组织中，是因为他们愿意（情感承诺）、有需要（连续承诺）和感觉到应该如此（规范承诺）。情感承诺是指个体对组织的认同程度，包括在价值观和目标上的一致性、以组织成员身份为荣、愿意为组织利益付出等方面。可见，员工之所以为组织付出努力并表现忠诚，不完全是由于对物质利益的追逐，更是对组织具有深厚情感的表现。连续承诺是个体为组织连续工作的需求，这一承诺是基于交易的承诺，是以个体与组织双方保持利益交换为前提的。员工在组织中工作越久，越会得到较高的报酬和待遇，包括退休金等退休保障，同时，随着时间的增加，员工还会积累更多的人脉，获得更高的资历地位。为此，员工更愿意留在组织当中。规范承诺是社会规范对个体遵从组织程度的影响，这种承诺产生于忠诚的需要，组织欣赏忠诚的员工。同时，员工也有顺从组织以得到庇护的需要，在此基础上产生了依照规范行事的倾向。

组织承诺是如何形成的？学者们有着更为深入的研究。情感承诺主要受五类因素影响，包括个性特质、工作特点、领导与成员关系、角色特征、组织结构。同时，这些因素的影响程度，还取决于职业类型、职业发展阶段、职业群体的需要等方面的共同作用。连续承诺主要受教育程度、掌握技术领域、改行的可能性、投入的多少、福利因素等影响。例如，若员工掌握的技术具有更为广泛的应用空间，就容易降低连续承诺。影响规范承诺的因素主要包括对承诺的规范要求、教育程度、个性等。例如，组织对于承诺的要求严格，严厉惩罚违反组织承诺的行为，员工就会有较高的规范承诺。

组织承诺可以降低离职意愿和提高工作绩效。情感承诺对离职意愿的影响最为强烈，规范承诺次之，连续承诺影响最弱。多数研究发现，情感承诺对离职的影响，比工作满意度更强。一是因为情感承诺更具有稳定性，不会更多地受到工作变化的影响；二是对工作的不满意上升为对组织的不满，需要一定时间的积累，组织承诺相对于工作满意度，需要更长时间才会形成，自然也需要更长时间才能消失。对工作绩效而言，情感承诺较高的员工具有较高的绩效评价，这是因为他们更多地主动接受组织委派的工作，甚至主动完成一些职责以外的工作，这些都将产生较高的绩效评价。

四、中国的组织承诺

组织承诺会受到文化和经济背景的影响,因此,中西方文化的差异不免会影响组织承诺的表现形式。在中国传统文化的影响下,人们更加重视长期导向、强调人际关系、强调集体主义,这些都会影响组织承诺的表现。

长期导向的文化表现在为未来做长久打算,甚至牺牲当前的利益,只要未来能过得好,就舍得投入大量精力。为此,员工更加看重企业的发展前景,哪怕现在的待遇不尽如人意,只要企业有好的发展势头,也会给员工带来理想和信念,进而激发员工的组织承诺。

强调人际关系的文化表现在大家更多关注人情往来,不愿意轻易伤害感情,这将有利于组织构建情感承诺,同时,情感承诺也更多表现在人际和谐层面。比如,上级主管对员工个体投入情感较多,员工的情感承诺会首先集中在上级主管身上,其次才是组织的层面上。

强调集体主义的文化是强调集体利益高于个人利益,这种文化导向集中表现在规范承诺方面,更多地强调组织利益,而非个体利益或双方利益的平衡。

第四节 心 理 契 约

心理契约就是组织和个体的一个心理约定,它不同于法律条约,是一种无字的约定,或者说是一种心灵默契。

一、心理契约的概念

心理契约(psychological contract)的概念是在20世纪60年代提出的。到了90年代之后,雇佣关系发生了一系列变化,员工与企业的关系从单纯的劳工关系,变成综合的合作关系。人们渐渐发现,员工与企业除了存在经济契约关系(体现在劳动合同当中的劳动契约),还存在着某种相互的期望。这种期望具有隐含性和非正式性,它反映出潜藏在员工心理深处的个体与组织的心理关联。心理契约概念一经提出,就快速成为心理学、人力资源管理和组织行为学研究的重点问题。

与劳动契约相比,心理契约的一个显著特征就是"非书面化"。由于组织和员工没有对契约内容进行书面约定,心理契约只表现在心理层面。所以,心理契约是一种内隐契约,它可以影响员工的态度和行为,是决定组织行为的重要因素。心理契约更像是一种内在的心理期望和诉求,正如沙因对心理契约的定义:在组织中,每个成员和不同的管理者,以及其他人之间,在任何时候都存在着没有明文规定的一整套期望。

心理契约的另一个显著特征就是只存在于个体层面,表现为个体的心理与行为,属于个体对双方关系当中的权利与义务的主观理解。作为组织,只是提供心理契约的背景与环境,对心理契约具有直接影响,但没有认知加工过程。心理契约是雇员对于组织诱因(如报酬、晋升和工作保障等)与雇员贡献(如努力、能力和忠诚等)之间交换关系的承诺、理解和感知。

关于心理契约的内容与结构,卢梭等人提出了二维、三维等结构模型。二维结构的第一个维度就是以经济交换为基础的契约关系,称为"交易契约"(transactional contract);第二个维度是以社会情感交换为基础的契约关系,称为"关系契约"(relational contract)。两个维度在关注点、时间、稳定性、范围和明确性上存在明显差异。在关注点上,交易契约关注奖励报酬,关系契约关注情感需求;在时间上,交易契约是短期导向的,关系契约是长期导向的;在稳定性上,交易契约相对易变,关系契约相对稳定;在范围上,交易契约集中在外在需求上,关系契约集中在内在需求上;在明确性上,交易契约的界限明确,关系契约的界限不清晰。

二、心理契约的形成机制

心理契约的形成受到个体和组织两个方面的影响。在个体方面,心理契约主要受到与个体工作经历相关因素的影响,例如在职时间和工作内容等。在组织方面,心理契约会受到组织文化、人力资源政策的影响。组织文化对员工信任感和理想的影响明显,人力资源政策对员工公平感的影响较大。

从个体方面来看,心理契约的形成受到工作经历的影响比较大。就工作时间而言,入职时间长的员工由于在组织中工作的时间长,更容易形成较强的自主性和责任心,这种观念容易形成理念型心理契约。就工作内容而言,从事不同工作内容的员工心理契约会有所不同。研究发现,工作时间较长的科研人员更关注自主性和长期影响,工作时间较短的科研人员更关注工作所需要的资源是否能够得到满足。在工作时间和工作内容的共同作用下,科研人员对于职业的理解随时间而不断加深,职业意识和责任感也不断提高,这些都会提高他们的心理契约。研究还发现，知识型员工拥有更多专业技能，通常需要自主性和较高的责任心，才能成功完成任务。从事此类工作的员工对工作表现出较高的热情，将工作视为事业而不是谋生手段，从而更加容易产生成就感和事业心，形成理念型心理契约。可见，员工的工作时间和内容对其心理契约的影响是很明显的。

从组织方面看，人力资源政策直接影响着员工的心理契约，这些政策包括临时工替代正式工、再就业培训、劳动诉讼、解雇时是否考虑资历因素等。人力资源政策直接体现组织的公平性，对心理契约具有显著作用。组织文化是影响心理契约的另一个主要方面。一个组织具有较强的凝聚力，关注员工成长、关爱员工生活，有利于员工建立较强的归属感和忠诚度，有利于心理契约的形成。同时，一个组织具有崇高的愿景和广泛认同的价值理念，会有利于组织理想向员工的传递，能够塑造较高的心理契约（见表10-4）。

表10-4 心理契约的形成机制

影响因素		效果
个人层面	工作时间	工作时间长容易形成理念型心理契约
	工作内容	职业类型和工作内容影响心理契约
组织层面	人力资源政策	人力资源政策的公平性，员工权益的维护，都会影响员工的心理契约
	组织文化	关注员工成长和发展，关爱员工生活的文化有利于员工构建心理契约

三、心理契约的作用机制

心理契约对于组织和个人都具有一定的积极作用。在组织方面，心理契约可以促进员工关系和睦，提高组织凝聚力。员工心理契约高的组织，尤其是关系契约高的组织，员工以社会情感交换为纽带，人际关系融洽，对组织具有较高的归属感。同时，团队的凝聚力也因员工彼此关系和谐而得以增强。

在个人方面，心理契约能够提高工作满意度、安全感、工作动机、组织公民行为和出勤率，降低离职意愿。当员工具有较高的"组织责任"时，他们的组织承诺也比较高；同时，心理契约与出勤率却没有呈现显著相关。心理契约与员工的工作绩效、满意度相关，不同类型的心理契约会产生不同的影响：在关系契约下，员工的工作质量和满意度都较高；在交易契约下，员工的工作质量和满意度则较低。关系契约比交易契约对于组织公民行为而言，具有更好的预测力，关系契约高的员工更容易表现出组织公民行为。还有一些研究也证实，心理契约的违背与组织公民行为、工作绩效存在负相关关系。

心理契约会对组织和个人层面都产生较显著的影响，是因为心理契约代表着公平感、信任感、归属感，员工对组织的心理感觉越趋向正面，越容易产生组织需要的行为。相反，如果员工感到组织不公平、不可信，缺乏归属感，自然不会表现出理想的工作行为和状态，这些影响会表现在工作绩效、组织公民行为和离职意愿等方面。

心理契约既然可以形成，有时也会被破坏。近年来，关于心理契约破裂和违背的研究比较活跃。心理契约破裂是指员工对组织未履行心理契约中的承诺或责任而产生的主观感知或认知评价；而心理契约违背是指员工在心理契约破裂后所产生的情绪反应，其核心是愤怒、失望。心理契约破裂或违背与许多积极态度和行为呈负相关关系，即心理契约的破裂或违背会降低员工的工作满意度、组织承诺、组织信任、感知的组织支持、组织认同、员工健康、角色内绩效、组织公民行为、公民道德行为和工作努力等。同时，心理契约破裂或违背会加剧员工的心理压力、离职意愿、怠工、缺勤等消极态度和行为。心理契约破裂或违背会对员工工作行为和态度产生巨大的负面影响，因此需要进一步聚焦于心理契约破裂的预防机制和契约破裂之后的补救措施。研究表明，组织可以通过以下措施预防员工心理契约破裂：仔细思考员工心理契约破裂的原因，招募高自我控制的员工，组织社会化过程中（如新员工入职培训）不要过度承诺，绩效评估期间重新评估员工的期望，为员工提供组织支持，构建组织信任，选择清晰透明的沟通方式，密切关注高工作要求的员工以及注意文化差异。许多研究也探讨了员工心理契约破裂之后组织可采取的有效补救措施。例如，提供心理契约破裂的充足原因，制定心理契约破裂补救的时间表，为员工配备角色导师，帮助员工建立高质量的领导-成员交换关系和培养宽容的组织氛围。心理契约破裂或违背的研究还在不断向前推进，这也推动了心理契约理论的发展。

四、中国职场的心理契约

心理契约是一种内在的心理期望，这里面既有组织对员工的期望，又有员工对组织的期望，这些期望共同构成了心理契约的核心内容。在中国职场中，员工更多地关心人际和谐，关注长期发展，强调集体规范，所以，中国职场的心理契约从实质内容到表现形式，均有一些自身的特点。

国内学者多认为心理契约应为三维度结构，即规范维度、人际维度和发展维度。其中，规范维度是指企业对员工提供有关工作环境和物质待遇的条件；人际维度是指企业给员工提供良好的工作氛围，关心员工个人生活，为员工解决生活困难；发展维度是指企业给员工提供个人发展的空间，能使员工充分发挥其优势和潜能。

我国还有学者从企业和员工两个不同角度，深入分析心理契约的内部结构。朱晓妹和王重鸣通过对中国知识型员工的调研发现，心理契约在组织责任和员工责任两方面存在着三维度结构：组织责任方面包括物质激励（如薪酬福利）、环境支持（如合作氛围、工作稳定、信任尊重）、发展机会（如晋升机会、工作挑战）；员工责任方面包括规范遵循（如履行职责、遵守章程）、组织认同（如支持决策、认同目标）、创业导向（如勇于创新、合理建议）等。[①]

第五节　组织公民行为

组织如同一个社会，个体就像社会中的文明公民，如果每个成员都能像公民一样爱护组织、守矩尽责、善待彼此，这个组织就会成为一个高度文明的小社会。

一、组织公民行为的概念

组织公民行为的概念是在人格性情和工作满意度理论基础上发展而来的，可以把它定义为员工的自主行为，它不是在正式报酬体系中规定的，而是一种能够提高组织绩效的自主行为。组织公民行为可以改善雇主与员工的关系，使员工与员工之间更加融洽，还可以更为有效地分配和平衡组织的资源。组织公民行为有三个特征：组织公民行为属于角色外行为，即这些行为并非工作要求的；组织公民行为不在奖惩范围内；组织公民行为对组织整体产生正向作用。

---

① 朱晓妹、王重鸣：《中国背景下知识型员工的心理契约结构研究》，《科学学研究》2005年第1期，第118页。

组织公民行为超出了工作职责要求，不属于工作义务，因此，需要员工具有高于工作要求的觉悟和意识。

在以西方组织背景为主的研究当中，组织公民行为有许多典型的表现，主要有五个方面。

（1）公民道德：积极参加组织举办的各项活动，关心组织的前景和发展，不做有损组织形象的事，努力提升组织在外界的口碑。就像一个公民在社会上，需要尽到公民的义务。因此，组织公民行为是一种公民道德的体现。

（2）利他行为：当同事提出需要帮助时，能够主动给予力所能及的帮助。

（3）认真遵从：认真遵守组织规章制度，为了完成工作而尽心尽力地想办法，工作态度积极，认真敬业且富有热情。

（4）运动员精神：为了团队利益甘愿放弃一些个人利益，把自己当成组织的一部分，成为组织的命运共同体，遇到困难不抱怨，面对挑战不退缩。

（5）礼貌友好：待人友善，与同事保持良好的人际关系。

二、组织公民行为的产生与影响因素

组织公民行为的产生主要有两个影响因素：个体因素和情境因素。

个体因素既包括员工的性格、责任感、年龄等方面的个人特征，又包括工作满意度、组织承诺、组织公平感等与工作相关的变量。从个体特征方面看，责任感强的员工会表现出更多的组织公民行为，性格积极乐观的员工也会表现出更多的组织公民行为。从与工作相关的变量看，工作满意度高的员工更加会表现出组织公民行为，更愿意做一些利他的事。一项分析结果显示，工作满意的员工相对于工作不满意的员工更可能表现出组织公民行为。员工自愿做额外的工作，帮助同事，对组织做出正面评价，都是组织的财富，因为这些行为对组织效率都会产生正面影响。组织承诺和组织公平感高的员工，也会把组织利益放在首位，表现出组织公民行为。

除了个体因素，工作任务、团队凝聚力、领导行为等因素也是引发员工组织公民行为的前因变量。这些因素反映了员工的工作情境，可以称为情境因素。工作任务如果具有内在激励，员工容易获得工作满意度，进而引发组织公民行为。内在激励是指员工对工作有兴趣和好感。工作任务具有内在激励，员工才会付出更多努力，产生组织公民行为。如果工作过于常规化，缺乏吸引力，则会降低员工的组织公民行为。一个团队有凝聚力，也是激发员工组织公民行为的有利条件，在有凝聚力的团队中，员工相互帮助成为一种风气。凝聚力可以促进员工自觉自愿地维护集体利益，表现出有利于团队的行为。因为，凝聚力可以提高员工间的依赖性，有助于统一意见，形成一种良性的从众压力，使员工相互效仿，员工的组织公民行为就会得到广泛执行和推广，形成员工一致的行为。领导行为是影响组织公民行为的又一重要因素，学者们分析了不同领导风格对组织公民行为的影响，例如，变革型领导对组织公民行为的各个维度均有正向影响，即变革型领导可以促进员工更多地表现组织公民行为。这是因为变革型领导善于运用愿景激励员工，具有领导魅力，在品德方面率先垂范，这些优势都会影响员工自发地表现组织公民行为。

三、中国的组织公民行为

组织公民行为的内容依赖于组织所处的环境，尤其受到社会文化的影响。在中国，传统文化对人们的行为和价值取向有着深刻的影响，决定着人们对组织行为的解释和定义。因此，东西方文化中组织公民行为的内涵也有所不同。

樊景立等人研究发现，中国组织公民行为可以分为五个维度，但与西方的结论略有不同。

（1）认同组织：乐意成为组织的一员，传播组织正面信息，维护组织声誉，提出改进建议，积极参加组织举办的各种活动。

（2）帮助同事：当同事遇到困难时，主动帮助他们克服困难，乐于与同事合作共事。

（3）认真负责：对待工作态度认真，富有责任心。

（4）人际和谐：不伤害其他同事，维护良好的同事关系。

（5）保护资源：反对利用组织资源谋取私利，自觉保护组织资源，维护集体利益。

对比中西方组织公民行为的维度，我们不难发现，其中既有共性，又有个性。共同之处是利他行为与帮助同事、认真遵从与认真负责、公民道德与认同组织三个维度十分相似。在另外一些维度上却略有不同，西方更强调个人利益，我们更强调组织利益高于个人利益，个人要保护组织资源。在人际方面，我们更强调人际和谐，尽可能避免冲突。樊景立等人指出，中国社会的人际关系受到传统文化的影响，君臣有序、长幼有别，即使是在中国当今社会，这种人际关系的亲疏依然影响着人们。可见，社会文化对组织公民行为的影响是十分显著的。

四、中国职场的"主人翁"精神

在中国社会中,人们常提到一种精神,称之为"主人翁"精神,这与西方的组织公民行为具有一定的相似之处,但也有不同。

中国是社会主义国家,我们的生产目的是造福社会,让人民实现共同富裕,而不是为个别人积累财富。为此,广大员工具备"主人翁"精神,这是中国企业的巨大精神财富,也是推进社会进步的强大正能量。"主人翁"精神的含义十分广泛,既包括员工的工作热情,又包括员工的使命感和责任心。"主人翁"精神表现在日常工作中,就是把组织当成自己成长的家,把工作当成自我价值实现的载体,不仅自主自发、尽心竭力地工作,还具有使命感和责任心。为此,"主人翁"精神会表现出利他助人的行为和认真负责的状态,这些方面与组织公民行为具有一致性。

"主人翁"精神的表现和机理与组织公民行为有所不同。"主人翁"精神除了表现在利他、礼貌等体现良好素养的行为上,还表现在一些自主行为上,比如主动承担工作之外的困难任务,思考组织的发展前景等,这些行为的内在机理与组织公民行为有所不同,具有强烈的民族文化特色,成为中国式现代化建设的一种强大动力。

思考题

1. 新员工在社会化过程中应如何主动地寻找信息?
2. 试比较组织认同与组织承诺有何不同。
3. 简述心理契约的影响因素和效果。
4. 组织公民行为有哪些具体表现?如何提高员工的组织公民行为?

即测即评

阅 读 文 献

- 马克思、恩格斯：《德意志意识形态》，《马克思恩格斯文集》第一卷，人民出版社 2009 年版。

- 毛泽东：《论十大关系》，《毛泽东文集》第七卷，人民出版社 1999 年版。

- 邓小平：《建设有中国特色的社会主义》，《邓小平文选》第三卷，人民出版社 1993 年版。

- 《习近平谈治国理政》第一卷，外文出版社 2018 年版。

- 《习近平谈治国理政》第二卷，外文出版社 2017 年版。

- 《习近平谈治国理政》第三卷，外文出版社 2020 年版。

- 《习近平谈治国理政》第四卷，外文出版社 2022 年版。

- 习近平：《高举中国特色社会主义伟大旗帜 为全面建设社会主义现代化国家而团结奋斗——在中国共产党第二十次全国代表大会上的报告》，人民出版社 2022 年版。

- 《习近平著作选读》第一卷，人民出版社 2023 年版。

- 《习近平著作选读》第二卷，人民出版社 2023 年版。

- 华锐：《新时代中国企业文化》，企业管理出版社 2020 年版。

- 张宏如：《中国管理情境的积极组织行为：理论与实践》，社会科学文献出版社 2020 年版。

- 杨国安：《数智革新：中国企业的转型升级》，中信出版社 2021 年版。

- 邓靖松：《组织行为学案例教程》，中国人民大学出版社 2021 年版。

- 北京大学马克思主义学院、北京大学习近平经济思想研究中心：《中流砥柱——新时代中国国有企业的发展》（上册），高等教育出版社 2023 年版。

- 张志学、井润田、沈伟：《组织管理学：数智时代的中国企业视角》，北京大学出版社 2023 年版。

■［美］斯蒂芬·罗宾斯、蒂莫西·贾奇：《组织行为学》（第 18 版），孙健敏等译，中国人民大学出版社 2021 年版。

人名译名对照表

[美]	奥莱利,查尔斯	Charles O'Reilly
[美]	巴纳德,切斯特	Chester Barnard
[美]	巴斯,伯纳德	Bernard Bass
[美]	鲍莫尔,威廉·杰克	William Jack Baumol
[美]	彼得斯,托马斯	Thomas Peters
[美]	波特,莱曼	Lyman Porter
[美]	伯恩斯,詹姆斯·麦格雷戈	James MacGregor Burns
[美]	布兰查德,肯尼斯	Kenneth Blanchard
[美]	布里格斯,凯瑟琳·库克	Katharine Cook Briggs
[美]	查特曼,珍妮弗	Jennifer Chatman
[美]	达夫特,理查德	Richard Draft
[美]	戴维斯,基思	Keith Davis
[瑞士]	丹尼森,丹尼尔	Daniel Denison
[美]	德鲁克,彼得	Peter Drucker
[美]	德姆塞茨,哈罗德	Harold Demsetz
[美]	迪尔,特伦斯	Terrence Deal
[法]	法约尔,亨利	Henri Fayol
[美]	费德勒,弗雷德	Fred Fiedler
[美]	费斯廷格,利昂	Leon Festinger
[英]	弗恩海姆,艾德里安	Adrian Furnham
[美]	弗里兹,艾琳	Irene Frieze
[荷]	弗里兹,凯瑞斯	Charissa Freese
[美]	弗鲁姆,维克托	Victor Vroom
[美]	弗罗伊登伯格,赫伯特	Herbert Freudenberger
[英]	弗农,菲利普	Philip Vernon
[美]	福利特,玛丽·帕克	Mary Parker Follett
[美]	格里奥,乔治	George Graeo
[美]	格林利夫,罗伯特	Robert Greenleaf
[美]	海德,弗里茨	Fritz Heider

[美]	海克曼，理查德	Richard Hackman
[美]	豪斯，罗伯特	Robert House
[美]	赫塞，保罗	Paul Hersey
[美]	赫兹伯格，弗雷德里克	Frederick Herzberg
[美]	霍尔，爱德华	Edward Hall
[荷]	霍夫斯泰德，吉尔特	Geert Hofstede
[美]	霍克希尔德，阿利	Arlie Hochschild
[美]	霍桑，纳撒尼尔	Nathaniel Hawthorne
[美]	吉布森，詹姆斯	James Gibson
[美]	吉尔布莱斯，莉莲	Lillian E. M. Gilbreth
[美]	加德纳，霍华德	Howard Gardner
[美]	金，丹尼尔	Daniel Kim
[美]	卡岑巴赫，乔恩	Jon Katzenbach
[美]	卡耐基，戴尔	Dale Carnegie
[美]	卡斯特，弗莱蒙特	Fremont Kast
[美]	卡特尔，雷蒙德	Raymond Cattell
[美]	柯林斯，吉姆	Jim Collins
[美]	科特，约翰	John Kotter
[美]	肯尼迪，艾伦	Allan Kennedy
[美]	库利，查尔斯	Charles Cooley
[美]	奎因，威拉德·冯·奥曼	Willard Van Orman Quinn
[美]	莱维特，哈罗德	Harold Leavitt
[美]	劳勒，爱德华	Edward Lawler
[美]	劳伦斯，保罗	Paul Lawrence
[美]	勒温，库尔特	Kurt Lewin
[美]	卢桑斯，弗雷德	Fred Luthans
[美]	露丝查德，乔伊斯	Joyce Rothschild
[美]	卢梭，丹尼斯	Dennis Rousseau
[美]	罗宾斯，斯蒂芬	Stephen Robbins
[美]	罗克奇，米尔顿	Milton Rokeach
[美]	罗森茨韦克，詹姆斯	James Rosenzweig
[美]	洛克，爱德温	Edwin Locke

[美]	马斯洛，亚伯拉罕	Abraham Maslow
[美]	迈尔斯，伊萨贝尔·布里格斯	Isabel Briggs Myers
[美]	麦戈里格，道格拉斯	Douglas Mcgregor
[美]	麦克利兰，戴维	David McClelland
[德]	芒斯特伯格，雨果	Hugo Munsterberg
[美]	梅奥，乔治·埃尔顿	George Elton Mayo
[加]	梅耶，约翰	John Meyer
[美]	米勒，沃农	Vernon Miller
[法]	莫斯科维奇，塞奇	Serge Moscovici
[美]	奈斯比特，约翰	John Naisbitt
[美]	诺顿，戴维	David Norton
[德]	齐美尔，格奥尔格	Georg Simmel
[美]	钱德勒，艾尔弗雷德	Alfred Chandler
[美]	琼斯，爱德华	Edward Jones
[美]	瑟斯顿，路易斯	Louis Thurstone
[美]	沙因，埃德加	Edgar Schein
[美]	圣吉，彼得	Peter Senge
[英]	舒马赫，恩斯特	Ernst Schumacher
[美]	斯金纳，伯尔赫斯·弗雷德里克	Burrhus Frederic Skinner
[美]	斯皮尔斯，拉瑞	Larry Spears
[德]	斯普兰格，爱德华	Eduard Spranger
[德]	斯特恩，威尔海姆	Wilhem Stern
[美]	斯托格蒂尔，拉尔夫	Ralph Stodgil
[美]	塔克曼，布鲁斯	Bruce Tuckman
[美]	泰勒，弗雷德里克	Frederic Taylor
[美]	唐纳德，拉姆斯登	Lumsden Donald
[美]	唐纳利，詹姆斯	James Donnelly
[澳]	特纳，约翰	John Turner
[美]	托夫勒，阿尔文	Alvin Toffler
[德]	韦伯，马科斯	Max Weber
[美]	韦尔奇，杰克	Jack Welch
[美]	维纳，伯纳德	Bernard Weiner

[美]	沃特金斯,凯伦	Karen Watkins
[美]	西蒙,赫伯特	Herbert Simon
[美]	熊彼特,约瑟夫	Joseph Schumpeter
[美]	休珀,唐纳德	Donald Super
[美]	亚当斯,约翰·斯塔希	John Stacey Adams
[以色列]	伊莱泽,大卫	Dov Elizur
[美]	扎琼克,罗伯特	Robert Zajonc

后　记

《组织行为学》是马克思主义理论研究和建设工程重点教材，由教育部组织编写，经国家教材委员会审核通过。在编写过程中，得到了国家教材委员会高校哲学社会科学（马工程）专家委员会、思想政治审议专家委员会以及教育部原马工程重点教材审议委员会的指导。同时，广泛听取了高校教师和学生的意见建议。

本教材2019年出版，由孙健敏主持编写，张德任副主编。绪论、第八章，孙健敏撰写；第一章，徐世勇撰写；第二章、第七章，张德撰写；第三章，张勉撰写；第四章，孙海法撰写；第五章，李永瑞撰写；第六章，周文霞撰写；第九章，陈维政撰写；第十章，魏钧撰写。

为及时、深入贯彻党的理论创新成果和党的代表大会精神，扎实推动习近平新时代中国特色社会主义思想进教材、进课堂、进头脑，充分反映马克思主义中国化时代化最新成果、中国特色社会主义丰富实践和本学科领域最新进展，党的二十大召开后，教育部组建了修订组，组织了集中修订，形成了本教材第二版。

第二版由孙健敏主持修订工作，张德、徐世勇、张勉、谢小云、李永瑞、周文霞、傅安国、魏钧参加了具体的修订工作。

2025年7月

郑重声明

高等教育出版社依法对本书享有专有出版权。任何未经许可的复制、销售行为均违反《中华人民共和国著作权法》，其行为人将承担相应的民事责任和行政责任；构成犯罪的，将被依法追究刑事责任。为了维护市场秩序，保护读者的合法权益，避免读者误用盗版书造成不良后果，我社将配合行政执法部门和司法机关对违法犯罪的单位和个人进行严厉打击。社会各界人士如发现上述侵权行为，希望及时举报，我社将奖励举报有功人员。

反盗版举报电话　　（010）58581999　58582371
反盗版举报邮箱　　dd@hep.com.cn
通信地址　　北京市西城区德外大街4号
　　　　　　高等教育出版社知识产权与法律事务部
邮政编码　　100120

读者意见反馈

为收集对教材的意见建议，进一步完善教材编写并做好服务工作，读者可将对本教材的意见建议通过如下渠道反馈至我社。

咨询电话　　400-810-0598
读者服务邮箱　　gjdzfwb@pub.hep.cn
通信地址　　北京市朝阳区惠新东街4号富盛大厦1座
　　　　　　高等教育出版社总编辑办公室
邮政编码　　100029

防伪查询说明

用户购书后刮开封底防伪涂层，使用手机微信等软件扫描二维码，会跳转至防伪查询网页，获得所购图书详细信息。

防伪客服电话　　（010）58582300